# 幼儿园班级管理

主　编　林茂霞
副主编　敬利华　邹　捷　田　翔
参　编　邵梦静　寒　怡　陈　丹
　　　　邓小倩　田　馨　王梦洋
主　审　喻利平

北京理工大学出版社
BEIJING INSTITUTE OF TECHNOLOGY PRESS

版权专有　侵权必究

### 图书在版编目（CIP）数据

幼儿园班级管理 / 林茂霞主编. -- 北京：北京理工大学出版社，2023.12

ISBN 978-7-5763-3329-9

Ⅰ．①幼…　Ⅱ．①林…　Ⅲ．①幼儿园-班级-学校管理　Ⅳ．①G617

中国国家版本馆 CIP 数据核字（2024）第 020503 号

责任编辑：吴　欣　　　文案编辑：杜　枝
责任校对：刘亚男　　　责任印制：施胜娟

出版发行 / 北京理工大学出版社有限责任公司
社　　址 / 北京市丰台区四合庄路 6 号
邮　　编 / 100070
电　　话 / （010）68914026（教材售后服务热线）
　　　　　（010）68944437（课件资源服务热线）
网　　址 / http://www.bitpress.com.cn

版 印 次 / 2023 年 12 月第 1 版第 1 次印刷
印　　刷 / 定州市新华印刷有限公司
开　　本 / 787 mm×1092 mm　1/16
印　　张 / 19.25
字　　数 / 462 千字
定　　价 / 110.00 元

图书出现印装质量问题，请拨打售后服务热线，负责调换

# 前　言

"幼儿园班级管理"课程为学前教育专业核心课程,学前教育专业的学生应具备班级管理和家园共育等综合育人能力及融合教育能力。对于很多刚刚步入幼儿教师岗位的从业者来说,困扰他们的最大问题不是专业理论知识,而是如何进行班级管理,让孩子们遵循一日生活常规,井然有序、幸福快乐地度过每一天的基本能力。在进行班级管理的过程中,幼儿教师不仅需要兼具教育者与管理者的双重角色,更需具备边教育边管理、融管理的教育素养。

本教材的编写,紧紧围绕国家对幼儿园建设和学前教育教师的最新要求,以"师德为先、幼儿为本、能力为重、实践为主"的导向,以项目为纽带,以任务为载体,以过程夯基础,科学组织教材内容,对教材内容进行模块化处理;每个学习项目均有对应的学习任务支撑;每个学习任务下呈现具体的学习情境;情境设计力求从整体规划到具体实施,实现幼儿园班级管理内容的全覆盖。

本教材以工作页式的任务单为载体,强化"任务导学""自主探学""小组研学""模拟练学""观摩思学""展示赏学""检测评学"七步递进学习模式,在课程形式革命、学生地位革命、教师角色革命、课堂模式革命、评价体系革命等方面立体改革。本教材可以作为院校学前教育专业学生用书,也可作为幼儿教师进行班级管理的参考资料。

由于编者水平有限,再加上时间仓促,教材中难免有不足之处,敬请专家和同行老师批评指正。

编　者

2023 年 10 月 3 日

# 内容安排说明

## 一、人物

邓园长：某幼儿园园长，有十五年幼儿园管理经验。

静静老师：某幼儿园小（1）班的主班教师，已有八年的工作经验，善于沟通，性格成熟、稳重，比较细心。

悦悦老师：某幼儿园小（1）班的配班教师，已在幼儿园工作三年，工作认真负责，性格活泼。

亚玲老师：某幼儿园小（1）班的保育教师，已在幼儿园工作五年，工作认真负责，性格比较急躁。

梅梅老师：某幼儿园小（1）班的配班教师，一位刚从学前教育专业毕业的新教师。

## 二、班级

小（1）班，某幼儿园9月入园新生组成的小班，共有幼儿三十名，其中男孩十六名，女孩十四名。

# 本书使用指南

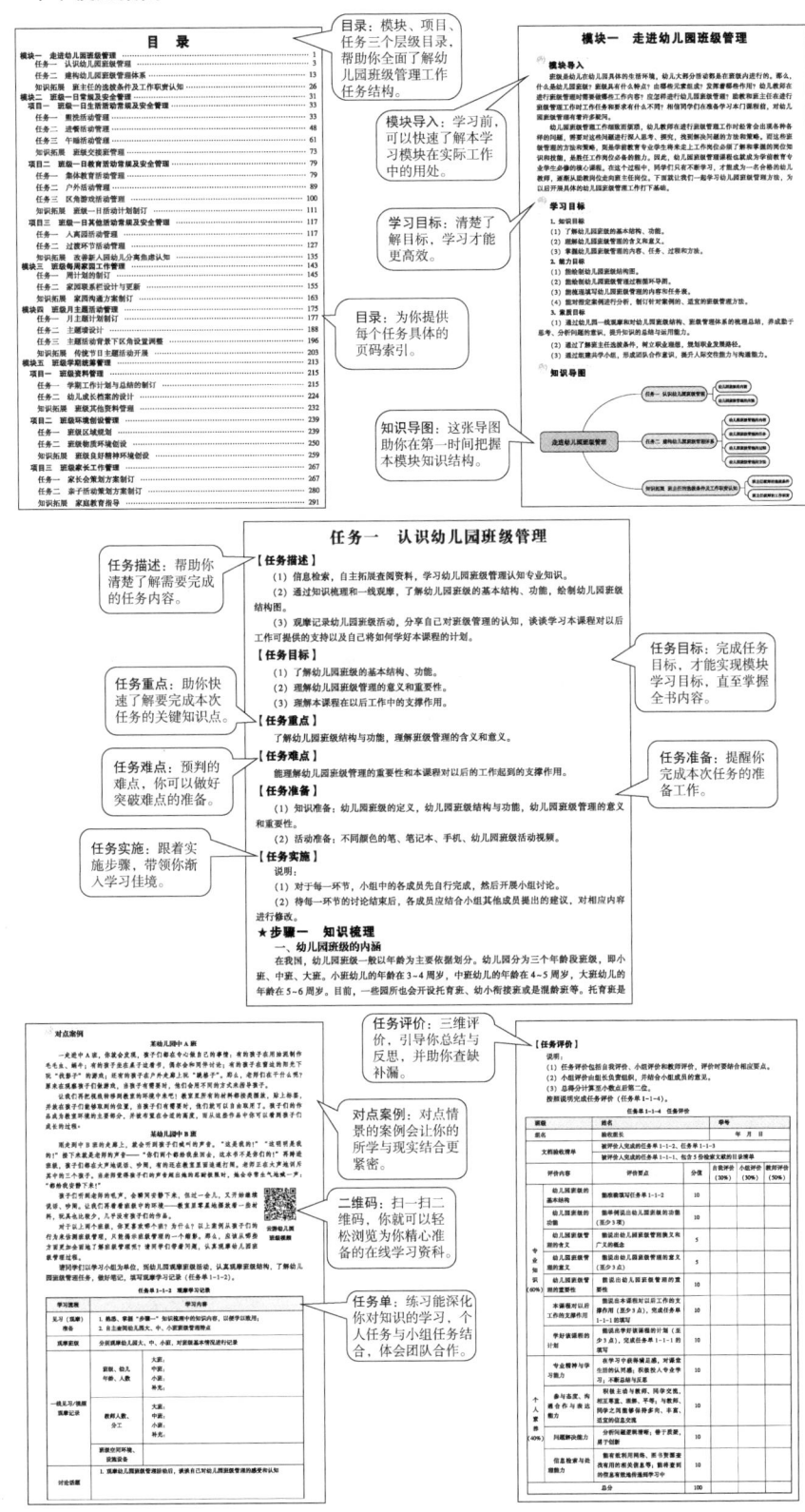

# 目 录

**模块一 走进幼儿园班级管理** ........................................... 1

    任务一 认识幼儿园班级管理 ........................................... 3
    任务二 建构幼儿园班级管理体系 ........................................... 13
    知识拓展 班主任的选拔条件及工作职责认知 ........................................... 26

**模块二 班级一日常规及安全管理** ........................................... 31

    项目一 班级一日生活活动常规及安全管理 ........................................... 33
        任务一 盥洗活动管理 ........................................... 33
        任务二 进餐活动管理 ........................................... 48
        任务三 午睡活动管理 ........................................... 61
        知识拓展 班级交接班管理 ........................................... 73
    项目二 班级一日教育活动常规及安全管理 ........................................... 79
        任务一 集体教育活动管理 ........................................... 79
        任务二 户外活动管理 ........................................... 89
        任务三 区角游戏活动管理 ........................................... 100
        知识拓展 班级一日活动计划制订 ........................................... 111
    项目三 班级一日其他活动常规及安全管理 ........................................... 117
        任务一 入离园活动管理 ........................................... 117
        任务二 过渡环节活动管理 ........................................... 127
        知识拓展 改善新入园幼儿分离焦虑认知 ........................................... 135

**模块三 班级每周家园工作管理** ........................................... 143

    任务一 周计划的制订 ........................................... 145
    任务二 家园联系栏设计与更新 ........................................... 155
    知识拓展 家园沟通方案制订 ........................................... 163

**模块四 班级月主题活动管理** ........................................... 175

    任务一 月主题计划制订 ........................................... 177
    任务二 主题墙设计 ........................................... 188

· 1 ·

　　任务三　主题活动背景下区角设置调整 ………………………………… 196
　　知识拓展　传统节日主题活动开展 ……………………………………… 203

## 模块五　班级学期统筹管理 ……………………………………………… 213

### 项目一　班级资料管理 …………………………………………………… 215
　　任务一　学期工作计划与总结的制订 …………………………………… 215
　　任务二　幼儿成长档案的设计 …………………………………………… 224
　　知识拓展　班级其他资料管理 …………………………………………… 232

### 项目二　班级环境创设管理 ……………………………………………… 239
　　任务一　班级区域规划 …………………………………………………… 239
　　任务二　班级物质环境创设 ……………………………………………… 250
　　知识拓展　班级良好精神环境创设 ……………………………………… 259

### 项目三　班级家长工作管理 ……………………………………………… 267
　　任务一　家长会策划方案制订 …………………………………………… 267
　　任务二　亲子活动策划方案制订 ………………………………………… 280
　　知识拓展　家庭教育指导 ………………………………………………… 291

# 模块一　走进幼儿园班级管理

## 模块导入

　　班级是幼儿在幼儿园具体的生活环境，幼儿大部分活动都是在班级内进行的。那么，什么是幼儿园班级？班级具有什么特点？由哪些元素组成？发挥着哪些作用？幼儿教师在进行班级管理时需要做哪些工作内容？应怎样进行幼儿园班级管理？助教和班主任在进行班级管理工作时工作任务和要求有什么不同？相信同学们在准备学习本门课程前，对幼儿园班级管理有着许多疑问。

　　幼儿园班级管理工作细致而烦琐，幼儿教师在进行班级管理工作时经常会出现各种各样的问题，需要对这些问题进行深入思考、探究，找到解决问题的方法和策略。而这些班级管理的方法和策略，则是学前教育专业学生将来走上工作岗位必须了解和掌握的岗位知识和技能，是胜任工作岗位必备的能力。因此，幼儿园班级管理课程也就成为学前教育专业学生必修的核心课程。在这个过程中，同学们只有不断学习，才能成为一名合格的幼儿教师，逐渐从助教岗位走向班主任岗位。下面就让我们一起学习幼儿园班级管理方法，为以后开展具体的幼儿园班级管理工作打下基础。

## 学习目标

**1. 知识目标**

（1）了解幼儿园班级的基本结构、功能。

（2）理解幼儿园班级管理的含义和意义。

（3）掌握幼儿园班级管理的内容、任务、过程和方法。

**2. 能力目标**

（1）能绘制幼儿园班级结构图。

（2）能绘制幼儿园班级管理过程循环导图。

（3）能梳理填写幼儿园班级管理的内容和任务表。

（4）能对指定案例进行分析，制订针对案例的、适宜的班级管理方法。

**3. 素质目标**

（1）通过幼儿园一线观摩和对幼儿园班级结构、班级管理体系的梳理总结，养成勤于思考、分析问题的意识，提升知识的总结与运用能力。

· 1 ·

（2）通过了解班主任选拔条件，树立职业理想，规划职业发展路径。

（3）通过组建共学小组，形成团队合作意识，提升人际交往能力与沟通能力。

 知识导图

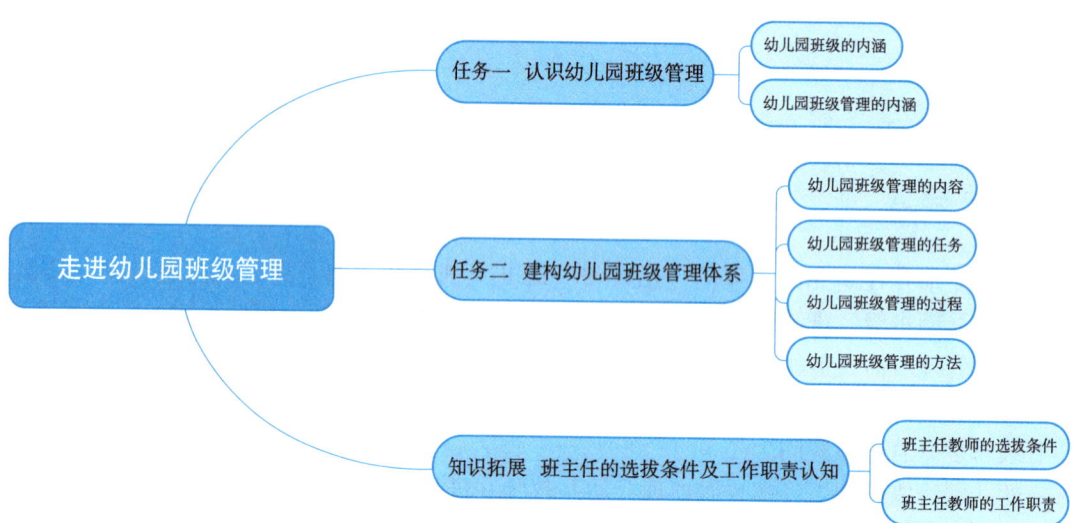

模块一 走进幼儿园班级管理

# 任务一 认识幼儿园班级管理

**【任务描述】**

(1) 信息检索，自主拓展查阅资料，学习幼儿园班级管理认知专业知识。

(2) 通过知识梳理和一线观摩，了解幼儿园班级的基本结构、功能，绘制幼儿园班级结构图。

(3) 观摩记录幼儿园班级活动，分享自己对班级管理的认知，谈谈学习本课程对以后工作可提供的支持以及自己将如何学好本课程的计划。

**【任务目标】**

(1) 了解幼儿园班级的基本结构、功能。

(2) 理解幼儿园班级管理的意义和重要性。

(3) 理解本课程在以后工作中的支撑作用。

**【任务重点】**

了解幼儿园班级结构与功能，理解班级管理的含义和意义。

**【任务难点】**

能理解幼儿园班级管理的重要性和本课程对以后的工作起到的支撑作用。

**【任务准备】**

(1) 知识准备：幼儿园班级的定义，幼儿园班级结构与功能，幼儿园班级管理的意义和重要性。

(2) 活动准备：不同颜色的笔、笔记本、手机、幼儿园班级活动视频。

**【任务实施】**

说明：

(1) 对于每一环节，小组中的各成员先自行完成，然后开展小组讨论。

(2) 待每一环节的讨论结束后，各成员应结合小组其他成员提出的建议，对相应内容进行修改。

## ★ 步骤一 知识梳理

### 一、幼儿园班级的内涵

在我国，幼儿园班级一般以年龄为主要依据划分。幼儿园分为三个年龄段班级，即小班、中班、大班。小班幼儿的年龄在3~4周岁，中班幼儿的年龄在4~5周岁，大班幼儿的年龄在5~6周岁。目前，一些园所也会开设托育班、幼小衔接班或是混龄班等。托育班是2~3周岁的孩子在上幼儿园之前所上的小小班。幼儿在托育班中可以学习一些简单的常规知识，掌握一些基本的自理能力，这样幼儿在正式上幼儿园以后，就能很快适应园所生活。幼小衔接班是指5~6周岁的幼儿在上小学前最后一年需上的幼儿班，是由幼儿园到小学的过渡节点，一般都是为了让幼儿更好地适应小学学校生活而开设。混龄班是将不同年龄组的幼儿编在一个班级（德国称为小组）中生活、学习和游戏。这种混龄编班在德国全国范围内所有幼儿园中实施，我国目前开办最多的是蒙氏混龄班。每个班级由于幼儿的年龄不同，自身特点与发展情况不同，因此对教师的要求也不同。

幼儿园班级是幼儿园实施保教任务的基本单位，它是幼儿在幼儿园中所处的最贴近的环境和最具体的生活场所。幼儿日常行为习惯的养成、一日活动的组织都是依托于幼儿园班级这块基地进行的。

幼儿每天在幼儿园是否快乐，生活是否有意义，与其所在班级有密切关系，其受班级教师管理的直接影响。幼儿园班级的组织与管理成效与幼儿园这个大体系有着密切关系，二者既相互依存，又相互制约。幼儿园的基本任务就是通过班级这个基层机构来实现的，因此，幼儿园的班级和班级管理至关重要。

### （一）幼儿园班级的基本结构

幼儿园班级作为一个集体组织，一定的物质设施和人员构成是其形成的前提条件。同时，班级不等同于教室，它不是一个简单的静态物，组建幼儿园班级旨在实施一系列的教育活动，班级也正是通过有目的、有计划、有组织地开展多种形式的活动来发挥该组织的教育功能。所以，班级管理的内容不仅涵盖了幼儿园管理中的一切管理内容，还包括教师之间的协调工作、班级资源建设工作和针对每个幼儿的具体工作。由此可见，幼儿园班级的基本结构主要包括人员结构、组织结构、物质结构三个方面。

幼儿园工作规程

#### 1. 幼儿园班级的人员结构

1）幼儿

幼儿是班级的主体，是幼儿园教育的对象。我国的《幼儿园工作规程》中明确规定，幼儿园的适龄幼儿为3~6周岁。幼儿园可按年龄分别编班，也可混合编班。幼儿园每班幼儿人数一般为：小班（3~4周岁）25人，中班（4~5周岁）30人，大班（5~6周岁）35人，混合班30人，学前幼儿班不超过40人。寄宿制幼儿园每班的幼儿人数酌减。幼儿入园前，应当按照卫生部门制定的卫生保健制度进行体格检查，合格者方可入园。

从性别比例上来看，幼儿园应根据招收入园幼儿总体性别比例来确定班级幼儿性别比例。一般来说，每班幼儿的男女性别比例要大体相当。合理的性别结构对幼儿的健康发展以及班级各项活动的开展都是极为重要的。

2）保教人员

幼儿教师和保育员是幼儿园班级管理的主要承担者。他们肩负着对幼儿进行保育和教育的双重任务，对幼儿的学习与发展起着核心作用。班级保教人员的配备数量、分工合作形式及岗位职责，直接影响幼儿园保教目标的达成度。

《幼儿园工作规程》第四十一条明确规定，幼儿教师对本班工作全面负责，主要职责包括以下几方面内容。

· 4 ·

模块一 走进幼儿园班级管理

① 观察了解幼儿，依据国家有关规定，结合本班幼儿的发展水平和兴趣需要，制订和执行幼儿教育工作计划，合理安排幼儿的一日生活。

② 创设良好的教育环境，合理组织教育内容，提供丰富的玩具和游戏材料，开展适宜的教育活动。

③ 严格执行幼儿园安全、卫生保健制度，指导并配合保育员管理本班幼儿的生活，做好卫生保健工作。

④ 与家长经常保持联系，了解幼儿家庭的教育环境，商讨符合幼儿特点的教育措施，相互配合，共同完成教育任务。

⑤ 参加业务学习和保育教育研究活动。

⑥ 定期总结、评估保教工作成效，接受园长的指导和检查。

《幼儿园工作规程》第四十二条明确规定，幼儿园保育员的主要职责包括以下几方面内容。

① 负责本班房舍、设备、环境的清洁卫生和消毒工作。

② 在教师的指导下，科学照料和管理幼儿生活，并配合本班教师组织教育活动。

③ 在卫生保健人员和本班教师的指导下，严格执行幼儿园安全、卫生保健制度。

④ 妥善保管幼儿衣物和本班的设备、用具。

3）家长

家长是指幼儿的父母或者其他监护人。家长对幼儿的生活和成长影响最为密切和直接，正所谓"父母是孩子的第一任教师"。幼儿的年龄越小，越依靠成人来满足其成长的需要并教会他们所需的知识和生活技能。家长的言行举止对幼儿有着潜移默化的影响。

在幼儿园班级中，教师要充分认识到幼儿家长的关键地位和重要作用。每个家庭都是不同的，都有不同的教养风格，甚至与幼儿教师的教育理念和价值观不同，而这种不同直接影响着家园合作的质量。教师只有本着尊重、平等、合作的原则，争取家长的理解、支持和主动参与，并积极引领、帮助家长提高教育水平，才能真正使家庭发挥"幼儿园教育重要合作伙伴"的作用。

**2. 幼儿园班级的组织结构**

幼儿园班级是一个正规化的组织，它的目的是对幼儿施加系统的影响，而这些系统的影响主要通过教育活动来实现。在幼儿园里，组织教育活动一般以班集体、小组、个体为基本形式。

1）班集体

班集体是幼儿园班级最基本的组织形式。班集体的形式对于某些内容的教育，可以较集中较有效地达成目标，降低教师的劳动强度。但若要高效完成教育目标，教师需要精心设计教育方案，精心选择教学方法。

2）小组

小组是班级的基层组织形式，可以分为固定小组和临时小组两种形式。固定小组一般由5~6人组成，这些幼儿往往在集体活动、吃饭、游戏时同坐一桌，遵守一定的规则。固定小组是幼儿（尤其是中班、小班幼儿）生活、学习和游戏的常见单位。临时小组是根据教育教学或生活、游戏等方面的需要临时组织起来的小组。根据互动的目的、内容及其他情景的不同，可分为指定小组和自选小组。指定小组是教师根据幼儿的特点、能力等因素指定若干幼儿组成的小组。自选小组是由幼儿自愿组成的小组。无论在哪种类型的小组里，幼儿都有更多的互动机会，更易于合作并对活动目的达成共识。

3）个体

个体是由保教人员和幼儿个体组成的。个体既是具有无限价值和潜能的一种独立存在，又对小组和班集体具有十分重要的影响。个体能量的最大限度发挥，往往才是集体能力的最大限度发挥。班级管理是一种对班级集体的管理，也是对班级中个体的管理。在幼儿园的班级管理中，不仅要发挥幼儿的自主性、独立性，充分给予个体活动自由，也要求个体要努力适应集体活动和生活。

**3. 幼儿园班级的物质结构**

1）空间环境

空间环境主要是指幼儿园的房舍和活动场地。空间环境相对较大，幼儿就能在班级中自由活动，充分发挥环境与幼儿之间的相互作用。一般要求幼儿园班级要有足够大的面积（人均面积不低于 2 $m^2$，总面积不低于 50 $m^2$）。另外，还要有相应宽度和通畅的走廊、一定面积的储藏室、独立寝室、独立卫生间等。

2）班级基本设施

班级基本设施（图1-1-1）包括桌椅、玩具架、盥洗卫生用品（有流动水盥洗，做到一人一巾一杯），以及必要的教具、玩具、图书和乐器等。这些设施既要符合幼儿的使用要求；同时，必须满足安全性能，如图1-1-1所示。

图1-1-1 班级基本设施

## （二）幼儿园班级的功能

班级是幼儿成长与发展的重要场所。苏联教育家克鲁普斯卡娅曾说过："只有在集体中，儿童的个性才能得到最充分最全面的发展。"幼儿园班级的功能主要体现在三个方面：生活功能、教育功能和社会功能。

模块一 走进幼儿园班级管理

### 1. 生活功能

生活功能是幼儿园班级的基本功能，也是与其他教育阶段班级相区别的功能。幼儿身心发展尚未成熟，但发展迅速，可塑性强，是身体发育的关键时期，需要成人精心保护和照顾。因此，教师需要科学合理地安排幼儿锻炼身体，以促进其组织器官、动作技能的协调发展，达到愉悦幼儿身心的目的。班级是幼儿就餐、盥洗、睡觉、游戏、学习等活动的重要场所，幼儿的各项活动需要合理有序安排，使一日生活常规化。这就需要教师在工作中对幼儿耐心指导，使其养成良好的生活习惯（饮食、作息、卫生等）、交往习惯、学习习惯、安全习惯等。另外，卫生保健工作对幼儿身心发展具有积极意义，能够增强幼儿抵抗疾病的能力，提高幼儿适应环境的能力。班集体中幼儿卫生保健工作包括：建立合理的生活制度，培养幼儿良好的生活习惯；做好常见病预防工作，发现问题应及时处理或报告；根据不同年龄开展与其相适应的体格锻炼，增强幼儿身心健康及抵抗疾病能力；采取各种安全措施，保障幼儿的人身安全，防止意外事故的发生；选择适合幼儿身心发展特点且健康、环保、安全的玩教具和制作材料；做好班级环境卫生与个人卫生工作，为幼儿创造安全、整洁、优美的环境；对幼儿进行健康教育，学习自我保健技能，培养健康的生活习惯等。总之，由于幼儿身心发展尚未成熟，一日的吃喝拉撒睡等生活活动都在班级中进行，需要保教人员细心照顾；同时，在班级集体中生活后，幼儿能够养成良好的生活及卫生习惯，从而促进自身健康成长。

### 2. 教育功能

教育功能是幼儿园班级的主要功能。幼儿园班级工作除保育工作外还包括教育工作，教育在幼儿发展中起着主导作用。班级是教师对幼儿进行智、德、体、美全面发展教育及发展其个性的主要场所。

### 3. 社会功能

社会功能是指班级对社会发展所起的作用，主要体现在对社会政治、经济、文化等功能方面的影响。幼儿园班级对社会的政治功能体现为班级通过对幼儿身体、认知、情感、知识、社会性等多方面的引导与教育，为社会未来合格公民的培养奠定良好基础；幼儿园班级对社会的经济功能表现为通过幼儿园班级对幼儿的保教活动使幼儿健康成长，从而减轻家长育儿负担，解放劳动力，使其能够全身心投入劳动与建设，为社会创造更多的财富。幼儿园班级对社会的文化功能主要体现为幼儿教育是基础教育的有机组成部分，为继承传统、传播文明、创新文化等方面服务。另外，由于家长在育儿过程中可能存在一些疑惑甚至错误的教育观念与方法，保教人员有义务并且有必要通过各种形式向家长宣传科学育儿知识，引导家长正确育儿。

## 二、幼儿园班级管理的内涵

要提高幼儿园的保教质量，需要良好的师资、设备和足够的资金。然而，这些资源能否充分利用，能否发挥应有的作用，还取决于管理，依赖于管理者对人、财、物等诸多因素的组织和调配是否合理。只有合理利用，才能发挥应有的效能，否则保教质量就无法提高。因此，班级管理是做好幼儿园管理的基础工程，也是提高保教质量的重要保证。幼儿

·7·

园班级管理是一门综合性学科，既要遵循幼儿教育的规律，又要符合科学管理的规律，在理解幼儿园班级管理之前，我们应先了解什么是管理。

### （一）幼儿园班级管理的含义

什么是幼儿园班级管理？根据对管理的理解，结合幼儿教育的特点，幼儿园班级管理有狭义和广义之分。广义的幼儿园班级管理认为，凡班级组织者进行的一切活动，都称为班级管理；狭义的幼儿园班级管理是指班级教师通过计划、组织、实施、调整等环节，充分利用幼儿园班级中的人、财、物、时间、空间、信息等资源，从而优质高效地实现管理目标。这一概念包含三层意思：

（1）班级管理不仅是对集体的管理，也是对每个幼儿的管理。

（2）班级管理不仅是对人的管理，也包括对物、财、时间、空间、信息的管理。

（3）班级管理是通过计划、组织、实施、调整等环节来实现的。

### （二）幼儿园班级管理的意义

**1. 促进幼儿身心和谐发展**

班级管理中最重要和最直接的管理对象是幼儿。由于幼儿是身心发展迅速但还不完善的个体，他们的各项生理功能还不成熟。幼儿园的一大任务就是教育和服务好幼儿，完成这项任务时更多地是以班级为单位，因此，良好的班级管理能够促进幼儿的良好发展。

**2. 促进教师专业发展**

教师既是班级中的管理者，同时也是班级的成员，教师在班级中的管理方式或教学行为，对教师来说是一种实践活动。幼儿在班级生活中的表现状态对于教师具有反馈的作用，教师据此可以修正、调整自己的行为。在班级管理中，幼儿教师与幼儿发生交互作用时，可以经常进行反思，以不断调整改进自己的教育策略和行为，促进自身教育能力的提升，促进自我专业成长。

**3. 促进幼儿园可持续发展**

幼儿园管理以班级管理为基础，而班级管理只有卓有成效，才能使幼儿园赢得社会的认可，从而获得发展空间。幼儿园班级管理工作直接作用于幼儿，其管理水平影响着幼儿园的办园水平和生存与发展。因此可以说，一所幼儿园的发展必须通过幼儿园的班级管理来实现。不断提升班级管理水平，实现保教质量的提升，促进幼儿的健康快乐成长和幼儿园的可持续发展，也是形成办园特色的关键因素。

### （三）幼儿园班级管理的重要性

幼儿园作为教育系统的基层单位，其管理工作是通过幼儿园中的最小单位——班级来实现的。班级就像幼儿园的一个器官，班级的组织和管理的成效直接制约和影响着幼儿园这个大系统的运作和发展。班级管理是幼儿园综合管理工作的重要组成部分。班级管理水平是展示幼儿园管理水平和教育教学水平的窗口。班级管理的规范化、合理化、科学化，对班级乃至整个幼儿园的发展与提升都起着至关重要的作用。班级又是幼儿最具体的生活场所，对幼儿的发展具有最直接的影响，幼儿的健康成长直接取决于班级管理工作的成效。因此，幼儿园班级管理是幼儿园管理的重中之重，是基础、是核心。幼儿园班级管理水平

模块一 走进幼儿园班级管理

的高低直接影响幼儿园教育教学活动质量的好坏。

## ★ 步骤二 文献检索

网络平台和图书馆都是同学们拓展自己知识面的有效途径，请大家自选方式进行幼儿园班级管理认知相关知识信息检索，完成信息检索目录清单（任务单1-1-1）。

任务单 1-1-1 信息检索目录清单

| 检索平台 | 检索内容 | 推荐指数（最多5颗★） |
|---|---|---|
|  |  |  |
|  |  |  |
|  |  |  |
|  |  |  |
|  |  |  |

## ★ 步骤三 一线见习/视频观摩

学生分组见表1-1-1。

表 1-1-1 学生分组

| 班级 |  | 组号 |  | 授课教师 |  |
|---|---|---|---|---|---|
| 组长 |  |  | 学号 |  |  |
| 组员 | 姓名 | 学号 | 姓名 | 学号 |  |
|  |  |  |  |  |  |
|  |  |  |  |  |  |
|  |  |  |  |  |  |
| 任务分工 |  |  |  |  |  |

### 对点案例

#### 某幼儿园中A班

一走进中A班，你就会发现，孩子们都在专心做自己的事情：有的孩子在用油泥制作毛毛虫、蜗牛；有的孩子坐在桌子边看书，偶尔会和同伴讨论；有的孩子在窗边的阳光下玩"找影子"的游戏；还有的孩子在户外走廊上玩"跳格子"。那么，老师们在干什么呢？原来在观察孩子们做游戏，当孩子有需要时，他们会用不同的方式来指导孩子。

让我们再把视线转移到教室的环境中来吧！教室里所有的材料都按类摆放，贴上标签，并放在孩子们能够取到的位置，当孩子们有需要时，他们就可以自由取用了。孩子们的作

· 9 ·

品成为教室环境的主要部分,并被布置在合适的高度,而从这些作品中你可以看到孩子们成长的过程。

### 某幼儿园中 B 班

刚走到中 B 班的走廊上,就会听到孩子们喊叫的声音。"这是我的!""这明明是我的!"接下来就是老师的声音——"你们两个都给我坐回去,这本书不是你们的!"再跨进班级,孩子们都在大声地说话、吵闹,有的还在教室里面追逐打闹。老师正在大声地训斥其中的三个孩子。当老师觉得孩子们的声音超出她的忍耐极限时,她会非常生气地喊一声:"都给我安静下来!"

孩子们听到老师的吼声,会瞬间安静下来,但过一会儿,又开始继续说话、吵闹。让我们再看看班级中的环境——教室里零星地摆放着一些材料,玩具也比较少,几乎没有孩子们的作品。

云游幼儿园
班级视频

对于以上两个班级,你更喜欢哪个班?为什么?以上案例从孩子们的行为来估测班级管理,只能揭示班级管理的一个缩影。那么,应该从哪些方面更加全面地了解班级管理呢?请同学们带着问题,认真观摩幼儿园班级管理过程。

请同学们以学习小组为单位,到幼儿园观摩班级活动,认真观摩班级结构,了解幼儿园班级管理任务,做好笔记,填写观摩学习记录(任务单 1-1-2)。

**任务单 1-1-2　观摩学习记录**

| 学习流程 | 学习内容 |
| --- | --- |
| 见习(观摩)准备 | 1. 熟悉、掌握"步骤一"知识梳理中的知识内容,以便学以致用;<br>2. 自主查阅幼儿园大、中、小班班级管理特点 |
| 观摩班级 | 分别观摩幼儿园大、中、小班,对班级基本情况进行记录 |
| 一线见习/视频观摩记录 | 班级、幼儿年龄、人数　　大班:<br>中班:<br>小班:<br>补充: |
|  | 教师人数、分工　　大班:<br>中班:<br>小班:<br>补充: |
|  | 班级空间环境、设施设备 |
| 讨论话题 | 1. 观摩幼儿园班级管理活动后,谈谈自己对幼儿园班级管理的感受和认知 |

模块一　走进幼儿园班级管理

续表

| 学习流程 | 学习内容 |
|---|---|
| 讨论话题 | 2. 学习"幼儿园班级管理"课程对今后的工作有哪些支撑 |
|  | 3. 你计划如何学好"幼儿园班级管理"课程？ |
| 其他同学给我的启示 |  |

## ★ 步骤四　学以致用

请同学们认真学习"步骤一"的知识内容，结合一线园所见习/视频观摩，填写完成幼儿园班级基本结构（任务单1-1-3）。

任务单1-1-3　幼儿园班级基本结构

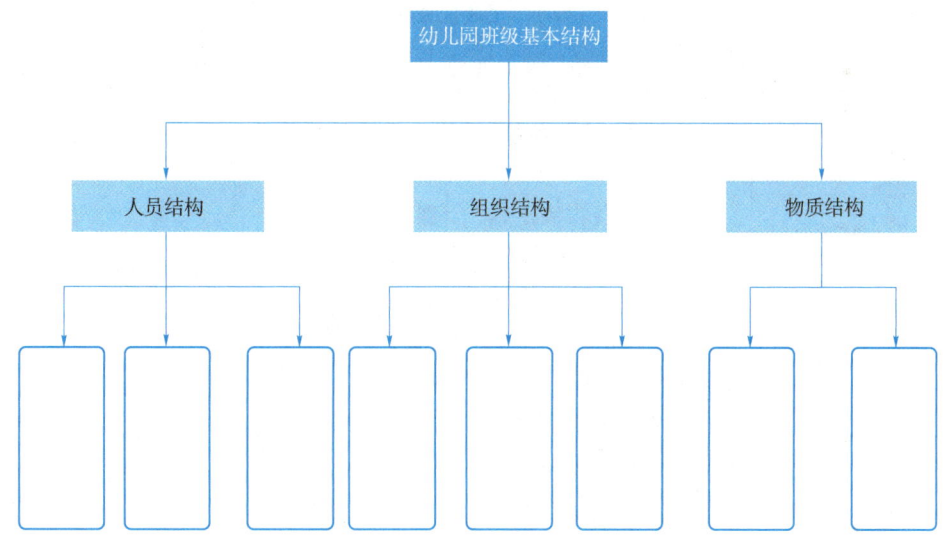

【任务评价】

说明：

（1）任务评价包括自我评价、小组评价和教师评价，评价时要结合相应要点。

（2）小组评价由组长负责组织，并结合小组成员的意见。

（3）总得分计算至小数点后第二位。

按照说明完成任务评价（任务单1-1-4）。

·11·

## 任务单 1-1-4　任务评价

| 班级 | | 姓名 | | 学号 | | |
|---|---|---|---|---|---|---|
| 组名 | | 验收组长 | | | 年　月　日 | |
| 文档验收清单 | | 被评价人完成的任务单 1-1-2、任务单 1-1-3 | | | | |
| | | 被评价人完成的任务单 1-1-1、包含 5 份检索文献的目录清单 | | | | |
| 评价内容 | | 评价要点 | 分值 | 自我评价（20%） | 小组评价（30%） | 教师评价（50%） |
| 专业知识（60%） | 幼儿园班级的基本结构 | 能准确填写任务单 1-1-2 | 10 | | | |
| | 幼儿园班级的功能 | 能举例说出幼儿园班级的功能（至少 3 项） | 10 | | | |
| | 幼儿园班级管理的含义 | 能说出幼儿园班级管理狭义和广义的概念 | 5 | | | |
| | 幼儿园班级管理的意义 | 能说出幼儿园班级管理的意义（至少 3 点） | 5 | | | |
| | 幼儿园班级管理的重要性 | 能说出幼儿园班级管理的重要性 | 10 | | | |
| | 本课程对以后工作的支撑作用 | 能说出本课程对以后工作的支撑作用（至少 3 点），完成任务单 1-1-1 的填写 | 10 | | | |
| | 学好该课程的计划 | 能说出学好该课程的计划（至少 3 点），完成任务单 1-1-1 的填写 | 10 | | | |
| 个人素养（40%） | 专业精神与学习能力 | 在学习中获得满足感，对课堂生活的认同感；积极投入专业学习；不断总结与反思 | 10 | | | |
| | 参与态度、沟通合作与表达能力 | 积极主动与教师、同学交流，相互尊重、理解、平等；与教师、同学之间能够保持多向、丰富、适宜的信息交流 | 10 | | | |
| | 问题解决能力 | 分析问题逻辑清晰；善于质疑，勇于创新 | 10 | | | |
| | 信息检索与处理能力 | 能有效利用网络、图书资源查找有用的相关信息等；能将查到的信息有效地传递到学习中 | 10 | | | |
| 总分 | | | 100 | | | |

模块一　走进幼儿园班级管理

# 任务二　建构幼儿园班级管理体系

## 【任务描述】

（1）信息检索，自主拓展查阅资料，学习幼儿园班级管理体系专业知识。

（2）通过知识梳理和一线班级观摩，掌握幼儿园班级管理的内容和任务，梳理填写幼儿园班级管理的内容和任务表。

（3）理解幼儿园班级管理过程，总结并绘制班级管理的过程循环导图。

（4）对指定案例进行分析，选择针对该案例的、适宜的班级管理方法。

## 【任务目标】

（1）了解幼儿园班级管理的内容和任务。

（2）理解幼儿园班级管理的过程。

（3）掌握幼儿园班级管理的方法。

## 【任务重点】

了解幼儿园班级管理的内容和任务。

## 【任务难点】

掌握幼儿园班级管理的方法。

## 【任务准备】

（1）知识准备：幼儿园班级管理的内容、任务、过程和方法。

（2）活动准备：不同颜色的笔、笔记本、手机、幼儿园班级活动视频。

## 【任务实施】

说明：

（1）对于每一环节，各成员先自行完成，然后开展小组讨论。

（2）每一环节的讨论结束后，各成员应结合小组其他成员提出的建议进行相应内容的修改。

### ★ 步骤一　知识梳理

#### 一、幼儿园班级管理的内容

从细节谈班级管理

幼儿园班级管理是指幼儿园班级中的保教人员通过计划、组织、实施、调整等环节，充分利用人、财、物、时间、空间、信息等资源，采用适当的方法以达到高效率实现保育和教育的目的，使幼儿获得全面健康发展的一种管理活动。

具体来说，幼儿园班级管理的内容包括以下几方面。

#### （一）人的管理

人的管理主要涉及对班级内教师、保育员、幼儿和家长的管理方面。教师、保育员、

幼儿和家长构成了幼儿园主要人际关系的网络。和谐的人际关系是幼儿园各项工作顺利开展的重要因素之一。幼教工作者要重视建立协调的人际关系，创设和谐的幼儿园人际关系的软环境，形成有利于教师成长和幼儿身心健康发展的精神氛围，让教职工愉快地工作、幼儿快乐地生活、家长安心放心。

### （二）物的管理

班级物品的管理方面，主要涉及班级内部的所有设施、设备、用品、材料。凡是出现在班级空间里的一切物质，都是班级物品管理的对象。幼儿园班级的物质要素是班级实施全面发展教育的前提和基础，对保教质量也有直接的影响。班级物品的安排、摆放得当，能给幼儿一个整齐有序的环境，有利于幼儿的生活和活动，也方便教师的使用。在班级物品管理过程中，教师对于教育笔记、观察记录、个案分析、保育笔记、班级工作计划、月计划、周计划及备课本、家园联系本、家长工作记录本、家庭访问卡等常用工作材料的管理也很重要。

### （三）事的管理

事的管理主要涉及班级内各种事务的管理，包括班级内部的常规事务（生活常规、教育活动、游戏活动等）、幼儿园内部的大型事件以及家长、社区工作的管理等。教师要建立完善的班级事务管理制度，如晨检制度、幼儿园班级一日活动常规制度、幼儿园班级教育活动安全制度、幼儿园班级卫生安全管理制度、幼儿园健康检查制度、幼儿园体格锻炼制度等。

### （四）时间管理

时间管理主要涉及长、中、短期的班级工作计划和一日生活作息时间的管理。幼儿园班级的时间管理的目标是在预定时间内高效、高质量地完成保育和教育任务。幼儿教师应抓好一日活动常规，确保幼儿安全，优化班级一日生活和时间管理。做好一日活动计划、周计划、月计划和学期计划。班级所有教师都要积极参与，保育员要积极投入。班级的时间管理十分重要，它不但有助于教师的自我时间管理，更有助于培养幼儿良好的时间观念和习惯养成，还能保证教师在单位时间内有效完成保教活动。

### （五）空间管理

空间管理主要涉及班级环境的管理和班级环境创设，班级环境创设包括物质环境创设和心理环境创设。其中，物质环境的创设是指班级空间的设计与利用，活动材料的数量、种类、选择与搭配等，主要通过班级环境布置、活动区布置等来实现。班级心理环境创设主要表现在班级的氛围和人际关系等方面，表现在师幼关系、幼儿同伴关系，教师同事关系等关系之中。班内工作人员的人际关系和谐，以微笑面对每个幼儿和他们的家长，尊重幼儿人格，赏识、关爱每个幼儿，形成民主、宽松、温馨、和谐的氛围，让幼儿在宽松、和谐的班级氛围中获得发展。

### （六）信息管理

信息管理方面，主要涉及对上级、家长的信息沟通，以及对班风、舆论的管理。幼儿教师要加强信息的管理，建立家长联络站，充分利用现代通信工具，如电话、手机短信、微信公众号、QQ、电子邮件等形式将园内大事、教育教学情况、活动通知等告知家长，以及建立"家访日""家访需求留言板"等，使家园沟通的渠道畅通无阻。

模块一　走进幼儿园班级管理

## 二、幼儿园班级管理的任务

幼儿园班级管理的任务是根据教育方针、教育目标、幼儿园教育要求来确定的。幼儿园班级管理的任务是使班级按既定的要求、自身的特点和活动规律来保证幼儿能够正常地从事各项活动，能够健康成长，有正常的班级秩序。

具体来说，幼儿园班级管理的任务主要有以下几方面。

### （一）落实幼儿园的管理目标

班级是幼儿园的有机组成部分，班级管理是幼儿园管理的具体化。幼儿园班级管理目标的实现有赖于班级管理任务的完成。班级管理的工作计划既是班级管理目标的具体实施步骤，也是幼儿园管理目标的"班级化"。

要想落实幼儿园的班级管理目标，其计划既要有规定性，又要有创造性，还要有广泛的幼儿基础及幼儿园设施做保证。幼儿园班级管理目标和班级工作计划越完善，越紧扣幼儿园管理目标和贴近幼儿，便越容易实施，否则很可能成为一纸空文或者半途而废。

### （二）建设良好的班级集体

班级管理既是对班级集体的管理，又能发挥班级集体的作用。班级集体是班级管理的对象，又是实施班级管理的作用条件。良好的班级集体可以形成一种强大的凝聚力，它可以把全班的每位幼儿凝聚在一起，使他们互相学习、共同进步。在这样的集体中生活，幼儿就能逐渐养成关心他人、关心集体的习惯。有了良好的班级集体这块优质的土壤，幼儿的潜质、兴趣、美德等便会"生根""发芽"。所以，建设良好的班级集体对幼儿的成长意义重大。

良好的班级常规是进行正常的保育和教育的保障。幼儿调皮的、不合常规的举动可能会给一个好活动留下遗憾，使整个集体活动宣告失败，直接影响班级集体的利益，因此对一些不符合常规的行为要及时、严肃地制止。幼儿教师应在学期初或一些具体时间进行必要的常规训练，包括《幼儿园日常行为规范》中要求的生活习惯、学习习惯、文明礼仪和安全常识等，使每个幼儿都能逐渐养成自我约束力，形成良好的习惯，保证整个班级集体随时表现出"活而不乱"的良好班风班貌。要想建设良好的班级集体，就需要调动班级幼儿参与的积极性，共同建立良好的班级秩序，这是班级管理的基本功能。

### （三）组织好班级教师团队

在一个班级集体中，班内教师之间配合得是否和谐，直接关系到班级管理水平的高低，也影响着班组成员的工作目标与方向定位，以及班务工作的成效。人与人之间的相互影响效应非常明显。一个班级集体应开展班级管理、团队文化建设，培育共同的价值观和行为准则，营造相互鼓励、相互帮助的工作氛围，以和谐的工作环境使每位教师在幼儿园中不但干得好，而且干得开心，从而不断增强幼儿园的凝聚力。

在班级组建之初，幼儿园要组建好幼儿教师班级管理团队，让每位班级教师承担起幼儿全面发展的保育和教育责任及班级事务管理工作。在每学期之初，班主任教师召集团队成员，让大家根据团队的发展目标和团队精神，共同制订班级集体发展目标（教育目标、教学质量目标、行为习惯目标等）、班级管理的学期工作计划、有针对性的教育策略（家庭教育策略、幼儿心理疏导与自我维护策略、班级集体公约等）及成员分管工作计划等。在

· 15 ·

每学期中，班级教师应及时反思自己的日常工作，及时处理存在的问题，学习其他班级的好做法并进行交流与研讨，拓宽学习的视野，及时调整或改进工作。幼儿教师始终要做到以诚待人、关心他人，主动承担任务，不斤斤计较。班级教师应对班级工作实行"目标管理"，对发生的事情心中有数，提前将解决问题的措施想好。班级教师在开展工作任务时应积极换位思考，相互理解，用最真诚的心与其他班级教师交流沟通，并注意沟通的方式与技巧。在日常工作中，班级教师应以自己良好的素质和修养，加上与班组成员的情感互通，使班级教师彼此间产生敬佩感、信赖感、亲切感，把班级集体建设成一个温馨、和谐的小家庭。班主任教师除了应以身作则及勇于承担责任外，还要学会分解任务，有效引导其他教师做事，促使整个团体通力合作，尽善尽美地完成班务工作。

### （四）密切联系家长，实现家园共育

幼儿园班级管理离不开幼儿家长的理解、支持、帮助和参与。教师应与家长及时取得联系，向家长宣传家庭教育知识，积极上门家访，共商育儿对策。这是班级管理工作的主要内容，也是幼儿健康成长的保证，因此，要真正做到有效地进行幼儿园班级管理，教师就应该充分挖掘家长资源，让家长也参与班级管理。

在每学期初，班级教师应召开家长会，或者对每名幼儿进行家访，把幼儿在园的情况告知家长，恳请家长配合教育，使幼儿在家、园的共同努力下健康成长。家长是班级管理的合作者，班级教师要以平等、谦虚的态度与家长对话，真诚接待每位家长；同时，还要给予家长一些具体的指导和帮助，使之掌握一些必需的技能。班级教师应及时与家长一起顺应幼儿的发展变化，满足幼儿的独立要求，鼓励幼儿积极探索，从而使幼儿获得活动的乐趣和成功的体验。班级教师应经常从家长的立场考虑问题，对班级自身的不足和存在的问题要勇于承认并积极改正。班级教师还要指导家长配合开展班级管理工作，通过家园栏、家长会、微信等形式，有针对性地宣传科学育儿知识，与家长及时沟通并共同交流育儿经验，帮助家长转变教育观念和行为，还要在沟通中与家长建立良好的合作关系，真正让家、园形成合力，从而促进幼儿的身心健康发展。

## 三、幼儿园班级管理的过程

### 对点案例

新学期幼儿园工作会上，邓园长开始布置新学期的工作任务："新学期，我们要和上学期一样，按时提交班级学期计划、教学月计划、周计划。"小（1）班刚入职的梅梅老师迷茫了，什么是班级学期计划、教学月计划、周计划？梅梅老师正准备向班主任静静老师请教时，却听见旁边有老师小声嘀咕："又要交这交那，有什么用呢，我不做计划不还是照样上班吗？就把上学期的计划改改交上去应付应付吧。"梅梅老师听完，心想：这些计划真没作用吗？同学们，假如你是园长，你会如何回答梅梅老师的问题？

### （一）制订幼儿园班级管理工作计划

幼儿园班级管理工作计划，是幼儿园班级管理者在一个学习时期内根据班级情况，为实现发展目标而设计的方案。幼儿园班级工作计划（即幼儿园班级保教工作计划）是幼儿园班级教学计划和生活管理计划的综合，其主要内容包括班级情况分析、班级工作目标、

模块一　走进幼儿园班级管理

班级管理实施措施、重要工作安排等（班级管理计划制订具体内容可查阅模块五项目一任务一中学期计划制订）。

### （二）幼儿园班级管理的组织与实施

幼儿园班级工作的组织与实施是指将班级中的教师、幼儿、材料、物品、空间、时间等要素进行合理安排，并且付诸行动的过程。幼儿园班级工作组织与实施的基本要求如下：

**1. 教师之间有明确的分工**

现在幼儿园班级中普遍采用的分工形式有两种：一种是两名教师、一名保育员，即"两教一保"；另一种是两名教师、保育员两班合一，即"两教半保"。两名教师可以自己协商或在园长的指导下确定一人为班级主要负责人（简称"主班教师"或"班主任"）。主班教师、配班教师和保育员作为一个合作集体为同一班级工作，除了履行各自所承担的职责以外，三人还需要相互配合，进行合理的分工，为做好班级管理工作而共同努力。

**2. 运用多种组织形式**

目前，幼儿园常用的组织形式主要是集体、小组、个体活动，这三种形式各具特点，适合不同的教育内容和教学需要。在开展活动的过程中，教师可以根据教育内容灵活运用，既可以先集体后小组或先小组后集体，也可以先集体后区域或先区域后集体。教师要善于分析、判断和反思，采用恰当的组织形式，灵活运用集体、小组、个体活动等形式，争取实现教育最优化。

**3. 进行合理的空间规划**

幼儿园班级活动空间主要包括室内空间和室外空间。室内空间主要有活动室、寝室、走廊等。室外空间主要是指户外活动场地。只有对班级的活动空间合理搭配利用，才能最大限度地发挥其效益和教育意义。现阶段幼儿园室内环境大多以区域形式呈现，适宜的区域环境规划，有利于幼儿按照自己的能力和兴趣，自主地选择区域、玩具和伙伴，主动进行游戏活动、探索活动和交往活动；有利于教师更好地观察幼儿，更好地组织班级活动，促进师幼良好互动。

**4. 统筹安排幼儿活动时间**

《幼儿园教育指导纲要（试行）》中指出：幼儿园一日活动时间的安排应具有相对稳定性和灵活性，既有利于形成秩序又能满足幼儿的合理需要，照顾到个别差异。根据幼儿成长中生理、兴趣、能力发展的情况，制订科学合理的一日生活作息时间，建立良好的一日生活常规，减少不必要的过渡环节和消极等待的时间。

《幼儿园教育指导纲要（试行）》

**5. 井然有序摆放班级物品**

班级物品包括幼儿生活物品（床、被褥、水杯、毛巾等）、幼儿学习物品（玩具、学具、课桌椅、图书、游戏材料等）、教学设备（钢琴、电视机等）等。班级物品的有序、合理摆放，不仅能为幼儿创造整洁的环境，也方便教师使用。另外，还要建立班级物品详细清单，定期清点物品；定期消毒、检修或更换幼儿用品和教师用品，保证安全和卫生；物品摆放要合理，位置和高度符合幼儿身高，便于幼儿活动。

·17·

### （三）幼儿园班级管理的检查与调整

幼儿园班级管理的检查是指在实施幼儿园班级管理的工作和活动过程中，对班级各项情况进行查看了解，搜集改进信息的过程。幼儿园班级管理的调整是指对检查情况做出判断，并对偏差予以修正的过程，既可能是对实施情况的调整，也可能是对预定计划的调整。通过幼儿园班级管理的检查，让班级管理者认识到自身管理中的优势与不足，从而发挥优势，改正不足，更好地做好班级管理工作。调整幼儿园班级管理制度可以使实施情况更符合目标的要求。

**1. 检查与调整围绕目标进行**

检查时，既要看幼儿园班级的实际工作是否符合班级管理计划，又要看执行的计划是否与目标相一致，如果执行时条件发生了变化，就要根据目标调整计划。

**2. 善于发现问题，及时调整**

在幼儿园班级计划实施中或者结束后检查，是为了改进班级工作。因此，教师应敢于接受检查，采取自检、互检、责任人检、管理者抽检、家长检等方式，善于发现问题并及时调整计划。

**3. 检查要细致，调整要到位**

检查要细致，就是对幼儿班级活动的各个方面，都要认真检查；调整要到位，就是当发现问题时，能尽快、合理地解决，不留后患。

总之，要落实好幼儿园班级管理，制订计划和建立制度是必不可少的，但更关键的是要坚定不移地实施，这是管理过程中决定性的一环。要实施计划，就离不开检查与调整，无数事实证明，不管哪里的工作，如果只有计划、决定和部署，而没有检查与调整，工作便无法落实。真正有效的管理就要像全国优秀班主任魏书生说的那样：宁可少一些条条框框，但制订一条就要执行一条，而且要严格监督，严格检查，真正地把实事办实，做到事事有人管，件件有着落。

### （四）幼儿园班级管理的总结与评价

制订计划、组织实施、检查调整、总结评价是管理工作的基本环节。幼儿园班级管理同样遵循这一过程，不仅在管理工作的开始有计划，而且在阶段性管理工作结束时，还应对该阶段工作进行总结和评价。幼儿园班级管理工作的总结与评价是指对班级管理工作计划的完成情况进行全面的审查与评估，总结成绩和经验，发现问题和不足，进行研究和反省。在管理工作的四个基本环节中，总结与评价起着检测、判断、矫正、反馈的作用，具有指导、修正、改革工作方向的功能，能促使班级管理工作向着科学化、合理化的道路发展。如果缺少了总结与评价这一环节，班级管理就会变得不完整，出现经验主义或无目标的工作方式，教师对自己的工作就无法做出正确、科学的判断。总结是计划的基础，计划是总结的延续，只有仔细研究工作总结中的成功经验、存在的问题，才能为后续的计划提供有效线索。

依据《幼儿园教育指导纲要（试行）》的精神，班级管理评价是幼儿园教育评价的重要组成部分。教师应自觉地运用评价手段，了解班级管理活动对幼儿发展的适宜性和有效性，以利于调整、改进工作，提高班级管理质量。我们提倡以过程性评价和终结性评价相结合、质性评价和量化评价相结合的方式，教师运用幼儿发展知识、班级管理等专业知识，在班

模块一 走进幼儿园班级管理

级管理实践中不断分析问题、解决问题。幼儿的行为反应和发展变化是对班级管理工作最客观、直接、真实的评价,教师要关注幼儿的反应和变化,把它视为重要的评价信息和改进工作的重要依据。

## 四、幼儿园班级管理的方法

### (一)规则引导法

规则引导法案例

规则引导法是指用简单易行的规则引导幼儿行为,使其与集体活动要求保持一致,确保幼儿自身安全和他人安全,保证活动秩序的方法。规则引导法是学前教育班级管理最常用和最直接有效的方法。儿童心理学相关研究表明,在对生命秩序感的依赖与需求下,儿童对规则的需要与重视甚至比成人更加强烈,一旦他们从思想上明确了某个规则是需要遵守的,他们遵守起来往往比成人还要认真与执着。例如,对于实际生活中的"饭前要洗手""过马路看红绿灯、走人行道"等规则,幼儿通常比成人更善于遵守。

规则是幼儿之间、幼儿与幼儿教师、幼儿与环境、幼儿与材料之间互动的关系准则。我们在运用规则引导法时要注意以下几点:

(1)规则的内容要具体细化、简明扼要、简单易行,不能太多且应突出重点,适合幼儿年龄的理解水平。如图1-2-1所示,运用图文并茂的形式与幼儿一起商定班级区域活动规则,帮助幼儿理解并遵守规则。幼儿的身心发展尚未成熟,他们虽然对事物有着强烈的认知需求、强烈的好奇心和求知欲,但是他们的智力发展水平有限,理性思维不成熟,在认知上存在很大的无意性和表象性。而规则的养成正是幼儿行为的规范过程,所以,在制订规则时要具体、明确,要符合幼儿的身心年龄特征。不能以成人的标准来衡量幼儿,不能把那些在成人身上行之有效的方法套用到幼儿身上。规则的制订必须考虑幼儿现有的理解能力和认知水平,如"在教室里不能跑跳""走路排队时不能碰到别人"的规则用语要比"控制好自己"更便于幼儿理解与执行。

(a)　　　　　(b)

图1-2-1　班级区域活动规则

(a)示意一;(b)示意二

(2)规则的制订可以全员参与、及时修订,让幼儿在实践中掌握并形成习惯。在开学初制订规则是班级管理特有的过程。在整个学年中,幼儿教师应定期复习班级规则,帮助

· 19 ·

幼儿理解并记住它们，保持班级规则的一贯性。幼儿教师在执行规定时要保持公平、公正，对所有幼儿一视同仁。当幼儿违反规则时，幼儿教师一定要及时引导他们回顾并耐心引导他们有意识地自觉遵守规则。当然，不遵守规则的幼儿还需要接受不遵守规则带来的后果，行为的后果能让幼儿理解自我控制的必要性，进而在规则中养成良好的习惯。

（3）规则是在实践中养成的。幼儿规则的养成是在生活点滴中，即在日常的实践活动中，在具体的情境中理解规则、遵守规则，并逐渐地将规则内化为行为习惯的过程。例如，幼儿在活动区内玩玩具时，通常喜欢把所有的玩具拿出来逐一玩耍，当听到老师说活动时间结束时，他们便会迅速离开活动区，场内的玩具则是一片混乱。这时，幼儿教师要提示幼儿"要把物品放回原处"，但在这种情况下幼儿属于被迫遵守规则。如果幼儿教师扮演其中的某一玩具角色，可以露出伤心神情，说："小朋友把我到处乱扔，我找不到自己的家和小伙伴了，呜呜，真难过啊！"这时，幼儿被教师打动，就会积极主动地捡起地上的玩具，当将所有的玩具都放回原处时，他们就会产生满足感。这时，规则的遵守就真正成了幼儿内心的需求和行为习惯。经过一段时间后，当幼儿看到玩具散落在地上时，会马上注意到并把它们放回原处。

### （二）情感沟通法

情感沟通法是通过激发和利用教师与幼儿之间或幼儿与环境、材料之间的积极情感，以促进幼儿产生积极行为的方法。英国教育家斯宾塞说："在一个人的教育中，情感起着重要的作用。道德告诉人们应该怎样做，理智告诉人们用什么方法去做，而情感则告诉人们愿意怎样做。"

因为幼儿的情感较成人外露，易受暗示和感染，所以成人很容易掌握幼儿的情感特点，容易从幼儿情感着手，对幼儿的行为加以影响和引导，以达到管理的目的。另外，幼儿的情感伴随于幼儿身心活动的全过程。因此，情感沟通法可以辐射到幼儿的全部生活、教育、游戏活动中。它既能加强对幼儿的管理，又能促进幼儿情感的发展。由于幼儿的情感是丰富的、纯真的、自由的，幼儿教师在运用此法时要因时、因地、因人、因事而异。这就要求幼儿教师注意以下几点：

（1）在日常生活和教育活动中，幼儿教师要随时观察幼儿的情感表现，发现幼儿情感产生和表达的特点，了解不同幼儿的情感表达方式和情感需求，并采取恰当的方式激发幼儿相应的情感，引导幼儿做出积极向上的行为。

（2）幼儿教师要经常对幼儿进行移情训练，使幼儿学习并养成站在他人立场和角度理解他人情感的习惯，并能从他人的困境中产生助人等亲社会行为。

（3）幼儿教师要保持和蔼可亲的态度，富有爱心和童心，经常和幼儿产生感情共鸣，把幼儿的感情需求与活动情境相联系，这样才能更好地引导幼儿。

情感沟通法的基础是幼儿教师对幼儿的理解和爱。幼儿的情感反应都是以幼儿的现实感受为基础的。幼儿教师在判断幼儿的情感及相应的行为时，应与他们的活动情境联系起来，这样对幼儿的引导才会有针对性，也才能真正理解幼儿并被幼儿理解和接受。

### （三）榜样激励法

榜样激励法是指通过树立榜样并引导幼儿学习榜样，凭借规范幼儿的行为达到管理目的的方法。对幼儿而言，经验的获得首先来自模仿，喜欢模仿是幼儿心理和年龄特点，模仿是掌握知识的一种方法，周围的人、事、物乃至环境等都会成为幼儿模仿的对象。在班

级管理中，教师可以通过幼儿崇拜的对象、心目中的权威等"一切美好化身"的示范，充分调动幼儿的各种感知，鼓励他们自发地想去看一看、做一做。幼儿积极参与实践活动的过程，也是幼儿认知、情感、社会性等不断发展提高的过程。幼儿的身心发展正是在自身与外界环境相互作用的实践活动中实现的。

在运用榜样激励法时，应注意以下几点：

（1）幼儿教师要成为示范的榜样。在幼儿的心目中，教师的形象是高大的，是他们学习的典范。卢梭在论教师形象时曾说过："你要记住，在敢于担当培养一个人的任务以前，自己就必须造就成一个人，自己就必须是一个值得推崇的模范。"教师的一言一行、一举一动都为幼儿做出了示范，树立了榜样，直接影响幼儿的言谈举止。因此，教师要严格管束自己，在组织幼儿的一日生活和学习时，应该从自身做起，从点滴小事做起，让他们在教师的言行中受到熏陶。

（2）榜样的选择要健康、形象、具体。幼儿教师为班级幼儿选择的学习对象应具备健康、具体、典型的形象。幼儿能通过现实的感知和教师的介绍，理解榜样的真实性、可贵性。针对幼儿的活动要求，榜样的来源十分广泛。它可以是幼儿身边的小伙伴，也可以是幼儿熟悉的故事、人物或动物。这些榜样的行为必须是积极向上的，是幼儿经过努力可以实现的。

（3）榜样的树立要公正，有权威性。班级内树立的榜样行为要有目共睹，其模范行为是得到公认的。在树立完榜样后，幼儿教师要引导幼儿感知和了解，鼓励幼儿产生学习榜样行为的愿望，并提供充分的表现机会。班级内的榜样不必是完美的，只要幼儿教师和幼儿对其某一行为认可，就可以成为榜样，进而鼓励幼儿在各方面争做榜样。幼儿教师对所有幼儿须一视同仁，给予表现优秀行为的幼儿公平充当榜样的机会，以激发全班幼儿养成良好的行为习惯。

（4）及时对幼儿表现出的榜样行为做出反应。榜样的行为不仅要在幼儿心理上产生共鸣，更重要的是要反映到幼儿的行动中去。当幼儿自觉地以榜样的精神为动力，以榜样规范行为，做出良好的表现时，教师应给予充分的表扬，使幼儿感受到学习榜样的益处，从而强化榜样的影响力。

### （四）说服教育法

说服教育法是指在班级管理过程中，通过讲解、谈话、讨论等方式向幼儿讲解一些简单的道理，帮助幼儿分清是非，使幼儿具有正确的道德观念，并能用这些道德观念来指导自己行动的一种方法。说服教育的方式包括运用语言（如讲解、谈话、讨论、指导阅读）和事实（如参观、游览）对幼儿进行说服教育。

使用这一方法应注意以下几点：

（1）要有针对性，说服教育必须先了解幼儿的情况，从幼儿的实际出发，注意个性特点，针对要解决的问题，有的放矢地启发、教育幼儿。

（2）要有感染力，选用的内容和表述的方式要力求生动、有趣，唤起幼儿情感上的共鸣，实现教育目的。

（3）要把握教育时机，只有在恰当的时机开展恰当的说服教育，才容易被幼儿接受。

（4）要注意教育民主，尊重幼儿、鼓励幼儿发表不同意见，通过讨论争辩来提高认知水平。

### （五）家园合作法

家园合作法是指家庭和幼儿园之间相互支持、相互配合，形成教育合力，共同促进幼

· 21 ·

儿身心健康发展的班级管理方法。父母是幼儿的第一任老师，家长比任何人都了解自己的幼儿。通过交流沟通，幼儿教师可以从家长那里获取幼儿的各种信息，完善幼儿在幼儿园中的行为；而家长也能够深入、全面地了解园内的教育教学、日常管理情况，充分反馈自己的意见，理解教师及其工作，并积极参与幼儿园工作，共同促进幼儿的健康发展。幼儿园可以通过家长开放日、家园集体活动、家长讲座等方式（图1-2-2），促进家园的双向交流。

家园合作法的运用要点如下：

（1）尊重每个家庭特有的文化背景和价值观。每个家庭在情感、文化、价值观上的差异，形成了各自不同的家庭教育方式。家园之间要想形成真正的教育合力，幼儿教师了解并尊重每个家庭的文化价值观和养育风格是非常重要的。当幼儿教师尝试从他人的角度看世界时，更容易了解班级中各个幼儿的家庭对其幼儿的期望，更愿意倾听家长的想法和意见，真正为幼儿的健康发展而努力。

图1-2-2　家长开放日、家长讲座
（a）示意一；（b）示意二

（2）掌握口头沟通技巧和善于运用书面沟通形式。在与家长建立合作关系时，幼儿教师的口头沟通技巧非常重要。幼儿教师和家长的一次成功谈话，往往能促进一种积极关系的形成。幼儿教师应在家长面前树立良好的第一印象，表现出对家长的尊重，并把谈话的焦点放在幼儿身上。在给家长提建议时，幼儿教师首先要了解他们的观点，还要善于倾听，并让家长有表达意见的机会。当家长能从谈话中深切感受幼儿教师对幼儿的真诚关爱时，就会尊重幼儿教师，从而积极支持幼儿教师的工作。此外，家园沟通的方式除了口头沟通外，幼儿教师还要善于借助家园联系栏、便条、微信、QQ等多种书面沟通方式。这些沟通方式不但可以节省交流时间，还可以使交流合作的内容和目的更加清晰、明确。

五常法

幼儿园班级管理是一门艺术，精心而又烦琐，班级教师要拥有管理者的意识，在每天的工作中学习、思考、总结、反思，灵活应用多种管理方法，努力让自己胜任管理工作，提升管理水平。

## ★步骤二　文献检索

网络平台和图书馆都是同学们拓展自己知识面的有效途径，请同学们自选方式进行构建幼儿园班级管理体系相关知识信息检索，完成信息检索目录清单（任务单1-2-1）。

模块一 走进幼儿园班级管理

任务单 1-2-1 信息检索目录清单

| 检索平台 | 检索内容 | 推荐指数（最多 5 颗★） |
|---|---|---|
|  |  |  |
|  |  |  |
|  |  |  |
|  |  |  |
|  |  |  |

## ★ 步骤三　学以致用

学生分组见表 1-2-1。

表 1-2-1　学生分组

| 班级 |  | 组号 |  | 授课教师 |  |
|---|---|---|---|---|---|
| 组长 |  |  | 学号 |  |  |
| 组员 | 姓名 |  | 学号 | 姓名 | 学号 |
|  |  |  |  |  |  |
|  |  |  |  |  |  |
|  |  |  |  |  |  |
| 任务分工 |  |  |  |  |  |

（1）请同学们通过知识梳理和一线班级观摩，对幼儿园班级管理内容和任务进行梳理、总结，填写幼儿园班级管理内容和管理任务（任务单 1-2-2）。

任务单 1-2-2　幼儿园班级管理内容和管理任务

| 要素 | 我的归纳总结 | 其他同学给我的启示 |
|---|---|---|
| 班级管理内容 |  |  |
| 班级管理任务 |  |  |

（2）请同学们充分理解幼儿园班级管理的过程，总结绘制班级管理过程的循环导图，完成任务单 1-2-3。

任务单 1-2-3　幼儿园班级管理过程

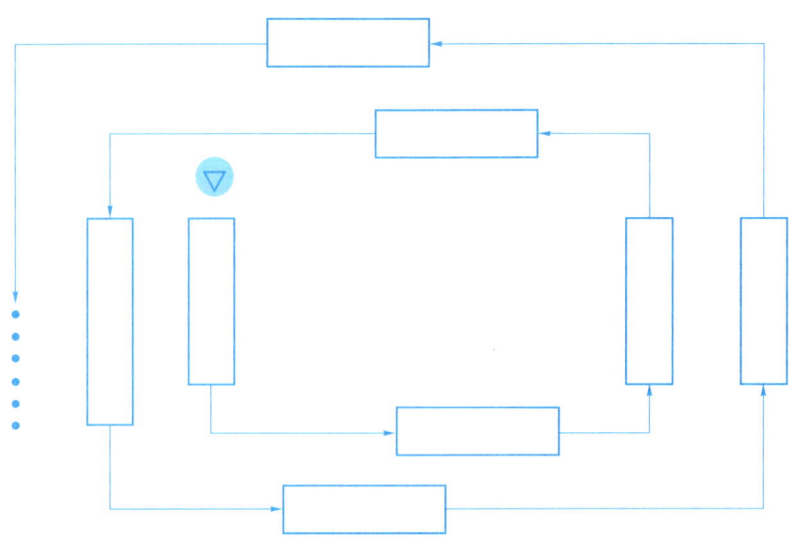

### ★ 步骤四　方案设计

请同学们对任务单 1-2-4 中的案例进行分析，选择针对该案例的适宜的班级管理方法。

任务单 1-2-4　幼儿园班级管理方法制订

| | |
|---|---|
| 问题案例 | 　　果果在家懒得出奇，牛奶伸手够不着他就懒得去拿，宁愿不喝，只有保姆喂到嘴边才肯喝。平时家人嘱咐保姆只能给他吃流质或者半流质的食物，因为果果咀嚼能力比较差，难嚼一点的食物，嚼几下就吐了出来，根本不往下咽。<br>　　果果现在 3 岁了，要上幼儿园了。一家人想方设法总算使果果在吃东西方面的情况有所改善，但依然吃得极慢。上了幼儿园，他这依赖的毛病一点儿没改，做手工时还会央求其他小朋友帮忙；早上起床后，刷牙、洗脸、穿衣，依旧全是保姆帮他做。这样的"小皇帝"愁坏了梅梅老师。如果你遇到这样的"小皇帝"，会用什么办法去引导他呢 |
| 问题分析 | |
| 选用适宜<br>管理方法 | |
| 其他同学<br>给我的启示 | |

模块一 走进幼儿园班级管理

【任务评价】

说明：

（1）任务评价包括自我评价、小组评价和教师评价，评价时要结合相应要点。

（2）小组评价由组长负责组织，并结合小组成员的意见。

（3）总得分计算至小数点后第二位。

按照说明完成任务评价（任务单1-2-5）。

任务单1-2-5　任务评价

| 班级 | | 姓名 | | 学号 | | |
|---|---|---|---|---|---|---|
| 组名 | | 验收组长 | | 年　月　日 | | |
| 文档验收清单 | | 被评价人完成的任务单1-2-2、任务单1-2-3、任务单1-2-4 | | | | |
| | | 被评价人完成的任务单1-2-1、包含5份检索文献的目录清单 | | | | |
| 评价内容 | | 评价要点 | 分值 | 自我评价（20%） | 小组评价（30%） | 教师评价（50%） |
| 专业知识（60%） | 幼儿园班级管理的内容 | 能梳理总结填写任务单1-2-2幼儿园班级管理内容（至少5点） | 15 | | | |
| | 幼儿园班级管理的任务 | 能梳理总结填写任务单1-2-2幼儿园班级管理任务（至少4点） | 15 | | | |
| | 幼儿园班级管理的过程 | 能理解班级管理过程，梳理填写任务单1-2-3 | 10 | | | |
| | 幼儿园班级管理方法 | 能对指定案例进行分析，选择针对该案例适宜的班级管理方法（至少2点） | 20 | | | |
| 个人素养（40%） | 专业精神与学习能力 | 在学习中获得满足感，课堂生活的认同感；积极投入专业学习；不断总结与反思 | 10 | | | |
| | 参与态度、沟通合作与表达能力 | 积极主动与教师、同学交流，相互尊重、理解、平等；与教师、同学之间能够保持多向、丰富、适宜的信息交流 | 10 | | | |
| | 问题解决能力 | 分析问题逻辑清晰；善于质疑，勇于创新 | 10 | | | |
| | 信息检索与处理能力 | 能有效利用网络、图书资源查找有用的相关信息等；能将查到的信息有效地传递到学习中 | 10 | | | |
| 总分 | | | 100 | | | |

· 25 ·

# 知识拓展　班主任的选拔条件及工作职责认知

## 【任务描述】

了解班主任教师的选拔条件和工作职责，对照标准找差距，对自己胜任班主任工作尚欠缺的能力进行反思，并制订对应的能力提升计划。

## 【任务目标】

（1）了解班主任教师的选拔条件和工作职责。
（2）能对照条件找差距，制订自我提升计划，树立职业理想并做好职业规划。

## 【任务重点】

了解班主任教师的选拔条件和工作职责。

## 【任务难点】

能对照条件找差距，制订自我提升计划，树立职业理想与职业规划。

## 【任务准备】

（1）知识准备：班主任教师的选拔条件和工作职责。
（2）活动准备：不同颜色的笔、笔记本、手机、幼儿园班级活动视频。

## 【任务实施】

说明：
（1）对于每一环节，各成员先自行完成，然后开展小组讨论。
（2）每一环节的讨论结束后，各成员应结合小组其他成员提出的建议，进行相应内容的修改。

### ★步骤一　知识梳理

为保证班级管理工作的顺利开展，使班级各项工作有组织、有计划地进行，在幼儿园园长的指导下，每个班级都会通过竞聘、协商或指定的方式，确定一位班级负责人，简称班主任、主班教师或班长。班主任教师在班级管理工作中发挥着核心领导作用，关系着整个班级管理工作的水平，因此，其选拔和任命必须慎重。

班主任工作案例

### 一、班主任教师的选拔条件

#### （一）具有高尚的师德修养，以德服人

作为一班之长，班主任教师应该具有隐性的管理能力，如个人的价值理念、职业责任感、工作热情、工作态度（以身作则、为人师表、无私奉献、顾全大局）等，这些个人素

模块一 走进幼儿园班级管理

养都会赢得其他教师的信赖，形成一定的凝聚力和号召力。

### （二）具有扎实的专业素养，以能服人

作为一班之长，班主任教师"打铁先要自身硬"，应该具有过硬的专业能力，如教育活动组织能力、环境创设能力、幼儿学习与发展的分析评价能力、游戏设计组织能力等，在班级教师中树立专业威信，赢得尊重和信服。

### （三）具有良好的沟通能力，以诚服人

作为一班之长，班主任教师应该具备良好的亲和力和沟通协调能力，能以真诚为原则处理好各种关系及矛盾，与园领导、幼儿家长、其他班级同事、本班级教师及幼儿建立宽松、和谐、信任、合作的人际交往关系，为班级管理工作起到疏通、公关的先遣作用。

### （四）具有科学的管理策略，以理服人

作为一班之长，应该具备较强的科学管理能力，如思维敏捷、头脑清楚、遇事冷静等，能统筹全局，有一定的管理知识、组织技巧和领导艺术，有善于发现、解决问题及创新工作的能力，以科学的管理推动整个班级的工作效率。除此之外，年龄、学历、教龄、工作经验、稳定性等也是园领导选拔与任命班主任需要考虑的条件。

## 二、班主任教师的工作职责

班主任教师就是班级这个大家庭的一家之长，既要承担班级的安全、保管、计划、评估等任务，又要管理组织好幼儿的一日活动，安排、协调好班级教师间的分工合作，家长工作也是班主任教师必须积极面对的重点工作。幼儿园班主任教师的主要职责可以归纳为以下五个方面。

### （一）制订班级工作计划，组织团队认真实施

每学期初，班主任都要组织本班教师根据幼儿园工作计划，结合本班幼儿的实际情况，制订出切实可行的班级学期计划、月计划、周计划、一日工作计划。对于幼儿园的重点工作（如区域活动计划、养成计划等），更是要具体详细地讨论制订。计划是行动的指南，有了具体可行的全面工作安排，班级的保育、教育、管理工作才能有条不紊地逐步开展。活动的组织实施也是很重要的一个环节。班主任教师要及时分析本班幼儿的原有水平、班级教师的优势领域，科学合理地安排班级各项工作，这样才能圆满地完成保育和教育工作。

### （二）带领班级教师团队，承担班级全面工作

"火车跑得快，还得车头带。"幼儿园班级管理工作琐碎、零散，包括管理班级物品，幼儿的吃喝拉撒睡、游戏、学习、家园互动、备课、制作教具和准备环境材料等。这些千头万绪的工作，虽然每个教师都有明确的分工，但更需要大家精诚合作。班级中的教师都有自己的强项，也有自己的弱项，对此，班主任教师要明确分析并定位，在做好自己工作的同时，更要指导、协助好其他班级教师的工作，发挥班级"黏合剂""润滑剂"的作用，营造亲密、和谐、团结、凝聚的人际氛围，让班级每位教师发挥自己的长项，从而实现班级教师之间资源共享、步调一致、共同管理班级的目的。

· 27 ·

### （三）建立良好师幼关系，引领幼儿学习发展

"亲其师，信其道"。在班级的各项工作评价中，归根结底，幼儿喜欢才是硬道理。因此，班主任教师要善于指导班级其他教师运用科学的教育观、幼儿观准确解读幼儿，走进幼儿的内心世界、努力做幼儿的知心朋友，在此基础上观察、分析、评价并引领各项活动中幼儿的学习与发展。

### （四）构建合作信任关系，促进家园共同体的发展

让每个幼儿富有个性地发展是家庭和幼儿园的共同愿望，为家园共同体的建构提供足够坚实的发展空间。班主任教师要紧紧把握这个共同出发点，遵循"以情感人、以诚动人、以理服人"的原则，协同班级中的其他教师一起创造性地做好家园工作，构筑理解、信任、合作的家园关系，实现幼儿个体、家长自身、幼儿园声誉、教师地位等多方共赢。

### （五）承担上传下达任务，及时统筹安排班级工作

上传下达是班主任教师的基本职责，包括及时向班级教师传达幼儿园工作任务并召开班务会统筹安排班级工作，向幼儿园汇报反馈班级各项活动成果、经验、问题及困惑，获得园方理解、支持和指导，也为园方调整完善工作计划提供第一手参考资料。

总之，幼儿园工作因班级教师付出多、周期长的特点，需要班级教师做出精细分工，各负其责，但幼儿园保教结合的工作特点又决定了班级教师们之间的分工是相对的，更多时候需要在班主任教师的领导下，相互之间紧密合作，共同完成班级的全面工作。因此，每位班主任教师都需具备"教师、保育员合二为一"的能力。

## ★ 步骤二　文献检索

网络平台和图书馆都是同学们拓展自己知识面的有效途径，请大家自选方式进行幼儿园班主任工作相关知识信息检索，完成信息检索目录清单（任务单1-3-1）。

任务单1-3-1　信息检索目录清单

| 检索平台 | 检索内容 | 推荐指数（最多5颗★） |
| --- | --- | --- |
|  |  |  |
|  |  |  |
|  |  |  |
|  |  |  |
|  |  |  |

## ★ 步骤三　学以致用

学生分组见表1-3-1。

模块一 走进幼儿园班级管理

表 1-3-1 学生分组

| 班级 | | | 组号 | | 授课教师 | |
|---|---|---|---|---|---|---|
| 组长 | | | 学号 | | | |
| 组员 | 姓名 | | 学号 | 姓名 | | 学号 |
| | | | | | | |
| | | | | | | |
| | | | | | | |
| 任务分工 | | | | | | |

请同学们通过知识梳理和到一线班级观摩来了解班主任教师的选拔条件和工作职责，对照标准找差距，制订相应的能力提升计划，完成任务单 1-3-2。

任务单 1-3-2 班主任角色认知与自我职业规划

| | |
|---|---|
| 班主任选拔条件 | |
| 班主任工作职责 | |
| 自己胜任班主任工作尚欠缺的能力 | |
| 能力提升计划 | |
| 其他同学给我的启示 | |

·29·

【任务评价】

说明：

（1）任务评价包括自我评价、小组评价和教师评价，评价时要结合相应要点。

（2）小组评价由组长负责组织，并结合小组成员的意见。

（3）总得分计算至小数点后第二位。

按照说明完成任务评价（任务单 1-3-3）。

任务单 1-3-3　任务评价

| 班级 | | 姓名 | | 学号 | | |
|---|---|---|---|---|---|---|
| 组名 | | 验收组长 | | 年　月　日 | | |
| 文档验收清单 | | 被评价人完成的任务单 1-3-2 | | | | |
| | | 被评价人完成的任务单 1-3-1、包含 5 份检索文献的目录清单 | | | | |
| 评价内容 | | 评价要点 | 分值 | 自我评价（20%） | 小组评价（30%） | 教师评价（50%） |
| 专业知识（60%） | 班主任选拔条件 | 能梳理总结填写任务单 1-3-2 班主任选拔条件（至少 4 点） | 10 | | | |
| | 班主任工作职责 | 能梳理总结填写任务单 1-3-2 班主任工作职责（至少 5 点） | 10 | | | |
| | 找出自己胜任班主任工作的能力差距 | 能找出自己胜任班主任工作的能力差距（至少 3 点） | 20 | | | |
| | 制订胜任班主任工作的能力提升计划 | 能针对自己能力不足之处制订自己胜任班主任工作的能力提升计划（至少 3 点） | 20 | | | |
| 个人素养（40%） | 专业精神与学习能力 | 在学习中获得满足感，对课堂生活的认同感；积极投入专业学习；不断总结与反思 | 10 | | | |
| | 参与态度、沟通合作与表达能力 | 积极主动与教师、同学交流，相互尊重、理解、平等；与教师、同学之间能够保持多向、丰富、适宜的信息交流 | 10 | | | |
| | 解决问题能力 | 分析问题逻辑清晰；善于质疑，勇于创新 | 10 | | | |
| | 信息检索与处理能力 | 能有效利用网络、图书资源查找有用的相关信息等；能将查到的信息有效地传递到学习中 | 10 | | | |
| 总分 | | | 100 | | | |

# 模块二　班级一日常规及安全管理

**模块导入**

　　什么是班级一日常规？一日常规的内容和要求有哪些？怎样才能建立良好的班级一日常规，以便做好班级安全管理工作？这是幼儿教师每天都在做、每天都在思考的问题。一日常规是指幼儿在幼儿园一日生活中需要遵守的规则和规定。幼儿园班级一日管理工作包括生活、教育和其他常规工作及安全管理。班级管理的中心工作是培养和形成班级一日常规。对于幼儿教师来说，建立班级常规，是班级管理的首要任务，保障幼儿的安全，则是班级管理工作的重中之重。良好的一日班级常规管理不但能保障幼儿的安全、创设积极的活动氛围，还有利于培养幼儿的行为习惯、发展幼儿的生活自理能力，它对幼儿的健康成长有重要作用；同时也便于教师科学合理地安排、组织幼儿一日活动，提高保教质量。《幼儿园工作规程》中明确指出："幼儿园日常生活组织，应当从实际出发，建立必要、合理的常规，坚持一贯性和灵活性相结合，培养幼儿的良好习惯和初步的生活自理能力。"由此可见管理好班级一日常规及安全的重要性。

　　幼儿园班级一日常规及安全有效的管理并非一朝一夕单靠学习理论知识就能实现的，需要幼儿教师在大量的实践中反复摸索，总结经验，才能提炼出行之有效的方法。

幼儿园常见安全隐患

幼儿园常见突发事件的应急处理

**学习目标**

**1. 知识目标**
（1）理解班级一日生活各环节常规培养的教育意义。
（2）掌握班级一日生活各环节对幼儿、教师、保育员的常规要求。
（3）掌握班级一日保教配合常规管理要点。
（4）掌握班级一日安全保教配合管理要点。

**2. 能力目标**
（1）能制订班级一日生活各环节常规与安全管理方案。
（2）能与小组同学合作，分角色进行保教配合，完成一日生活各环节管理方案的模拟实训操作。
（3）能反思、总结，与小组成员积极开展协作交流，具有团队合作精神。

**3. 素质目标**
（1）通过对幼儿园班级一日生活活动管理知识的学习，树立关爱幼儿、将保护幼儿生命安全和身体健康放在首位的意识。
（2）通过模拟处理班级一日活动管理中的典型管理案例，养成富有爱心、责任心、耐心和细心的品质。
（3）通过班级一日生活各环节实训操作，树立不怕脏、不怕累的劳动品质。

一日生活保教常规操作流程汇总

## 知识导图

- **班级一日常规及安全管理**
  - **项目一 班级一日生活活动常规及安全管理**
    - 任务一 盥洗活动管理
      - 盥洗活动常规管理
      - 盥洗活动安全管理
      - 盥洗活动保教配合管理
    - 任务二 进餐活动管理
      - 进餐活动常规管理
      - 进餐活动安全管理
      - 进餐活动保教配合管理
    - 任务三 午睡活动管理
      - 午睡活动常规管理
      - 午睡活动安全管理
      - 午睡活动保教配合管理
    - 知识拓展 班级交接班管理
      - 幼儿园班级交接班制度
      - 交接班保教基本常识
      - 交接班内容及注意要点
  - **项目二 班级一日教育活动常规及安全管理**
    - 任务一 集体教育活动管理
      - 集体教育活动常规管理
      - 集体教育活动安全管理
      - 集体教育活动保教配合管理
    - 任务二 户外活动管理
      - 户外活动常规管理
      - 户外活动安全管理
      - 户外活动保教配合管理
      - 户外活动常见问题及其应对策略
    - 任务三 区角游戏活动管理
      - 区角游戏活动常规管理
      - 区角游戏活动安全管理
      - 区角游戏活动保教配合管理要点
      - 区角游戏活动管理方法
    - 知识拓展 班级一日活动计划制订
      - 制订班级一日活动计划的原则
      - 制订班级一日活动计划的注意事项
      - 班级一日活动计划的内容与要点
  - **项目三 班级一日其他活动常规及安全管理**
    - 任务一 入离园活动管理
      - 入园活动
      - 离园活动
    - 任务二 过渡环节活动管理
      - 过渡环节的教育价值
      - 各年龄段班级过渡环节管理组织实施要点
      - 科学组织过渡环节的策略
    - 知识拓展 改善新入园幼儿分离焦虑认知
      - 幼儿分离焦虑的主要行为表现
      - 幼儿分离焦虑原因分析
      - 改善新入园幼儿分离焦虑策略

# 项目一　班级一日生活活动常规及安全管理

## 任务一　盥洗活动管理

【任务描述】

(1) 信息检索，自主拓展查阅资料，学习幼儿园班级盥洗活动专业知识。

(2) 针对案例，设计盥洗活动环境融入管理方案；制订盥洗活动管理方案。

(3) 制订保教配合模拟实施方案。

(4) 观摩其他小组方案和实训，完成自评和小组评价。

【任务目标】

(1) 掌握盥洗活动常规管理和安全管理知识要点。

(2) 能根据案例设计盥洗活动环境融入方案，制订盥洗活动管理方案。

(3) 能保教配合模拟实施方案，并进行自评和小组评价。

【任务重点】

掌握各年龄段幼儿盥洗过程中如厕、洗手、喝水环节保教配合管理要点和常见安全隐患应对策略。

【任务难点】

合理安排和组织幼儿园一日生活中的盥洗环节，与保教人员一起根据各年龄段幼儿特点进行盥洗环节常规培养与安全管理。

【任务准备】

(1) 知识准备：各年龄阶段幼儿盥洗活动保教常识和指导要点、盥洗活动常见安全隐患及应对策略、盥洗活动管理保教配合要点。

(2) 活动准备：多媒体播放设备、模拟幼儿园教学实训室、水杯、水壶、拖把、幼儿桌椅。

【任务实施】

说明：

(1) 对于每一环节，各成员先自行完成，然后开展小组讨论。

(2) 每一环节的讨论结束后，各成员应结合小组其他成员提出的建议，进行相应内容的修改。

★ 步骤一　知识梳理

盥洗是幼儿园一日活动中的重要生活环节。可使幼儿保持清洁，保证饮水量，维护幼儿身体健康。同时，其还可以培养幼儿爱清洁、讲卫生的好习惯，提高幼儿生活自理能力。在幼儿园的一日生活中，盥洗（如厕、洗手和喝水）发生的频率最高。由于班级幼儿人数众多、资源有限，幼儿在进行盥洗时，经常要面临排队等候、摔倒、衣服打湿等问题。在盥洗各环节中教师要保教配合、引导幼儿自主调配盥洗环节，做好盥洗各环节常规培养与安全管理，帮助幼儿高效完成盥洗过程，使各活动环节更为紧凑，使幼儿保持清洁，维护幼儿身体健康，培养幼儿爱清洁、讲卫生的好习惯，提高幼儿的生活自理能力；同时，还要培养幼儿节约时间、有效利用时间的意识。

## 一、盥洗活动常规管理

### （一）如厕环节

如厕常规手指谣

**1. 幼儿常规**

1）小班幼儿常规

（1）知道大小便去卫生间，不随地大小便，不把大小便排在便池外。

（2）有大小便需求时，应及时告诉幼儿教师，逐渐学会自理大小便，学习自己擦屁股，自己提裤子。

（3）如厕时注意安全，上下台阶小心滑倒。

（4）不在厕所逗留、玩耍、打闹。

2）中班幼儿常规

（1）有便意时及时上厕所，不憋便，不因贪玩尿湿裤子。

（2）文明如厕。在厕所便池边站好后再脱裤子，并蹲正位置；大小便入池；便后会用手纸自前向后擦屁股；如厕后及时整理好衣裤，学会冲便。

（3）逐步养成定时大小便的习惯。

（4）不在厕所逗留、玩耍。如厕时要注意安全，小心上下台阶，避免滑倒。

（5）便后能主动用肥皂（洗手液）洗手。

3）大班幼儿常规

（1）会正确如厕，会取用适量的卫生纸，便后会用手纸自前向后擦屁股。

（2）文明如厕。在厕所便池边站好后再脱裤子，并蹲正位置；大小便入池，解便时不弄湿自己和同伴的衣裤；便后会整理服装，及时冲便。

（3）学会观察自己的大小便情况，有异常能及时告诉成人。

（4）不在厕所逗留、玩耍。

（5）便后能主动用肥皂（洗手液）洗手。

**2. 幼儿教师常规**

（1）为幼儿创设温馨、卫生、安全的如厕环境，可贴形象、具体的指引标志和图示，如图 2-1-1-1 所示。

（2）厕所空间分隔，并贴有标志。如没有分隔条件，幼儿教师应组织男孩、女孩轮流如厕，或在厕所相对划分男女区域，指导幼儿在各自应去的区域如厕。

（3）允许幼儿随时如厕，注意培养幼儿养成定时大小便的良好习惯。

（4）在集体活动前或入睡前，提醒幼儿如厕。同时，不得限制幼儿大小便的次数和时间等。

（5）告知男孩、女孩正确的如厕方法。让男孩尿在小便池中，不能尿在同伴身上或小便池外等。

（6）提醒幼儿便后洗手，指导幼儿大小便后整理衣裤。同时，还要注意观察幼儿的大小便情况，发现异常情况及时处理。

图 2-1-1-1　幼儿如厕步骤指导示意
（a）男生小便；（b）女生如厕

**3. 保育员常规**

（1）创设温馨、卫生、安全的如厕环境。

（2）准备好肥皂（洗手液），督促幼儿便后洗手。可为幼儿准备好大小合适的厕纸，放在幼儿便于取放的固定位置，指导幼儿正确使用厕纸。

（3）及时提醒幼儿如厕，随时观察幼儿的大小便情况。为遗尿的幼儿及时更换、清洗衣裤。帮助有困难的幼儿擦屁股，整理服装。帮助年龄小的幼儿擦屁股，指导中、大班的幼儿学会自己擦屁股。

（4）保持厕所清洁通风，随时清洗、消毒，做到清洁、无异味。提倡幼儿使用蹲式厕所。若使用座便式厕所，应经常清洗和消毒。

**4. 对各年龄段幼儿的关注重点**

（1）小班：为幼儿创设温馨、卫生、安全的如厕环境，保持地面干爽，以防幼儿滑倒。幼儿教师语言亲切，态度和蔼，让幼儿敢于向成人提出随时如厕的愿望。帮助有困难的幼儿如厕，对于尿湿裤子的幼儿要及时更换、清洗衣物，并给予安抚。

（2）中班：经常提醒幼儿有便意及时上厕所，不憋便，不因贪玩尿湿裤子，养成文明如厕的良好习惯。

（3）大班：不在厕所逗留、玩耍，提醒幼儿如厕一定要注意安全，上下台阶小心，便后主动用肥皂（洗手液）洗手，逐步养成定时大小便的习惯。

**（二）洗手环节**

**1. 幼儿常规**

1）小班幼儿常规

（1）知道饭前、便后和手脏时洗手。

（2）在保育人员的指导下逐步学会洗手、洗脸的步骤和方法，能找到自己的毛巾并正确使用，用后挂回原处。

洗手常规手指谣

（3）会使用水龙头，并用小水流洗手；不玩水和肥皂，不浪费水，保持地面、服饰干爽。

2）中班幼儿常规

（1）知道饭前、便后和手脏时洗手。夏季午睡起床后、活动出汗后，知道洗手、洗脸，并逐渐养成良好的盥洗习惯。

（2）会正确地洗手、洗脸。盥洗前先挽袖子，会使用自己的毛巾，学会自己搓、拧毛巾，用完后挂回原处。

（3）盥洗时不争抢水龙头，不玩水和肥皂，保持地面、服饰干爽，冬季盥洗后知道擦抹护肤品。

3）大班幼儿常规

（1）养成吃东西前、饭前、便后、手脏时主动洗手的好习惯，随时保持手、脸清洁。

（2）盥洗前挽袖子，能主动迅速地洗手、洗脸，方法正确；会搓、拧毛巾，并正确地使用毛巾和取放毛巾。

（3）盥洗时不争抢水龙头，不玩水和肥皂，保持地面、服饰干爽。冬季盥洗后能主动擦抹护肤品，会保护皮肤。

**2. 幼儿教师常规**

（1）根据幼儿需要，随时提醒、组织幼儿分组有序地盥洗，督促幼儿洗手前挽好袖子并有秩序地等待。

（2）指导幼儿认真地洗手、洗脸，掌握正确洗手、洗脸的方法。可将盥洗步骤图张贴在盥洗室（图2-1-1-2），经常为幼儿讲解和提醒幼儿。

（3）指导幼儿不玩水和肥皂，节约用水。指导大班值日生检查幼儿盥洗效果。

**3. 保育员常规**

（1）做好盥洗前的准备工作，要求水温适宜，肥皂备齐，地面干爽。

（2）组织指导幼儿正确盥洗。同时，对个别幼儿进行个别指导和帮助。

（3）指导幼儿擦抹护肤品。

（4）清洗幼儿的毛巾，并进行半小时的紫外线或蒸汽消毒。

（5）收拾整理盥洗室，保持台面、地面清洁。

**4. 对各年龄段幼儿的关注重点**

（1）小班：重视盥洗室环境创设，激发幼儿的盥洗愿望。由于小班幼儿平衡、协调能力弱，规则意识还未建立，特别要注意室内通风，保持地面干燥，以防幼儿滑倒；同时，经常为幼儿示范正确的盥洗方法，帮助幼儿盥洗。

（2）中班：提醒幼儿不玩水，不浪费水，不要忘记关闭水龙头，不将自己的衣服弄湿。指导幼儿学看盥洗步骤图，掌握正确的盥洗方法。

（3）大班：重点观察幼儿盥洗情况，引导幼儿正确使用肥皂，学会适时开关水龙头，知道节约用水，养成餐前、便后、手脏时主动洗手的好习惯，随时保持手、脸清洁。

模块二 班级一日常规及安全管理

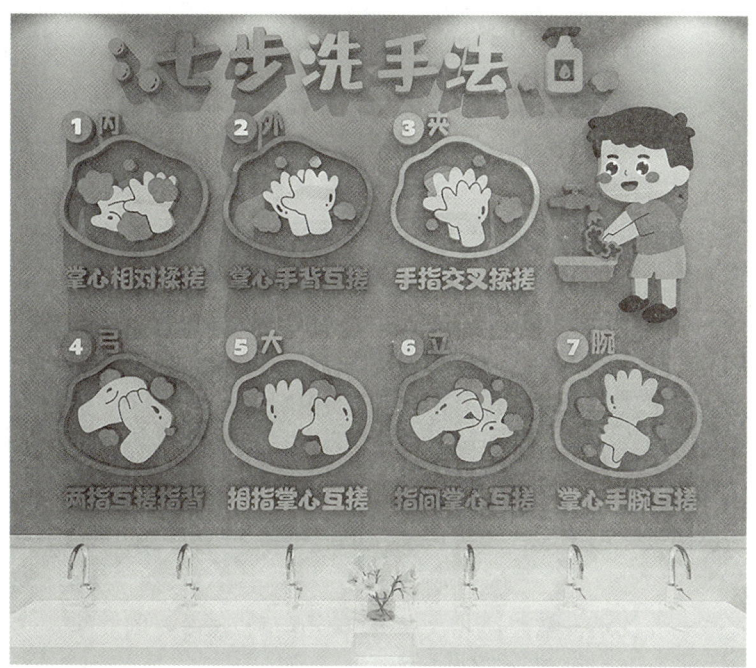

图 2-1-1-2 七步洗手法指导示意

## （三）饮水环节

### 1. 幼儿常规

1）小班幼儿常规

（1）在幼儿教师的提醒下，饮水前先洗手。

（2）认清自己的水杯标志，会自己取水杯，能用自己的水杯饮水，不用奶瓶等饮水用具饮水。

（3）学习正确的饮水方法。即从口杯柜中取出自己的杯子，放在自己座位桌的前方，等待教师倒水，或在幼儿教师指导下在保温桶边学着接水。坐在桌边，双手端杯，一手握杯把，另一手扶着杯子，一口一口地喝水。身体坐正，不洒水，不玩水杯，喝完水要把杯子放回原处。

（4）不喝生水，愿意定时饮水，口渴时随时表达饮水需求。

（5）饮水时不说笑，不边走边喝，不玩耍，不浪费水。

2）中班幼儿常规

（1）饮水前会主动洗手。

（2）认清自己的水杯标志，用自己的水杯饮水。

（3）会自己接水。即眼睛看着水杯，一手握杯把，另一手开关水龙头。杯口对准流水，水要开得稍小些。接的水要多于半杯，既不要太满，也不要过少。喝完水后把杯子放回原处。

（4）不喝生水，不玩水，不浪费水。知道口渴时饮水，愿意定时饮水，需要时会主动取水喝。

饮水常规手指谣

· 37 ·

3）大班幼儿常规

（1）饮水前会主动认真洗手。

（2）会自己接水，即一只手握杯把，一只手开关水龙头，杯口对准流水，水要开得稍小些，接的水不过多也不过少，不洒水。喝完水后把杯子放回原处。

（3）愿意喝白开水，不喝生水，口渴时会自己主动饮水。

（4）剧烈运动后稍事休息再饮水。餐前、餐后半小时少饮水。

### 2. 幼儿教师常规

（1）向幼儿介绍喝白开水的益处，使幼儿懂得饮料不能代替白开水的道理。

（2）指导幼儿饮水的正确方法，指导幼儿安全有序地取水。

（3）保证幼儿每日饮水量及次数。每日饮水量不少于 800～1 500 mL。

（4）每日上、下午各组织一次集体饮水，提醒幼儿随时饮水。运动后要增加饮水量。

### 3. 保育员常规

（1）随时提供足量、温度适宜的饮用水，保证班级定时定量的饮水，可以同时满足幼儿随渴随饮的需求。

（2）及时提醒幼儿饮水，掌握幼儿饮水量。提醒有特殊需要的幼儿多饮水。

（3）提醒并帮助幼儿正确取水和取放口杯。

（4）每天清洗保温桶，每天清洗并消毒幼儿个人专用饮水杯。

（5）及时清理幼儿不小心洒在桌面、地面上的水渍。

### 4. 对各年龄段幼儿的关注重点

（1）小班：重点鼓励幼儿用自己的杯子饮水，鼓励幼儿喝白开水，保证幼儿充足的饮水量，指导幼儿学会正确的饮水方法，对不同需要的幼儿给予特殊的帮助和指导。

（2）中班：引导幼儿不饮生水，不玩水，不浪费水，知道口渴时饮水，愿意定时饮水，有需要时会主动取水喝。

（3）大班：观察幼儿饮水情况，对于不能主动饮水的幼儿要特殊提醒，帮助幼儿养成口渴时、运动后主动饮水的习惯。

## 二、盥洗活动安全管理

### 1. 常见安全隐患

（1）一些盥洗室的空间有限，无法同时容纳所有幼儿使用，如果幼儿蜂拥而至，很容易发生肢体的碰撞和挤压。此外，一些幼儿在等待时缺乏耐心，会催促正在如厕或洗手的幼儿，可能会引发伙伴间的争执和冲突。

（2）幼儿边洗边玩，很容易把洗手液弄到眼睛里或把水弄到身上，还有可能使地面积水，稍有不慎便会滑倒或摔伤。

（3）饮水环节经常出现幼儿被烫伤的情况，过高的水温或缺少防护措施的开水桶会增加幼儿烫伤的风险。

（4）一些幼儿园为了省事，省略了给幼儿水杯消毒的环节，而且不加区分，很容易造成疾病传染。

（5）一些幼儿在喝水时喜欢和同伴聊天、打闹，很容易被水呛到或滑倒。

### 2. 安全管理要点

（1）幼儿教师要先考虑盥洗室能容纳多少幼儿，如条件限制可以分批进行，勿使幼儿洗手时太过拥挤，妨碍彼此的洗手动作，还要教育幼儿学会耐心等待、有序地盥洗。

（2）幼儿教师应教育幼儿洗手时卷好袖口，不玩水或洗手液，洗完之后要及时擦干，防止衣服打湿导致幼儿着凉。

（3）水杯要在幼儿使用之前消毒，开水桶要及时上锁，地面要随时保持干燥。

（4）每个幼儿的水杯应放在固定的地方，并请幼儿记住自己水杯的标记，不与其他幼儿共用水杯，避免水杯污染，造成交叉感染。

（5）幼儿教师应指导幼儿安全、有序地取水、喝水，不推、不挤，喝水时不嬉笑打闹。

（6）幼儿教师要提醒幼儿剧烈运动后不要马上喝水，饭前、饭后半小时内少饮水。

（7）幼儿教师要及时清理卫生间，用拖把拖干卫生间的地面，保持干爽，防止幼儿滑倒。另外，要注意保持卫生间干净、无垢、无味。

## 三、盥洗活动保教配合管理

### （一）盥洗活动管理保教基本常识

盥洗活动常规和安全管理需要保育员和幼儿教师配合，分工协作完成，具体见表2-1-1-1。

表2-1-1-1　盥洗活动管理保教基本常识

| 项目 | | 盥洗活动管理保教基本常识 |
|---|---|---|
| 如厕 | 前 | **保育员：**<br>（1）检查卫生间环境是否干净、安全，要求地面干爽、空气清新、便池干净。<br>（2）准备大小适宜、数量充足的厕纸，放在方便幼儿取用的位置。<br>（3）检查便器是否能正常使用。<br>（4）提醒幼儿如厕一定要注意安全，避免上下台阶，避免滑倒，不在厕所逗留玩耍。<br>**幼儿教师：**<br>（1）为幼儿创设一个宽松的生活环境，引导幼儿有便意时能主动如厕或告知老师，不随意大小便、不憋便（小班）。<br>（2）帮助幼儿识别男女性别标识，知道分性别如厕（小班）。<br>（3）提醒幼儿有便意及时上厕所，不憋便，不因贪玩便湿裤子（中班）。<br>（4）培养幼儿保护隐私的意识，不将隐私部位暴露在他人面前（大班）。<br>（5）引导幼儿了解大小便和健康的关系，可通过饮食、运动等方式促进排便（大班）。<br>（6）组织幼儿分男女、分批次进入盥洗室（条件受限的园所可分男女错时如厕），防止拥挤、避免滑倒。<br>（7）掌握幼儿大小便规律，提醒个别幼儿及时解便 |

续表

| 项目 | | 盥洗活动管理保教基本常识 |
|---|---|---|
| 如厕 | 中 | **保育员：**<br>（1）引导幼儿将裤子脱到适宜位置再解便，注意不弄脏裤子。<br>（2）指导帮助幼儿使用正确的方法解便，排便入池，提醒男孩根据大小便情况正确选择便器，特别是小便时应正确使用小便池。<br>（3）提醒幼儿适量取纸，从前往后擦，使用后将厕纸放入纸筐。<br>**幼儿教师：**<br>（1）鼓励幼儿尝试独立使用大、小便器具，培养幼儿独立如厕的能力，需要时帮助幼儿脱裤子，教幼儿蹲（坐）正位置，把大小便便入池（马桶）内（小班）。<br>（2）引导幼儿文明如厕，站在厕所便池边再脱裤子，蹲（坐）正位置，把大小便便入池（马桶）内，便后会用手纸自前向后擦屁股，按需用纸，如厕后及时整理好衣裤，学会冲便（中班）。<br>（3）教会幼儿文明如厕，解便时不弄湿自己和同伴的衣裤，便后整理好衣裤，及时冲便，节约用纸（大班）。<br>（4）引导幼儿安静如厕，不在盥洗室大声吵闹、相互推挤。<br>（5）观察卫生间人数，适时合理安排幼儿进入卫生间。 |
| | 后 | **保育员：**<br>（1）观察幼儿大小便情况是否正常，根据实际情况进行相应处理。有尿裤子、拉裤子上的情况，及时做好幼儿安抚、身体擦洗、衣物更换等工作。<br>（2）用图示、语言提醒幼儿便后冲水，整理好衣裤、洗手，养成讲卫生和节约用水的良好习惯。<br>（3）观察便池周围是否有尿液、水迹，及时清理，保证地面干爽，便池清洁。<br>**幼儿教师：**<br>（1）及时肯定便后主动用肥皂洗手的幼儿，提醒幼儿节约用水。<br>（2）提醒幼儿用自己的毛巾正确擦手，观察手擦干后放下衣袖、整理衣服的情况，帮助个别有困难的幼儿。<br>（3）提醒幼儿不在盥洗间、卫生间逗留玩耍。<br>（4）对幼儿表现出的文明如厕的好习惯及时给予肯定。<br>（5）引导幼儿学会自理大小便，学习自己擦屁股，自己提裤子（小班）。<br>（6）培养幼儿节约资源的意识，按需用纸、用水（中班）。<br>（7）鼓励幼儿同伴间互助，如厕后相互检查衣裤是否整理好（大班）。<br>（8）鼓励幼儿参与卫生间环境的准备和整理，如准备厕纸、检查便器是否能正常使用、地面是否干爽等（大班）。 |
| 洗手 | 前 | **保育员：**<br>（1）检查盥洗室内的洗手物品是否到位，并利于儿童取放；检查地面是否干爽等。<br>（2）冬季检查水温以及出水量大小，严防烫伤。<br>（3）将擦手巾摆放在指定位置，以方便幼儿使用，保证一人一巾。<br>（4）注意幼儿洗手时站立位置是否适中。 |

·40·

模块二　班级一日常规及安全管理

续表

| 项目 | | 盥洗活动管理保教基本常识 |
|---|---|---|
| 洗手 | 前 | **幼儿教师：**<br>（1）培养幼儿饭前、便后、手脏时洗手的意识和行为（小班）。<br>（2）教育幼儿懂得洗手对身体的好处，能够主动洗手（中班）。<br>（3）提升幼儿健康知识，知道定期洗手可减少疾病传播（大班）。<br>（4）根据班级情况，引导幼儿有序地自主洗手。<br>（5）指导和帮助幼儿从下至上挽起衣袖，冬季衣袖较紧，鼓励幼儿与同伴用合作的方式（卷、拉、提）互相帮助将袖口卷起来（小班）。<br>（6）培养幼儿互帮互助的服务意识，愿意主动帮同伴整理衣袖（中班）。<br>（7）培养幼儿团队合作意识，同伴间能相互监督手部卫生情况，合作完成盥洗室整理工作（大班）。<br>（8）查看幼儿完成情况，避免袖口过松、过低，打湿衣袖 |
| | 中 | **保育员：**<br>（1）指导帮助幼儿按"七步洗手法"正确洗手，如图2-1-1-1所示，引导幼儿每次坚持正确洗手。<br>（2）提醒幼儿注意控制水流量，洗手中不打湿衣袖、洗手台面和地面。<br>（3）及时处理地面的水渍，并保持地面干爽。<br>**幼儿教师：**<br>（1）借助图示、儿歌让幼儿学习用"七步"洗手法洗净双手（小班）。<br>（2）引导幼儿用"七步洗手法"正确洗手（中班）。<br>（3）引导幼儿正确、熟练地采用"七步洗手法"洗手（大班）。<br>（4）根据盥洗室的人数，适时引导幼儿进入盥洗室。<br>（5）引导等待的幼儿与同伴相互玩一些休闲的小游戏。<br>（6）注意盥洗室洗手秩序，确保幼儿不推挤、不打闹（小班）。<br>（7）指导幼儿洗手时保持安全距离，学会等待，不争抢位置（中班）。<br>（8）建立幼儿主动观察盥洗室环境安全的意识，避免发生意外（大班） |
| | 后 | **保育员：**<br>（1）鼓励幼儿自己将衣袖拉下来，并帮助个别幼儿（特别是冬季）。<br>（2）指导幼儿用自己的擦手巾正确擦干双手。<br>（3）做好盥洗室物品整理，确保环境干净整洁，用品齐备。<br>**幼儿教师：**<br>（1）提醒幼儿整理好衣着，检查幼儿的里外衣袖是否已经放下来。<br>（2）引导洗手后的幼儿进行下一环节的活动，不在盥洗室逗留。<br>（3）鼓励、肯定幼儿在洗手过程中的良好表现 |

续表

| 项目 | | 盥洗活动管理保教基本常识 |
|---|---|---|
| 饮水 | 前 | **保育员：**<br>（1）做好水杯、水壶、饮水机（烧水桶）等饮水用具的清洁消毒工作。<br>（2）保持教室内地面干燥，提供安全饮水环境。<br>（3）检查水桶、水壶或恒温饮水机里的水温是否合适，建议夏季以30 ℃左右水温为宜，冬季以45 ℃左右水温为宜。每人单次饮水100~150 mL。水桶下方摆放防滴桶。<br>（4）摆放幼儿口杯时，杯把向外，便于拿取。<br>**幼儿教师：**<br>（1）帮助幼儿了解喝白开水的益处，鼓励幼儿多喝白开水，少喝饮料。<br>（2）鼓励幼儿主动表达饮水需求，激发幼儿主动喝水的意愿（小班）。<br>（3）引导幼儿愿意定时饮水，口渴时会主动取水喝（中班）。<br>（4）引导幼儿知道定时饮水，需要时主动取水喝（大班）。<br>（5）根据班级情况，有序地组织幼儿洗手，做好饮水准备。<br>（6）根据幼儿衣着情况，帮助卷好袖口，避免弄湿。 |
| | 中 | **保育员：**<br>（1）指导幼儿适量取水（半杯水或者三分之二杯水），取水时眼睛看着口杯。<br>（2）提醒幼儿不推挤，有序接水，引导幼儿双手平稳端水，轻轻走至座位，安静饮水，不要将水洒到地面和桌面。<br>（3）关注幼儿衣物、身体是否有水迹，及时吹干、擦干或更换衣服。<br>（4）及时擦拭洒在桌面、地面上的水，避免幼儿摔跤。<br>**幼儿教师：**<br>（1）引导幼儿认自己的水杯标志，会自己取水杯，能用自己的水杯喝水。<br>（2）引导幼儿学习遵守饮水秩序，不推挤同伴。<br>（3）引导幼儿喝水时不说笑，不边走边喝水，不玩水，不浪费水。<br>（4）引导幼儿学习正确的喝水方法：将自己的杯子放在自己座位的桌前方，等待老师倒水，或在老师指导下在保温桶或恒温饮水机边学着接水。<br>（5）引导幼儿坐在桌边，双手端杯，一手拿杯把，一手扶着杯子，一口一口地慢慢喝。身体坐正，不洒水，不玩水杯，喝完水把杯子放回原处（小班）。<br>（6）引导幼儿学会自己接水：眼睛看着水杯，左手握杯把，右手开关水龙头，杯子对准流水。水要开得稍小些，接的水要多半杯，不要太满也不要过少，喝完水把杯子放回原处，有清理洒落水迹的意识（中班）。<br>（7）引导幼儿主动清理洒落水迹，整理饮水用具，培养值日生的任务意识（大班）。<br>（8）用语言鼓励幼儿，带动喝水困难的幼儿喝完杯中的水。<br>（9）关注感冒、小便发黄、便秘等有特殊情况的幼儿，适当增加水量。 |
| | 后 | **保育员：**<br>（1）整理饮水用具，及时清洁、消毒。<br>（2）按标识对应放回水杯，杯柄方向一致。<br>（3）准备好充足的备用饮用水。<br>**幼儿教师：**<br>（1）组织先喝完水的幼儿进行自选活动。<br>（2）对幼儿饮水常规表现进行评价与鼓励。 |

## （二）盥洗活动典型问题和解决策略

### 1. 如厕

1）常见问题

（1）幼儿不敢小便、不会小便，尿裤子的现象时有发生。

（2）幼儿便后不会自己提裤子、擦屁股，整理衣服不到位。

（3）幼儿如厕时玩耍、打闹。

2）应对策略

（1）幼儿教师要带领刚入园的幼儿参观、熟悉厕所环境，介绍男孩、女孩的如厕方式。

（2）每次幼儿如厕时，保证有一名幼儿教师在旁看护，随时帮助有困难的幼儿，边帮边教。

（3）幼儿教师可在盥洗室安装穿衣镜或张贴如厕步骤示意图，让幼儿按图示提好裤子并对着镜子检查。

（4）教师可以组织幼儿一起制订文明如厕公约。

（5）教师应及时评价幼儿在如厕中的表现，并正确引导。

如厕环节管理
环境创设

### 2. 洗手

1）常见问题

（1）幼儿不会挽袖子。

（2）幼儿不会控制水流的大小。

（3）幼儿洗手方法不正确。

（4）幼儿洗手时不用香皂。

（5）幼儿不认真洗手，洗手时打闹、玩耍。

2）应对策略

（1）教师适当示范、帮助、提醒，也可适当帮助幼儿，冬季帮助幼儿挽袖子应从背后示意，让幼儿手肘贴着腹部，教师双手向后挽袖子，避免将幼儿拉伤或造成脱臼，如图 2-1-1-3 所示。

（2）教师可将洗手方法分解多次进行，还可与幼儿一起洗手，边讲解边示范，让幼儿轻松地学会正确的洗手方法。

（3）教师可以准备形状、颜色不同的香皂，激发幼儿洗手的兴趣。香皂放置时要避免二次污染，装香皂的器具要定期消毒。

（4）教师可以引导幼儿自己制订洗手规则。

（5）教师可以引导幼儿学习自我管理，比如互相提醒。

洗手环节管理
环境创设

### 3. 饮水

1）常见问题

（1）幼儿不会使用水杯，水接得过少、过满。

（2）幼儿的主动喝水意识不够，不愿意喝白开水。

（3）幼儿不能根据身体的需要喝水，喝水过少或过量。

饮水环节管理
环境创设

（4）幼儿喝水时喜欢边喝边玩边聊天。

2）应对策略

（1）教师通过示范、练习等方法引导幼儿学习正确使用水杯，如图 2-1-1-4 所示。对于个别不会使用水杯和容易洒水的幼儿，教师应多加关注，进行个别指导。

（2）教师可以开展谈话等活动，让幼儿了解喝水的注意事项，避免呛水。

（3）教师通过示范、图示引导等方法，让幼儿明确接水量。

（4）教师可以设置"喝水记录表"，激发幼儿主动喝水的兴趣，并根据每个幼儿的喝水记录及时提醒他们喝水，保证每个幼儿都能适量喝水。

（5）教师应根据幼儿需要组织集中喝水、分散喝水，如可以在集体活动、户外活动、起床后等时间组织幼儿集中喝水，也可以鼓励、提醒幼儿随时喝水（尤其是生病的幼儿）。

（6）教师应注意观察幼儿喝水的表现，并进行及时指导。

图 2-1-1-3  教师从背后帮幼儿挽袖子

图 2-1-1-4  正确端水杯的方法

## ★ 步骤二  文献检索

网络平台和图书馆都是同学们拓展自己知识面的有效途径，请同学们自选方式进行幼儿园盥洗活动管理相关知识信息检索，完成信息检索目录清单（任务单 2-1-1-1）。

任务单 2-1-1-1  盥洗活动管理信息检索目录清单

| 检索平台 | 检索内容 | 推荐指数（最多 5 颗 ★） |
| --- | --- | --- |
|  |  |  |
|  |  |  |
|  |  |  |
|  |  |  |

## ★ 步骤三  案例分析

学生分组见表 2-1-1-2。

模块二 班级一日常规及安全管理

表 2-1-1-2  学生分组

| 班级 | | | 组号 | | 授课教师 | |
|---|---|---|---|---|---|---|
| 组长 | | | 学号 | | | |
| 组员 | 姓名 | 学号 | | 姓名 | | 学号 |
| | | | | | | |
| | | | | | | |
| | | | | | | |
| 任务分工 | | | | | | |

## 对点案例

近期，小（1）班静静老师发现每次男孩们如厕后，小便池外地面总会有些尿液，发现问题后，每次组织班级幼儿如厕前，她都会提醒班级小男孩要在小便池前站好，并将小便尿进便池里，却收效甚微。第二天，静静老师在每个小便池里面贴上一个小红点，并告诉小男孩，请男孩们玩一个游戏：每次上厕所看看哪个小男孩尿得最准，此后一段时间小便池外都没有尿渍。当这种情况再次出现时，静静老师又将红点改成"树苗""花朵"等，于是男孩们每次小便的动作都完成得很好。

请根据案例中静静老师的做法，针对盥洗活动安全隐患，制订环境管理方案，完成任务单 2-1-1-2。

任务单 2-1-1-2  盥洗活动优化管理方案制订

| 盥洗活动环节 | 安全隐患 | 环境优化管理方案 |
|---|---|---|
| | | |
| | | |
| | | |
| 其他同学给我的启示 | | |

· 45 ·

## ★ 步骤四　方案设计

自选年龄段幼儿制订一份盥洗活动（如厕、洗手、喝水）保教配合常规培养与安全管理方案，完成任务单 2-1-1-3。

任务单 2-1-1-3　盥洗活动管理方案

| 班级 | 环节 | 保教配合常规培养与安全管理 |
|---|---|---|
| （　）班 | 如厕 | |
| | 洗手 | |
| | 喝水 | |
| 其他同学给我的启示 | | |

## ★ 步骤五　学以致用

小组对制订的盥洗活动（如厕、洗手、喝水）保教配合常规培养与安全管理方案进行讨论、优化，结合小组讨论优化后的盥洗活动方案，小组成员确定角色分工，按照优化后的保教配合常规培养与安全管理方案模拟进行盥洗活动（如厕、洗手、喝水）组织。待完成模拟组织过程后，总结组织过程中的优点与不足，完成任务单 2-1-1-4。

任务单 2-1-1-4　模拟进行盥洗活动组织过程反思

| 优点 | 不足 |
|---|---|
| | |

## 【任务评价】

说明：

（1）任务评价包括自我评价、小组评价和教师评价，评价时要结合相应要点。

（2）小组评价由组长负责组织，并结合小组成员的意见。

（3）总得分计算至小数点后第二位。

按照说明完成任务评价表（任务单 2-1-1-5）。

任务单 2-1-1-5　任务评价表

| 班级 | | 姓名 | | 学号 | | | |
|---|---|---|---|---|---|---|---|
| 组名 | | 验收组长 | | 年　月　日 | | | |
| 文档验收清单 | | 任务单 2-1-1-1、任务单 2-1-1-2、任务单 2-1-1-3、任务单 2-1-1-4 包含 5 份检索文献的目录清单 | | | | | |
| 评价内容 | | 评价要点 | 分值 | 自我评价（20%） | 小组评价（30%） | 教师评价（50%） |
| 专业知识（60%） | 盥洗活动优化方案制订 | 能根据盥洗活动安全隐患设计有效的环境优化方案 | 10 | | | |
| | 盥洗活动（如厕、洗手、喝水）保教配合常规培养与安全管理方案 | 能制订全面的盥洗活动（如厕、洗手、喝水）保教配合常规培养与安全管理方案，符合该年龄班幼儿特点，能充分体现保教配合、关爱幼儿的思想 | 20 | | | |
| | 组织盥洗活动保教配合 | 模拟班级保教人员在组织盥洗活动（如厕、洗手、喝水）过程中能进行良好的保教沟通与配合 | 20 | | | |
| | 总结方案和组织过程中的优点和不足 | 按照优化方案模拟组织活动，总结组织过程中的优点与不足之处 | 10 | | | |
| 个人素养（40%） | 专业精神与学习能力 | 在学习中获得满足感，对课堂生活的认同感；方案应符合该年龄班盥洗活动常规培养要求与安全管理要点 | 10 | | | |
| | 参与态度、沟通合作与表达能力 | 积极主动与教师、同学交流，相互尊重、理解、平等；与教师、同学之间能够保持多向、丰富、适宜的信息交流 | 10 | | | |
| | 问题解决能力 | 在保教配合过程中能有效融入对幼儿的随机教育，拥有教育智慧 | 10 | | | |
| | 信息检索与处理能力 | 能有效利用网络、图书资源查找有用的相关信息等；能将查到的信息有效地传递到学习中 | 10 | | | |
| 总分 | | | 100 | | | |

# 任务二　进餐活动管理

【任务描述】

(1) 信息检索，自主拓展查阅资料，学习幼儿园班级进餐活动管理专业知识。
(2) 针对案例，设计进餐活动优化辅助方案。
(3) 制订班级进餐活动管理方案和保教配合模拟实施方案。
(4) 观摩其他小组方案和实训，完成自评和小组评价。

【任务目标】

(1) 掌握进餐活动常规管理和安全管理知识要点。
(2) 能根据案例设计进餐活动优化辅助方案，制订进餐管理活动管理方案。
(3) 能保教配合模拟实施方案，并进行自评和小组评价。

【任务重点】

掌握各年龄段幼儿进餐活动餐前、餐中、餐后环节保教配合管理要点和常见安全隐患应对策略。

【任务难点】

制订科学方案，合理安排和组织进餐活动，保教人员分工明确，配合协作一起根据各年龄段幼儿特点进行进餐活动餐前、餐中、餐后常规培养与安全管理。

【任务准备】

(1) 知识准备：各年龄阶段进餐活动保教常识和指导要点、进餐活动常见安全隐患及应对策略、进餐活动管理保教配合要点。
(2) 活动准备：多媒体播放设备、模拟幼儿园教室、实训室、餐盘、勺子、幼儿桌椅。

【任务实施】

说明：

(1) 对于每一环节，各成员先自行完成，然后开展小组讨论。
(2) 每一环节的讨论结束后，各成员应结合小组其他成员提出的建议，进行相应内容的修改。

## ★ 步骤一　知识梳理

幼儿进餐活动是指教师组织幼儿集体进餐的活动，包括早餐、午餐、午点和晚餐，是幼儿一日生活中至关重要的部分。幼儿园的进餐活动包括进餐前心理准备、餐具准备，进餐中幼儿技能的掌握、习惯的养成，进餐后的整理、清洁等。众多相关研究表明，幼儿进餐质量与进餐前的准备工作、进餐中的指导、进餐后的整理有密切的关系。进餐前良好的氛围、进餐环境的洁净、优雅，会为幼儿进餐创造好的心情，是愉悦进餐的前提；进餐中，幼儿教师亲切、具体、适时地指导，在帮助幼儿学习进餐技能的同时，还可以让幼儿吃上

模块二 班级一日常规及安全管理

饭、吃好饭、吃得舒服；餐后的整理、清洁，又可以使幼儿形成健康的进餐习惯。因此，幼儿教师要针对进餐环节具体时段的不同，有效帮助和指导幼儿的进餐活动，这就是本项目的主要任务。

## 一、进餐活动常规管理

### （一）幼儿常规

**1. 小班幼儿常规**

进餐活动常规
手指谣

（1）在幼儿教师提醒下，餐点前将手洗干净，不玩弄餐具和其他物品，不把手弄脏。

（2）能坐在桌边进餐，学会正确使用餐具（一手扶碗，一手拿勺）。会独立进食，不依赖教师。

（3）进餐时不玩耍，不乱跑，不哭闹。

（4）在教师的引导下，喜欢吃瓜果、蔬菜等多种食物。

（5）餐后将餐具放到指定地点，在幼儿教师提醒下先漱口、再擦嘴。

**2. 中班幼儿常规**

（1）餐点前自觉洗手，不玩弄餐具和其他物品，不把手弄脏。

（2）坐姿良好，愉快、安静地进餐，学习使用筷子进餐（一手扶碗，一手拿筷子）。饭菜搭配吃。

（3）进餐时注意力集中，不玩耍，不打闹，不抛洒饭菜；不满口塞，不抢吃，不剩饭，不挑食，不偏食，不大声讲话，逐步养成良好的进餐习惯。

（4）吃完最后一口再离开座位，将餐具放在指定地点，主动漱口、擦嘴。

**3. 大班幼儿常规**

（1）餐点前自觉洗手，不玩弄餐具和其他物品，不把手弄脏。

（2）安静、愉快地进餐，坐姿良好，细嚼慢咽，不边吃边玩，不大声讲话；不挑食，不偏食，不剩饭菜，不过量进食。饭和菜搭配着吃，不吃汤泡饭。

（3）会正确并熟练使用筷子进餐（一手扶碗，一手拿筷子）。进餐不拖拉，30~40 min 吃完饭菜，15 min 吃完点心。

（4）保持桌面、地面和衣服清洁，饭菜残渣放在指定地方。

（5）吃完最后一口再站起来，轻放椅子，将餐具、渣盘放到指定地点，清理好自己的桌面。餐后会主动并正确漱口、擦嘴。

### （二）教师常规

（1）进餐前为幼儿创设和营造整洁、愉快的进餐环境，可以组织幼儿做一些安静的活动，如播放轻音乐、做手指操、讲故事等，注意在进餐时，不批评幼儿，保证幼儿可以愉快进餐。指导中、大班值日生分发餐具。

（2）进餐中观察幼儿食欲，指导幼儿坐姿及使用餐具的正确方法，对食量小、食欲不好、偏食的幼儿给予特别关注和个别指导。对于尚没有独立进餐能力的小班幼儿，教师可以适当喂幼儿进餐，并逐步引导幼儿独立进餐。

· 49 ·

(3) 注重指导幼儿文明进餐，逐步培养幼儿不抢食、不满口塞、不用袖子抹嘴、不边吃边玩、不抛洒饭菜等文明进餐的好习惯。

(4) 进餐后提醒幼儿漱口、擦嘴，指导中、大班幼儿收拾自己的餐桌。

(5) 午餐后组织幼儿进行安静活动，如翻绳、看图书、自由交谈等。全部幼儿吃完饭后进行 5~10 min 安静、轻松的散步。

(6) 补餐、加餐时，提醒幼儿洗手入座，鼓励幼儿能按要求自己取用。提醒幼儿吃点心过程中不玩耍，督促幼儿餐后收拾餐盘。

(7) 早餐、午餐后半小时，严格按药品服用记录逐一为幼儿服药，服药前认真核实，确保正确无误。不能出现错服、漏服、重服、药量不足和过量等现象。

### （三）保育员常规

(1) 餐前用肥皂洗手，每餐（点）前 20 min 做好桌面消毒工作（第一遍，用 1∶200 的 84 消毒液擦洗桌面，并滞留 5 min；第二遍，用清水擦洗一遍；第三遍，用蒸汽消毒后的专用抹布擦一遍）。为幼儿准备好餐巾纸、垃圾桶、擦桌布。

(2) 掌握每餐食谱，向幼儿介绍当餐名称、种类、食品营养，激起幼儿的进餐欲望，并获得有关食物的知识和经验。

(3) 提供的餐点温度适中，避免食物过烫、过冷。分发餐（点）时，使用食品夹或消毒筷。应做到每位幼儿一套餐具，分盘盛餐，随吃随分，注意不要一次盛太多饭。

(4) 进餐中保证每个幼儿吃饱、吃好、吃足营养量。掌握幼儿进食情况。鼓励食量小的幼儿，控制暴饮暴食的幼儿。

(5) 幼儿进餐时，不拖地，不扫地，不训斥幼儿，不催食，不大声讲话。

(6) 补餐、加点时，要为幼儿准备餐盘和餐巾纸，必要时将较大的水果切片。鼓励幼儿自己取用，吃点心过程中不玩耍，督促幼儿餐后收拾餐盘。

(7) 指导幼儿餐后漱口、擦嘴。

(8) 提醒所有幼儿进餐结束后及时将碗筷送往餐厅，同时收拾餐桌，清扫地面，清洗餐巾和漱口杯并消毒。

### （四）对各年龄段幼儿的关注重点

**1. 小班**

创设良好温馨的进餐环境。重点指导幼儿独立进餐，正确使用餐具，鼓励幼儿吃多种食物。

**2. 中班**

重点指导幼儿了解餐点的种类。引导幼儿进餐时注意力集中，不玩耍，不打闹，逐步养成不抛洒饭菜、不剩饭、不满口塞食物、不挑食、不偏食的良好进餐习惯。

**3. 大班**

重点关注幼儿用餐情况，纠正幼儿的不良进餐习惯。引导幼儿了解饭菜的名称和营养价值，指导幼儿自己取餐，进餐时能做到不抢吃、不挑食、不偏食，学会文明用餐和餐后主动收拾餐桌。

## 二、进餐活动安全管理

### （一）常见安全隐患

**1. 消极情绪**

一些缺乏耐心的教师和保育员，在就餐环节会忍不住催促吃饭较慢的幼儿。盲目催促只会引发幼儿的焦虑情绪和恐惧心理，而且吃得过快、过猛很容易导致食物呛噎。此外，教师在进餐前和进餐过程中对幼儿的批评、指责，甚至辱骂、威胁，都会对幼儿进餐造成不良影响。

**2. 不良习惯**

幼儿用餐时的不良习惯也是导致事故发生的主要原因之一。有些幼儿喜欢边吃边说、东张西望，容易呛到自己；有些幼儿坐姿不正确，容易摔倒；有些幼儿双脚叉开坐容易绊倒同伴；有些幼儿喜欢将勺、筷子置于口中玩耍，戳伤自己；进餐时，座位离其他幼儿过近或舞动筷子戳伤别人；有些幼儿习惯用手抓饭或将残渣丢到地上，造成幼儿滑倒等。这些细节看似微不足道，却都关乎幼儿的健康和安全。

**3. 餐具和食物温度**

餐具和食物的温度过高或过低都不利于幼儿使用和食用。温度过高，容易烫伤幼儿，特别是汤、稀饭、馄饨等食物；温度太低，特别是在冬天，凉得太快，幼儿食用后容易受凉；适宜的温度能让幼儿饮食舒适。

**4. 食物过敏**

没有对过敏体质幼儿的饮食进行特殊处理，引发安全隐患。

**5. 食材隐患**

有些食材在食用时存在安全隐患，如，吃鱼有刺，吃鸡、鸭、肉等有骨头，容易噎呛幼儿或造成异物卡喉。

### （二）安全管理要点

**1. 进餐前**

（1）在进餐前半小时不组织易使幼儿兴奋、活动量大的剧烈活动，进餐前及进餐过程中播放舒缓、轻柔的音乐，帮助幼儿安静下来，使他们保持愉悦的情绪。

（2）进餐前，教师不处理幼儿间发生的问题，以免影响幼儿情绪。

（3）教师拉完餐车，要及时关闭送餐用的电梯间的门，以防止幼儿单独进入。

（4）教师取回盛放热饭菜的餐盆后，要放到安全地点，以免烫伤幼儿。

（5）提前检查幼儿的食品有无变质。

（6）关注食物过敏幼儿，把过敏幼儿的名单、过敏食物表张贴在班内墙壁上，进餐前对照着调整。

**2. 进餐中**

（1）教师应当为幼儿提供轻松、愉快的进餐环境，不要批评幼儿，不能让幼儿带着消极情绪吃饭；对幼儿的就餐要求应因人而异，不要过分催促，对进食速度较慢的幼儿应多给其一些时间。

（2）饭菜进班后，教师要检查饭菜温度是否适宜，安排幼儿分组洗手，做到随洗随吃，不等待，避免出现幼儿在班内四处跑动的现象。

（3）保教人员为幼儿添饭、添菜时禁止从幼儿头顶、身体上方传递。大班幼儿可以自己端饭，但不能让其端汤，托、小班幼儿的饭菜必须由保教人员分发。

（4）给托、小班幼儿吃的排骨、鱼需经高压锅焖酥，食用前教师要帮助幼儿把肉里的骨头、鱼脊的大刺摘掉，并提醒幼儿吃的时候小心鱼刺等。当中、大班幼儿吃鱼及排骨时，教师要教会他们去除骨头、鱼刺的方法，防止食用的时候扎伤咽部，如遇异物卡喉，需要立刻采取急救措施（图2-1-2-1），及时处理，以免造成不可挽回的后果。

（5）引导幼儿正确使用筷子，使用时不将筷子指向幼儿。

（6）教育幼儿应安静用餐，不将勺、筷子置于口中玩耍。

（7）在进餐过程中，如果有幼儿哭泣，教师应先让其停止进餐，安抚其情绪，直至平稳后再让其继续进餐。

小贴士：
海姆立克急救法即海姆立克腹部冲击法。急性呼吸道异物堵塞在生活中并不少见，由于气道堵塞后患者无法进行呼吸，可能致人因缺氧而意外死亡。此法由美国医生海姆立克先生发明。1974年，他首先应用该法成功抢救了一名因食物堵塞了呼吸道而发生窒息的患者，从此在全世界被广泛应用，拯救了无数生命，因此，该法被人们称为"生命的拥抱"。

适用：两周岁以上幼儿

海姆立克急救法（应用于儿童）
1. 站在幼儿背后，两臂从其腋下环绕。
2. 一手握拳，一手抱拳，抵住肋骨下缘与肚脐之间。
3. 双臂用力收紧，快速向里向上按压孩子胸部。
4. 持续几次挤按，直到气管堵塞解除，异物排出。

图2-1-2-1　3~6周岁儿童海姆立克急救法

**3. 进餐后**

（1）进餐结束后，要让每名幼儿将口中的最后一口饭菜咽下。

（2）因幼儿进餐结束时间有所差异，会出现一部分幼儿还在用餐，一部分幼儿用餐结束在自主收拾餐具、盥洗、漱口、洗脸、自主安静活动，保教人员需要合理站位，兼顾这两部分幼儿的安全。

（3）全体幼儿进餐结束后，教师可组织幼儿进行10~15 min的自由散步活动以帮助消化，注意不要奔跑或剧烈运动。

## 三、进餐活动保教配合管理

### （一）进餐活动保教基本常识

进餐活动常规管理和安全管理需要保育员和教师配合，分工协作进行，具体见表2-1-2-1。

## 模块二 班级一日常规及安全管理

表 2-1-2-1 进餐活动保教基本常识

| 项目 | 进餐活动保教基本常识 |
| --- | --- |
| 进餐前 | **保育员：**<br>（1）餐前 20 min 消毒餐桌和分餐桌，每桌摆放残渣盘和餐具。<br>（2）注意饭菜温度，夏季注意散热，冬季饭菜加盖保温。<br>（3）做好手部消毒，戴上一次性口罩、手套，摆放好餐具、餐巾，准备取餐。<br>**幼儿教师：**<br>（1）开展多种形式的餐前教育活动，用形象有趣的语言，以多种方式介绍食谱，激发幼儿食欲。<br>（2）根据班级情况，采用适当的方式组织幼儿有序地洗手、取餐。可分组进行，每组以 4~6 人为宜。<br>（3）播放轻音乐，营造宽松、愉快的进餐环境 |
| 进餐中 | **保育员：**<br>（1）盛饭动作轻，根据幼儿进餐量盛饭，少盛多添。<br>（2）对个别进餐慢的幼儿，鼓励幼儿每样食物都要吃，不挑食。<br>（3）幼儿饭菜冷了，及时更换。关注生病、有食物过敏史等特殊幼儿的进餐，适当调整食物搭配。<br>**幼儿教师：**<br>（1）观察幼儿进餐情况，鼓励幼儿独立进餐，少盛多添，进餐时间控制在 15~30 min，保证幼儿吃热饭菜。<br>（2）引导、帮助幼儿学习正确使用勺子，不将勺子含在嘴里，不拿勺子嬉戏打闹（小班）。<br>（3）采用多种方法，帮助幼儿逐步学习正确地使用筷子安全进餐（中班）。<br>（4）引导幼儿正确掌握使用筷子的方法，不边走边吃，不挥舞筷子，不把筷子咬在嘴里或放进鼻孔（大班）。<br>（5）鼓励幼儿独立进餐，不挑食、不剩饭，不把自己的饭菜盛到别人碗里（小班）。<br>（6）帮助幼儿养成良好的进餐习惯，能安静愉快地独立进餐，保持桌面、地面和衣物的干净（中班）。<br>（7）引导幼儿进餐时细嚼慢咽，根据自己的需要适量进食，不暴饮暴食（大班）。<br>（8）全面观察幼儿的进餐情况，鼓励幼儿爱吃各种食物，能自己吃完属于自己的那份饭菜。<br>（9）对个别挑食、偏食、暴饮暴食的幼儿及时给予指导与帮助 |
| 进餐后 | **保育员：**<br>（1）提醒幼儿吞咽完饭菜再离开座位。<br>（2）提醒幼儿分类摆放餐具，进餐完毕后，清洁桌面、地面。<br>（3）按照消毒要求进行毛巾、餐具、桌面、地面消毒。<br>**幼儿教师：**<br>（1）指导幼儿餐后将餐具分类送回指定地方，初步养成餐后擦嘴、漱口的良好习惯（小班）。<br>（2）提醒幼儿餐后能分类收拾餐具，清理干净桌面，并用正确的方法擦嘴、漱口（中班）。<br>（3）鼓励幼儿主动参与餐前餐具摆放、餐后卫生整理（大班）。<br>（4）有计划组织幼儿餐后散步、观察等安静活动 |

· 53 ·

## （二）进餐活动常见问题和应对策略

**1. 幼儿过敏或食物中毒应对策略**

（1）保教人员关注班级食物，发现异常可以尝食，确认食物非正常时，及时上报保健医生。

（2）清楚班级食品过敏特殊需求幼儿的姓名及过敏的食物，了解常见过敏食物及食用后可能的过敏症状（图2-1-2-2），当幼儿疑似过敏时能及时发现，并上报保健医生处理。

（3）将幼儿食品过敏的记录张贴在班级的墙壁上，如表2-1-2-2所示。每日根据食谱进行详细记录，并存放在幼儿班级档案中。

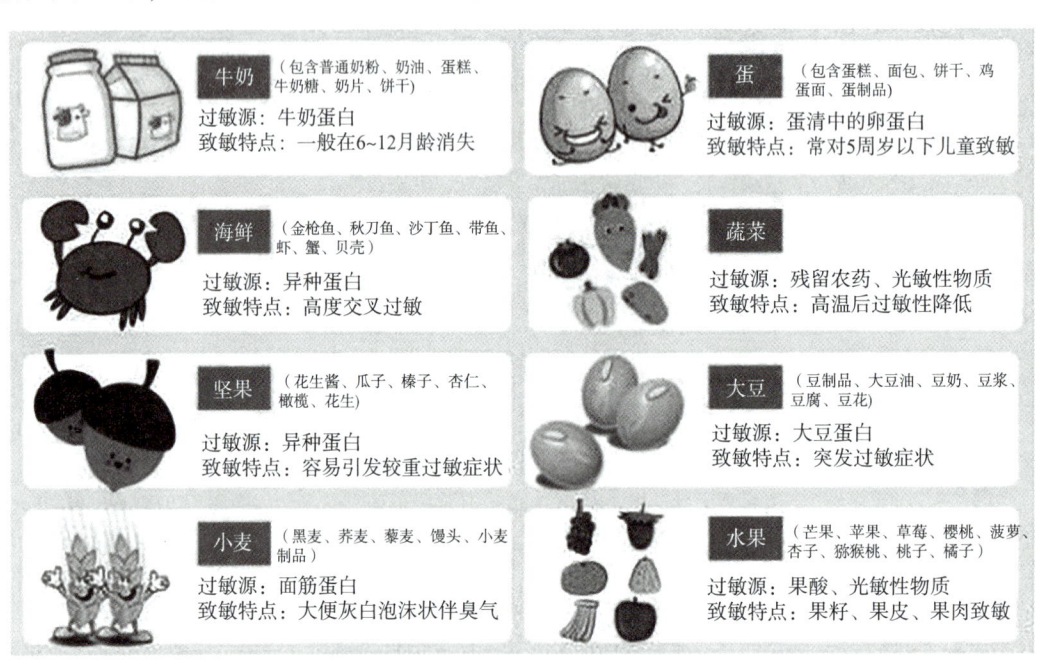

图 2-1-2-2 常见儿童过敏食物

表 2-1-2-2 幼儿过敏食物记录表

| 项目 | 海鲜类 | | | 主食类 | | | 菜品类 | | | 水果类 | | | 备注 |
|---|---|---|---|---|---|---|---|---|---|---|---|---|---|
| | 虾 | 鱼 | 其他 | 年糕 | 粥类 | 其他 | 鸡肉 | 鸡蛋 | 其他 | 哈密瓜 | 橘子 | 其他 | 其他过敏 |
| | | | | | | | | | | | | | |
| | | | | | | | | | | | | | |
| | | | | | | | | | | | | | |
| | | | | | | | | | | | | | |
| | | | | | | | | | | | | | |

**2. 幼儿不清楚餐桌礼仪应对策略**

（1）保教人员为幼儿提供服务（端饭菜、分用餐工具等），须教会幼儿说"谢谢"，保

模块二　班级一日常规及安全管理

教人员也应回应"不客气",直到他们养成习惯。

（2）添盛饭菜时,保教人员应亲切询问:"请问哪位小朋友还需添菜、汤、饭……"幼儿举手示意:"老师,请给我一点米饭（菜、汤或馒头等）。"

（3）用餐时,保教人员与幼儿之间就需求和服务互动,都需使用以上礼貌语言,直到形成习惯为止。

（4）引导幼儿闭嘴咀嚼食物,喝汤时没有"刺溜"或"吱吱"响的声音。

（5）保教人员训练之初,要为幼儿亲自示范（如有必要,可多次示范）,直到所有幼儿都能做到并养成习惯为止。

**3. 幼儿挑食偏食应对策略**

（1）教师事先掌握有关营养健康的基本知识,向幼儿介绍每人每天所吃各种食物的比例,讲述偏食对健康的各种害处,鼓励幼儿尝试吃各种食物,形成膳食平衡的科学进食概念。

（2）激发幼儿食欲,随时提醒幼儿进餐时要干稀搭配、一口饭吃一口菜,使幼儿逐步学会细嚼慢咽,不挑食,不浪费粮食。

**（三）进餐管理活动优化辅助策略**

进餐活动管理应融入食育教育进行优化辅助,食育是以食物为载体的教育活动,包含生命、健康、自然、感恩等通识文化,又具有操作、劳作、饮食习惯等生活文化,同时还有体验、协作、分享等精神文化,是促进幼儿身体健康、精神富足的教育活动。幼儿园通过整合一日活动和领域活动开展食育,落实课程的过程需要保教、家园联动,深度挖掘资源,开展形式多样的食育课程体系,进而实现幼儿喜食、康食、礼食的目标,幼儿园开展食育不仅可以拓展幼儿的认知,培养幼儿的生活习惯与礼仪,发展幼儿的思想与情感,而且可以传承优秀民族文化,促进幼儿身心健康发展。

**1. 食育课程的内容**

食物是开展食育活动的载体,因此,幼儿园食育课程也必须以建构幼儿对食物知识的认知为基础,并指向相关技能的培养,而且内容丰富,如图2-1-2-3所示。

（1）食物本体知识体系的建构。所谓食物本体知识是指关于食物的种类、特征、功能等方面的知识,它是建构和发展幼儿经验的内容来源。

（2）进食方法的培养。培养幼儿的自主进食能力以及健康的饮食方式是食育课程的重要内容,教师一方面要引导幼儿正确地使用进餐工具、掌握进餐时间以及正确的饮食方法;另一方面要引导幼儿区分食物是否健康,并能够根据经验以及食物的外观或者包装鉴别食物的安全性。

（3）食物制作能力的培养。食育课程要进一步强调幼儿食物制作能力的培养,引导幼儿掌握食物的简单制作方法。此时,教师既要传授幼儿制作食物的基本方法,也要引导幼儿了解不同食材可能的烹制方法。

（4）拓展食物的知识链条,将关于食物的生长知识纳入食育课程内容范畴。陈鹤琴的"活教育"理论主张大自然、大社会都是活教材,成人要为幼儿创设自我实践的生活场,让幼儿在与自然、社会的直接接触中获得经验的发展。幼儿园食育并非只是对食物的静态认

· 55 ·

知,事实上,一切发端于自然界的食物都有其自身的生长规律,而这个规律又与自然规律有着密切的关联。幼儿园食育课程应该从食物的本体性知识拓展到食物产生和生长的过程,并将这一过程与自然环境和自然规律联系起来,让幼儿进一步认识时间和四季,以及由此演变而来的节气和节日。

图 2-1-2-3　幼儿园食育课程的开展

### 2. 食育课程辅助进餐管理的途径

(1) 家园共育:可以通过开设食育讲堂来向家长普及食育知识,提升家长对食育的认知水平。引导家长在日常生活中将食育全方位的认知应用到对幼儿的日常生活教育中去。同时,通过创设食育工坊来营造食育氛围,增进家长对幼儿园食育活动的参与水平。食育氛围的营造可以通过分享相关饮食信息和开展食物制作两种途径来实施,要通过幼儿园与家长之间的合作来为幼儿创设适宜的食育环境。也可以引导家长设立亲子餐桌,在亲子活动中培养幼儿积极的劳动品质。幼儿教师要鼓励和引导家长为幼儿提供合适的厨具,带领幼儿一起参与厨房劳动,让幼儿在具体操作中发展技能、培养情感和建立思想。

(2) 游戏活动:开展食育相关的餐前游戏,为幼儿提供食材制作、食材买卖、餐具收纳等整个过程的实践机会,不仅可以增加幼儿对食材的认识,也可增进幼儿对食物的兴趣;创设班级食育区,开展食物制作活动。在认识食材本征及其文化特质的基础上,进一步强化幼儿对食物的操作体验,提升幼儿对食物的处理能力。

(3) 环境创设:在进餐活动管理中,食育环境创设会影响幼儿的认知发展,幼儿处于发展过程中,会受到周边环境影响。可以加入节气标识、主题墙面、教室小厨、水吧、餐桌装饰和自然角等,共同构成班级食育环境。

(4) 主题活动:班级根据幼儿的年龄特点,季节变化特点,以及食材生长环境、外形特征、营养价值等,本着鼓励"当时、当季、当地"的原则,开展不同的主题活动,让幼儿认识各种食材,了解食物的营养价值和多种食用方法,并愿意动手制作简单的食物。

模块二 班级一日常规及安全管理

食育课程对进餐活动管理的作用不可忽视，不仅需要幼儿教师有爱心、耐心、细心和责任心，更要有慧心（图2-1-2-4），将各形式课程有机融入。

图2-1-2-4 食育课程辅助进餐管理的途径

## ★ 步骤二 文献检索

网络平台和图书馆都是同学们拓展自己知识面的有效途径。请同学们自选方式进行幼儿园班级进餐活动管理相关知识信息检索，完成信息检索目录清单（任务单2-1-2-1）。

任务单2-1-2-1 进餐活动管理信息检索目录清单

| 检索平台 | 检索内容 | 推荐指数（最多5颗★） |
|---|---|---|
|  |  |  |
|  |  |  |
|  |  |  |
|  |  |  |
|  |  |  |

## ★ 步骤三 案例分析

学生分组见表2-1-2-3。

表2-1-2-3 学生分组

| 班级 |  | 组号 |  | 授课教师 |  |
|---|---|---|---|---|---|
| 组长 |  |  | 学号 |  |  |
| 组员 | 姓名 | 学号 | 姓名 | 学号 |
|  |  |  |  |  |
|  |  |  |  |  |
|  |  |  |  |  |
| 任务分工 |  |  |  |  |  |

· 57 ·

### 对点案例

午饭时间到啦。今天的午饭是胡萝卜、红烧肉和青菜蘑菇汤。你看,有的小朋友吃得津津有味,有的小朋友却吃得有点勉强,而妮妮则愁眉苦脸地耷拉着脑袋,桌上的菜一点儿也不动。妮妮最不喜欢吃胡萝卜和蘑菇了,就连它们的味道都讨厌闻。梅梅老师看见妮妮不想吃饭,便走过去,蹲下轻声对妮妮说:"妮妮,今天吃的胡萝卜和蘑菇都很有营养,要乖乖吃饭哟。"可是妮妮仍然一口也不愿意吃……

如果你是梅梅老师,遇到妮妮这种情况,该怎么办呢?请根据案例设计方案,完成任务单 2-1-2-2 并帮助梅梅老师让妮妮不挑食、不偏食。

任务单 2-1-2-2 进餐活动管理优化辅助方案

| 方法 | 开展形式(个人、小组、集体) | 具体方案 |
|---|---|---|
|  |  |  |
|  |  |  |
|  |  |  |
|  |  |  |
| 其他同学给我的启示 |  |  |

### ★ 步骤四  方案设计

自选年龄段幼儿制订一份进餐活动(餐前、餐中、餐后)保教配合常规培养与安全管

模块二 班级一日常规及安全管理

理方案，完成任务单 2-1-2-3。

任务单 2-1-2-3 进餐活动管理方案

| 班级 | 环节 | 保教配合常规培养与安全管理 |
|---|---|---|
| （ ）班 | 进餐前 | |
| | 进餐中 | |
| | 进餐后 | |
| | 其他同学给我的启示 | |

★ 步骤五 学以致用

小组对制订的进餐活动保教配合常规培养与安全管理方案进行讨论优化。结合小组讨论优化后的进餐活动方案，小组成员确定角色分工，按照优化后的保教配合常规培养与安全管理方案模拟进行进餐活动管理组织。待完成模拟组织后，小组成员总结组织过程中的优点与不足，完成任务单 2-1-2-4。

任务单 2-1-2-4 进餐活动管理反思

| 优点 | 不足 |
|---|---|
|  |  |

【任务评价】

说明：

（1）任务评价包括自我评价、小组评价和教师评价，评价时要结合相应要点。

（2）小组评价由组长负责组织，并结合小组成员的意见。

（3）总得分计算至小数点后第二位。

按照说明完成任务评价表（任务单 2-1-2-5）。

**任务单 2-1-2-5　任务评价表**

| 班级 | | 姓名 | | 学号 | | |
|---|---|---|---|---|---|---|
| 组名 | | 验收组长 | | 年　月　日 | | |
| 文档验收清单 | | 任务单 2-1-2-1、任务单 2-1-2-2、任务单 2-1-2-3、任务单 2-1-2-4 | | | | |
| | | 包含 5 份检索文献的目录清单 | | | | |
| 评价内容 | | 评价要点 | 分值 | 自我评价（20%） | 小组评价（30%） | 教师评价（50%） |
| 专业知识（60%） | 进餐活动优化方案制订 | 能根据进餐活动案例设计出有效的优化辅助方案 | 10 | | | |
| | 进餐活动保教配合常规培养与安全管理方案 | 能制订出全面的进餐活动保教配合常规培养与安全管理方案，符合该年龄班幼儿特点，能充分体现保教配合、关爱幼儿的思想 | 20 | | | |
| | 组织进餐活动保教配合 | 模拟班级保教人员在组织进餐活动过程中需要进行良好的配合 | 20 | | | |
| | 总结方案和组织过程中的优点和不足 | 能按照优化方案模拟进行组织，能总结组织过程中的优点与不足之处 | 10 | | | |
| 个人素养（40%） | 专业精神与学习能力 | 在学习过程中获得满足感，对课堂生活的认同感；方案应符合该年龄班进餐活动常规培养要求与安全管理要点 | 10 | | | |
| | 参与态度、沟通合作与表达能力 | 积极主动与教师、同学交流，相互尊重、理解、平等；与教师、同学之间能够保持多向、丰富、适宜的信息交流 | 10 | | | |
| | 问题解决能力 | 在保教配合过程中能有效融入对幼儿的随机教育，富有教育智慧 | 10 | | | |
| | 信息检索与处理能力 | 能有效利用网络、图书资源查找有用的相关信息等；能将查到的信息有效地传递到学习中 | 10 | | | |
| 总分 | | | 100 | | | |

# 任务三　午睡活动管理

## 【任务描述】

（1）可以进行信息检索，自主拓展查阅资料，学习幼儿园班级午睡活动管理专业知识。

（2）找出案例中午睡活动管理问题，并提出解决方案。

（3）制订班级午睡活动管理方案和保教配合模拟实施方案。

（4）观摩其他小组方案和实训，完成自评和小组评价。

## 【任务目标】

（1）掌握午睡活动常规管理和安全管理知识要点。

（2）能找出案例中午睡管理问题，并提出解决方案，制订午睡管理活动管理方案。

（3）能保教配合模拟实施方案，并进行自评和小组评价。

## 【任务重点】

掌握午睡活动管理环节常规管理与安全管理要点，保教配合进行午睡活动管理模拟实践。

## 【任务难点】

有午睡管理安全防范意识，善于观察和分析，以积极的心态组织管理午睡环节。

## 【任务准备】

（1）知识准备：各年龄阶段午睡活动保教常识和指导要点、午睡活动常见安全隐患及应对策略、午睡活动管理保教配合要点。

（2）活动准备：多媒体播放设备、模拟幼儿园教室实训室、幼儿午睡床、床单被套、幼儿桌椅。

## 【任务实施】

说明：

（1）对于每一环节，各成员先自行完成，然后开展小组讨论。

（2）每一环节的讨论结束后，各成员应结合小组其他成员提出的建议，进行相应内容的修改。

## ★ 步骤一　知识梳理

午睡是幼儿在幼儿园一日活动中的重要组成部分。良好的睡眠质量可以促进幼儿身体正常发育、增强体质。如果幼儿午睡质量好，幼儿就精力充沛、心情愉悦，有利于使下午的活动有效进行，还可以让身体、大脑得到良好的休息，促进大脑发育。

在幼儿园的一日生活的各个环节中，有很多教师会认为午睡环节是最轻松的，因为孩子们都睡了，教师也终于可以松一口气好好休息一下，安全这根弦可以松一下了。其实，

午睡过程中安全问题还是很多的。在实践中,有些幼儿存在不睡午觉、睡得少、午睡期间在床上翻来覆去、摆弄衣服和头花等小物件和同伴玩耍等现象,这些问题影响自己和同伴的睡眠质量;还有些幼儿在午睡期间突然惊厥、呕吐、流鼻血;另一些幼儿把头花、拉链头、衣服上的饰品、棉花等物品吞咽或塞进耳、鼻内,一不小心就会酿成大祸。

因此,如何正确管理幼儿的午睡环节、做好交接班记录,消除幼儿在午睡中可能存在的不利因素,提高幼儿的睡眠质量,这是教师们需要面临和解决的问题。

## 一、午睡活动常规管理

### (一)幼儿常规

**1. 小班幼儿常规**

(1)能安静地听教师的要求,轻轻走进睡眠室入睡。

(2)能在幼儿教师的帮助下,展开被子,学脱外衣和鞋子。脱衣裤顺序为先脱鞋子,再脱裤子,最后脱上衣,并将脱下的衣服和鞋子放在指定地方。

(3)做到睡觉不蒙头、不吃手、不咬被角等,逐步养成良好的睡眠习惯。

(4)在教师的提醒下按时起床。

(5)在幼儿教师的帮助下,学会穿裤子、衣服、鞋(辨认左右脚)。穿衣裤顺序为上衣→裤子→鞋。

**2. 中班幼儿常规**

(1)能安静地听教师的要求,轻轻走进睡眠室入睡。不带玩具或物品进入睡眠室。

(2)学习自己铺床单、被子,自己脱下衣裤及鞋子,并放在固定位置。

(3)懂得右侧卧或仰卧的睡眠姿势有利于身体健康,养成良好的睡眠习惯。

(4)按时起床,按顺序穿好衣服与鞋子。能分清衣裤前后,会拉拉链、扣纽扣。学会穿鞋,能分清左右脚,知道拉好鞋舌、脚伸进鞋、拔起后跟、系好鞋带或贴好鞋扣的穿鞋步骤。

(5)起床后,叠好被子,并能整理自己的仪表。

**3. 大班幼儿常规**

(1)能安静进入睡眠室入睡,不带细小物品进入睡眠室。

(2)独立铺好床单、被子,迅速地将脱下的鞋与衣服整齐地放在固定位置。春、秋、冬季要脱掉外衣、外裤入睡,夏季穿背心、短裤入睡。

(3)安静入睡,睡觉时衣着适当,睡姿正确。

(4)自觉、按时起床。

(5)迅速而有顺序地穿好衣服、鞋袜,并穿着整齐。

(6)整理床铺,床单、被子要叠整齐,褥子要平整。

### (二)教师常规

(1)为幼儿营造良好、安静的睡眠环境,督促幼儿有序地如厕后安静地进入睡眠室。

(2)提醒并检查幼儿不把细小的物品带入睡眠室。允许个别睡眠有困难的小班幼儿携带"安抚物"睡觉。

*午睡常规手指谣*

（3）督促幼儿将自己的鞋左右脚对齐，鞋尖朝外摆放整齐。小班教师帮助幼儿脱衣服、叠放衣服。中、大班教师指导幼儿脱、叠、放自己的衣裤，督促幼儿迅速、有序、不拖沓。提醒幼儿将衣物放在指定的位置并摆放整齐。

（4）指导幼儿学习铺床单、被子。

（5）巡视观察幼儿的午睡状况，帮助幼儿盖好被褥，纠正不正确的睡姿。

（6）在幼儿睡眠期间，教师要精心照料，巡回检查，做到动作轻、心要细，及时处理异常情况。排除环境中的危险因素（如幼儿携带的异物、灭蚊器、上下楼梯的安全等）。幼儿午睡期间，教师严禁睡觉。

（7）随时保持室内空气新鲜，天暖无风时可打开窗户，拉上窗帘，但应避免对流风吹在幼儿身上。当夏天酷热（气温超过33 ℃）时可使用空调，室温不低于28 ℃。

（8）护理体弱幼儿，发现幼儿神色异常要及时处理并报告。照顾入睡困难、情绪和身体有异常的幼儿入睡。上床半小时后，班级入睡率应达到90%以上。

（9）轻声提醒常尿床的幼儿起床如厕，发现幼儿尿床要及时换洗。

（10）不在睡眠室大声说话，不能以任何借口离岗、做私活、会客、吃零食、睡觉等。

（11）组织幼儿按时起床并进行午检，观察幼儿情绪有无异常、身体有无不适。

（12）提醒、帮助幼儿有次序地穿衣服。检查幼儿衣着是否整齐，是否分清左右鞋，鞋带是否系好。整理床铺，帮助起床动作慢的个别幼儿。提醒幼儿自检或互相检查。

### （三）保育员常规

（1）提前对睡眠室进行清洁，开窗通风，在幼儿进入睡眠室之前关窗并拉好窗帘，创设安静、整洁的睡眠环境。

（2）保证幼儿专人、专床、专被。

（3）为小班幼儿铺好床单、被子。指导中、大班幼儿学习铺床单、被子。督促幼儿将自己的鞋左右脚对齐，鞋尖朝外摆放整齐。帮助小班幼儿脱衣服、叠放衣服。指导中、大班幼儿脱、叠、放自己的衣裤，督促幼儿迅速、有序、不拖沓，提醒幼儿将衣物放在指定的位置并摆放整齐。

（4）巡视幼儿睡眠情况并轻声提示，照顾个别没有入睡的幼儿尽快入睡。细致观察幼儿入睡情况，随时为幼儿盖好被角，纠正幼儿的不良睡姿及不良习惯。

（5）协助教师做好午睡管理工作，轻声提醒常尿床的幼儿起床如厕。发现幼儿尿床时要及时换洗、晾晒。

（6）不在睡眠室大声说话，不能以任何借口离岗、做私活、会客、吃零食、睡觉等。

（7）幼儿起床时，提醒、帮助幼儿有次序地穿衣服。告知中、大班幼儿学习整理床铺的方法。

（8）进行午检，观察幼儿情绪有无异常、身体有无不适，如有不适要及时与保健医生取得联系。

（9）所有幼儿仪容仪表检查完毕离开睡眠室后，应开窗通风、整理床铺并做好睡眠室的清洁卫生。

（10）保持幼儿被褥清洁、干燥，夏季每周晾晒一次，秋、冬季每月晾晒一次，要保持睡眠室的清洁与整洁（图 2-1-3-1）。

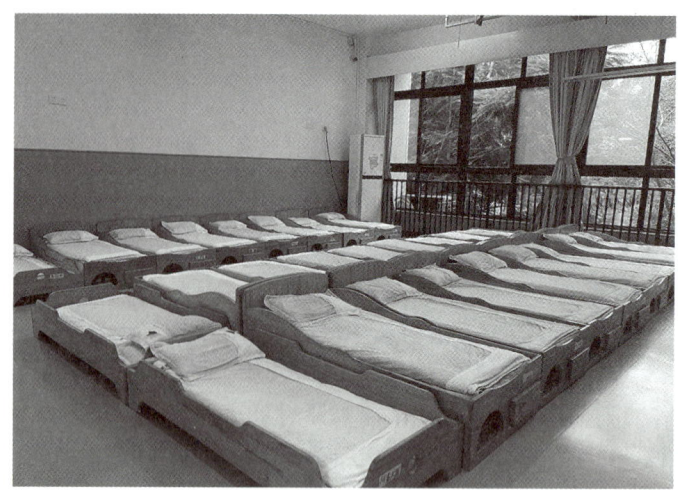

图 2-1-3-1 安静、整洁的午睡环境

### （四）对各年龄段幼儿的关注重点

**1. 小班**

为幼儿创设良好的睡眠环境，保教人员要态度和蔼、亲切，帮助幼儿穿、脱衣服，用抚摸、拉手等方式安抚幼儿情绪，允许个别睡眠有困难的幼儿携带"安抚物"睡觉。

**2. 中班**

重点指导幼儿愿意主动入睡，不带玩具或物品进入睡眠室，愿意主动穿、脱衣服，并学习正确的睡眠姿势。

**3. 大班**

指导幼儿正确掌握穿、脱衣服的方法，学会正确的睡眠姿势。提醒幼儿不携带玩物进入睡眠室，不影响其他幼儿休息，并能主动将自己的床铺整理整齐，养成良好的睡眠习惯。

## 二、午睡活动安全管理

**安全隐患一：午餐后与上床前的环节组织安排不合理，教师间的分工配合不到位。**

**1. 主班教师检查策略**

（1）吃饭时，安排吃饭慢的幼儿先洗手进餐，提醒幼儿咽下最后一口饭才能离开座位，并去漱口、擦嘴。

（2）保证大部分幼儿吃完，主班教师与幼儿共同散步或开展其他安静活动，个别未吃完的幼儿由配班教师和保育员照看。

（3）餐后安静活动过程中，主班教师要及时制止幼儿间的追跑打闹，提醒幼儿不要推挤、不要爬栏杆、不要扒窗户，注意安全。

**2. 配班教师检查策略**

（1）配班的教师继续照顾吃饭慢的幼儿进餐，同时关注在盥洗室里漱口擦嘴和到睡眠室里拿拖鞋的幼儿。

（2）保育员在清理打扫活动室卫生的同时，引导先去散步回来的幼儿在脱衣服的过程中不推搡、不打闹。

（3）随时关注出入睡眠室拿取拖鞋的幼儿，提醒他们不要在床铺之间玩耍打闹。

**安全隐患二：午睡前没对幼儿进行常规性的检查。**

**1. 身体方面的午检策略**

（1）严格执行午检制度，清点核对幼儿人数。教师可在给幼儿掖被子的过程中，观察每个幼儿的神态、抚摸每个孩子的额头等，检查是否有发病症状。

（2）清点药单，对照服药幼儿姓名及幼儿的服药要求、服药时间及服用的药品。

（3）注意观察幼儿的手、口、鼻等处是否有异物。

**2. 危险物品的检查策略**

（1）认真巡视、检查，防止尖锐、坚硬细小的等有危险性的物品（如豆类、珠子类、小刀类、发饰品类、扣子、钉子类、线绳类等）被幼儿带入寝室。告诉幼儿带来的小物品可暂时交于老师保管。

（2）在午休前将女孩的发卡等小物品进行收取，统一保管。

（3）对幼儿进行安全自护教育，提醒幼儿不带小的饰物等危险品上床，知道遇事不急、不怕，有危险及时求助于老师。

**安全隐患三：上午班、下午班的教师对幼儿情况交接不清。**

**幼儿情况检查策略**

（1）上午班、下午班的教师在交接时，首先要当面点清来园幼儿的人数。

（2）上午班的老师在交班前认真填写交接班记录，将日期、带班教师、班级幼儿的出勤数，服药幼儿的姓名、药名、服药时间等项目一一记录清楚。

（3）上午班的教师要向接班的教师说明上午幼儿的整体状况，及需要特别注意的事情。重点交接身体不适，或需要特别关注的幼儿。

**安全隐患四：刚刚进入睡眠室后，有的幼儿一时无法安静，会在床上蹦跳。**

**午睡情况检查策略**

午睡前，教师应提前拉好窗帘，在睡眠室放上轻柔舒缓的音乐，为幼儿营造一个安静的睡眠环境，让幼儿由兴奋状态逐渐进入平静状态。

**安全隐患五：午睡时教师擅离工作岗位。**

**教师在幼儿午睡时的工作策略**

（1）值班教师在幼儿午睡时要坚守岗位，不能脱岗或聊天。这期间，应密切关注幼儿的一举一动，定时巡查，观察睡眠中的幼儿有没有异常情况。

（2）如果教师中途有特殊情况需要暂时离开，可通过园里进行协调，安排本班的其他老师暂为看管，但不能交由其他外人看管。在暂时交给其他老师看管时，一定要把身体不适或需要重点看护的幼儿进行特别说明。

（3）如果一个班分为活动室和睡眠室两个房间的，教师在午睡值班期间不能在活动室久待。

（4）不能安排男性教师或职工看护幼儿午睡。同时，幼儿午睡时不建议男性进入睡眠室。

**安全隐患六：午睡时教师监管不当，未进行定期巡视。**

**教师在幼儿午睡时的监管策略**

值班时要养成定时巡视的习惯，应每间隔 15 min 全面巡视一次，巡视时应注意：

（1）安抚难以入睡的幼儿，给没盖好被子的幼儿盖好被子。

（2）在午睡环节中，教师要及时纠正幼儿不正确的习惯和睡姿，如：吃手、玩弄生殖器、趴着睡、蒙头睡等。

（3）应特别关注患病幼儿，观察、抚摸他们是否发烧，如发现发烧幼儿及时联系保健医生，并及时通知家长将其接走，避免病情进一步恶化，发生危险。

（4）如发现漏检的幼儿携带危险物品，应及时收缴。

（5）中途有睡醒需要如厕的幼儿，教师应一直关注其如厕并直到上床，天凉时，提醒幼儿如厕时披上衣服。

**安全隐患七：睡高低床的隐患。**

**教师检查幼儿床铺策略**

（1）对于睡高低床的幼儿，教师要勤加照看，教育睡在上铺的幼儿要慢上慢下，不站在床上，不蹦跳翻滚。

（2）对午睡中需要如厕的幼儿，教师要站在旁边辅助他们上下床，以免幼儿因睡眼惺忪而踩空摔伤。

**安全隐患八：夏季午睡时点蚊香驱蚊。**

**教师检查蚊香安全策略**

（1）蚊香不能点在易燃、孩子易接触到的地方。

（2）当教师离开睡眠室时，要把蚊香熄灭。

（3）建议尽量使用电子灭蚊药水。

**安全隐患九：起床时情况混乱。**

**教师检查幼儿起床情况策略**

（1）起床前10 min，叫醒幼儿并让其在床上躺一会儿。教育幼儿不在床上跨越、奔跑，以免摔伤。

（2）大部分幼儿穿完衣服后，组织幼儿有序地搬小椅子到活动室。在起床后，教师应提醒幼儿送完拖鞋后，再搬椅子，不要手里又搬椅子，又拿拖鞋。

（3）当大部分幼儿穿完衣服后，教师要组织幼儿到活动室，留下还没有穿完衣服的幼儿由保育老师照看。

（4）对于起床后的盥洗环节，教师要站在既能看到盥洗室又能看到活动室的位置。

（5）教育幼儿不能站在床上叠被子，以免摔下来。

**安全隐患十：安排经验不足的教师午睡值班。**

**教师在幼儿午睡时的值班策略**

（1）对于工作时间短、经验少的教师，不安排他们单独承担午睡值班工作，应需要跟班见习一段时间后才可以。

（2）尽量减少教师中午集体开会学习的次数，建议每周最多只安排一次开会，开会时由保育老师替班，并要交代清楚值午睡的要点。

模块二 班级一日常规及安全管理

## 三、午睡活动保教配合管理

### （一）午睡活动保教基本常识

午睡活动管理需要保育员和教师配合，有安全意识地进行协作分工管理，具体见表2-1-3-1。

表2-1-3-1 午睡活动保教基本常识

| 项目 | 午睡活动保教基本常识 |
| --- | --- |
| 午睡前 | **保育员：**<br>（1）做好寝室安全检查、环境准备，关闭窗帘，调整光线和温度（冬季室温控制在18~22 ℃，夏季室温控制在26 ℃左右）。<br>（2）检查寝室地面、幼儿床铺的清洁卫生状况，排除地面湿滑或床上有异物等安全隐患。<br>（3）检查幼儿是否带有玩具或有安全隐患的物品上床，帮助幼儿妥善保管。<br>（4）提醒幼儿脱衣前先将被子拉开平铺在床上。<br>（5）协助个别幼儿脱衣和整理衣物。<br>（6）如卫生间距离寝室较远，可在寝室内增加小便器，注意男、女孩子区分使用。<br>（7）准备可供2~3名幼儿使用的拖鞋和披风，方便午睡中解便的幼儿。<br>**幼儿教师：**<br>（1）组织幼儿在午睡前参加安静的活动，如播放轻音乐、讲睡前故事等，营造良好的午休氛围。<br>（2）组织幼儿睡前解便，安静进入寝室。<br>（3）提醒幼儿不带玩具进寝室，帮助女孩子将发夹取下交给老师保管。<br>（4）提醒幼儿找到自己的小床，并坐在床边脱衣物，帮助幼儿整理衣物，按照先里后外、先上后下的顺序摆放在固定位置，便于起床后穿着。<br>（5）关注幼儿入寝安全，协助幼儿安全上床，提醒幼儿不在床上站立、玩闹 |
| 午睡中 | **保育员和教师：**<br>（1）做好午睡期间的巡视，了解幼儿的盖被情况和睡姿，及时帮助幼儿盖好被子、调整睡姿，避免着凉。<br>（2）保持室内安静，尽量用手势提醒个别幼儿，在短时间内让多数幼儿进入睡眠状态。<br>（3）陪伴个别没有入睡的幼儿，对午睡中哭闹、惊醒的幼儿可轻轻抚摸、拍拍，安抚情绪。<br>（4）提醒容易尿床的幼儿及时解便，注意如厕安全，冬季应让幼儿披上外套，穿保暖的备用拖鞋，提醒如厕幼儿轻声，不要打扰同伴。<br>（5）发现午睡中有面部潮红、呼吸急促等情况异常的幼儿，要立即上报保健医生。<br>（6）不离开午睡中的幼儿，不做与守午睡无关的事，不睡觉，避免意外事故的发生。<br>（7）对有恋物习惯的幼儿，可适当尊重其习惯，逐步引导其改正 |

· 67 ·

续表

| 项目 | 午睡活动保教基本常识 |
|---|---|
| 午睡后 | **保育员：**<br>(1) 打开寝室照明灯，唤醒睡眠中的幼儿。<br>(2) 提醒幼儿不站在床上穿衣，观察幼儿自主穿衣的情况，及时给予帮助和言语指导。<br>(3) 关注下床时的安全，提醒上铺幼儿到下铺穿衣，根据情况协助幼儿下床。<br>(4) 留在寝室，帮助和督促还未穿好衣物的幼儿。<br>(5) 幼儿全部离开寝室后，再整理幼儿床铺和打扫寝室清洁。<br>(6) 如有幼儿尿床，应及时换洗、晾晒寝具。<br>**幼儿教师：**<br>(1) 用轻柔的音乐唤醒幼儿，提醒个别幼儿及时解便。<br>(2) 组织幼儿分批起床，先让需要得到老师单独帮助的幼儿起床，帮助幼儿穿衣。<br>(3) 提醒幼儿先穿上衣，再穿裤子和鞋子，动作紧凑，避免着凉。关注幼儿扣纽扣和拉拉链情况，适当给予帮助。<br>(4) 鼓励幼儿独立或合作整理床铺。<br>(5) 有一半以上幼儿穿好衣物后，再组织幼儿离开寝室。<br>(6) 帮幼儿整理着装和头发，组织幼儿陆续盥洗，取杯子喝水 |

### （二）午睡活动保教管理细则

幼儿园午睡值班教师在进行午睡管理时应做到"一听、二看、三摸、四做"和"眼勤、嘴勤、手勤、腿勤"。

（1）一听：听听幼儿的呼吸是否正常。

（2）二看：看看幼儿的神态，严密注视幼儿的举动有无异常，发现问题要及时处理。

（3）三摸：摸摸幼儿额头的温度。

（4）四做：对个别踢被子的孩子要亲自为其盖好。

（5）眼勤：眼睛要时刻关注着幼儿，严密注视幼儿的举动，发现问题要及时处理。

（6）嘴勤：对个别不能安静入睡，比较调皮、好动的幼儿，要耐心地不断劝说其改掉不良习惯。

（7）手勤：对个别睡姿不正的幼儿要及时进行调整，使其养成良好睡姿。

（8）腿勤：孩子午睡时，值班教师不应该总坐在椅子上，要经常在午睡室来回巡视，仔细观察幼儿的午睡状况，这样才能及时发现并处理突发状况。

## ★步骤二　文献检索

网络平台和图书馆都是同学们拓展自己知识面的有效途径。请同学们自选方式进行幼儿园班级午睡活动管理相关知识信息检索，完成信息检索目录清单（任务单2-1-3-1）。

模块二 班级一日常规及安全管理

任务单 2-1-3-1　午睡管理信息检索目录清单

| 检索平台 | 检索内容 | 推荐指数（最多 5 颗★） |
|---|---|---|
|  |  |  |
|  |  |  |
|  |  |  |
|  |  |  |
|  |  |  |

## ★ 步骤三　案例分析

学生分组见表 2-1-3-2。

表 2-1-3-2　学生分组

| 班级 |  | 组号 |  | 授课教师 |  |
|---|---|---|---|---|---|
| 组长 |  |  | 学号 |  |  |
| 组员 | 姓名 | 学号 | 姓名 |  | 学号 |
|  |  |  |  |  |  |
|  |  |  |  |  |  |
|  |  |  |  |  |  |
| 任务分工 |  |  |  |  |  |

### 对点案例

图 2-1-3-2 是某幼儿园班级午睡活动案例现场照片，请扫描下方二维码查看案例视频，找出案例中的午睡管理问题，并针对该问题提出解决策略，完成任务单 2-1-3-2。

图 2-1-3-2　幼儿园班级午睡活动案例

午睡活动案例视频

· 69 ·

**任务单 2-1-3-2　午睡活动管理案例分析**

| 序号 | 午睡管理问题 | 应对策略 |
|---|---|---|
| 1 | | |
| 2 | | |
| 3 | | |
| 4 | | |
| 5 | | |
| 6 | | |
| 7 | | |
| 8 | | |
| 9 | | |
| 10 | | |
| 其他同学给我的启示 | | |

## ★ 步骤四　方案设计

自选年龄段幼儿,制订一份午睡活动保教配合常规培养与安全管理方案,完成任务单 2-1-3-3。

**任务单 2-1-3-3　午睡活动管理方案**

| 班级 | 环节 | 保教配合常规培养与安全管理 |
|---|---|---|
| (　)班 | 午睡前 | |

模块二 班级一日常规及安全管理

续表

| 班级 | 环节 | 保教配合常规培养与安全管理 |
|---|---|---|
| （　）班 | 午睡中 | |
| | 午睡后 | |
| 其他同学给我的启示 | | |

## ★ 步骤五　学以致用

小组对制订的午睡活动保教配合常规培养与安全管理方案进行讨论优化。结合小组讨论最优化后的午睡活动方案，小组成员确定角色分工，按照优化后的保教配合常规培养与安全管理方案模拟进行午睡活动管理组织。待完成模拟组织后，小组成员总结组织过程中的优点与不足，完成任务单2-1-3-4。

任务单2-1-3-4　午睡活动管理反思

| 优点 | 不足 |
|---|---|
| | |

## 【任务评价】

说明：
（1）任务评价包括自我评价、小组评价和教师评价，评价时要结合相应要点。
（2）小组评价由组长负责组织，并结合小组成员的意见。
（3）总得分计算至小数点后第二位。
按照说明完成任务评价表（任务单2-1-3-5）。

· 71 ·

### 任务单 2-1-3-5  任务评价表

| 班级 | | 姓名 | | 学号 | | |
|---|---|---|---|---|---|---|
| 组名 | | 验收组长 | | 年 月 日 | | |
| 文档验收清单 | | 任务单 2-1-3-2、任务单 2-1-3-3 | | | | |
| | | 任务单 2-1-3-1、包含 5 份检索文献的目录清单 | | | | |
| 评价内容 | | 评价要点 | 分值 | 自我评价（20%） | 小组评价（30%） | 教师评价（50%） |
| 专业知识（60%） | 午睡管理案例问题查找和应对策略 | 能查找案例视频中午睡管理问题并提出相对应的应对策略（不少于 5 条） | 10 | | | |
| | 午睡活动保教配合常规培养与安全管理方案 | 能制订出全面的午睡活动保教配合常规培养与安全管理方案，要求符合该年龄班幼儿特点，能充分体现保教配合、关爱幼儿的思想 | 20 | | | |
| | 组织午睡活动保教配合 | 模拟班级保教人员在组织午睡活动过程中能进行良好的沟通和配合 | 20 | | | |
| | 总结方案和组织过程中的优点和不足 | 能按照优化方案模拟进行午睡活动组织，能总结组织过程中的优点与不足之处 | 10 | | | |
| 个人素养（40%） | 专业精神与学习能力 | 在学习过程中获得满足感，对课堂生活的认同感；方案应符合该年龄班午睡活动常规培养要求与安全管理要点 | 10 | | | |
| | 参与态度、沟通合作与表达能力 | 积极主动与教师、同学交流，相互尊重、理解、平等；与教师、同学之间能够保持多向、丰富、适宜的信息交流 | 10 | | | |
| | 问题解决能力 | 在保教配合过程中能有效融入对幼儿的随机教育，富有教育智慧 | 10 | | | |
| | 信息检索与处理能力 | 能有效利用网络、图书资源查找有用的相关信息等；能将查到的信息有效地传递到学习中 | 10 | | | |
| 总分 | | | 100 | | | |

模块二 班级一日常规及安全管理

# 知识拓展 班级交接班管理

**【任务描述】**
(1) 会进行信息检索,自主拓展查阅资料,学习幼儿园班级交接班管理专业知识。
(2) 根据案例,完成交接班任务单的填写。
(3) 观摩其他小组方案,完成自评和小组评价。

**【任务目标】**
(1) 掌握交接班工作内容和要点。
(2) 能根据案例完成交接班任务单。
(3) 能优化并展示交接班内容方案,并进行自评和小组评价。

**【任务重点】**
掌握交接班工作内容和要点。

**【任务难点】**
能根据案例完成交接班任务单的填写,并进行展示分享。

**【任务准备】**
(1) 知识准备:交接班意义,交接班工作内容和要点。
(2) 活动准备:多媒体播放设备、模拟幼儿园教学实训室。

**【任务实施】**
说明:
(1) 对于每一环节,各成员先自行完成,然后开展小组讨论。
(2) 每一环节的讨论结束后,各成员应结合小组其他成员提出的建议,并进行相应内容的修改。

## ★ 步骤一 知识梳理

交接班常常是幼儿园班级管理、教育过程的薄弱环节,这段时间教师容易出现工作上的麻痹,造成幼儿人数不清楚、个别特殊护理对幼儿要求不清楚等事故。幼儿园班级交接班制度,是保障教育过程的连续性,以及保障幼儿身体健康和安全的十分必要的制度,是幼儿园班级管理中的重要一环。

### 一、幼儿园班级交接班制度

(1) 为保证保教工作的顺利进行,各班教师、保育员必须认真做好交接班工作,认真填写交接班记录本。

幼儿园交接班制度

· 73 ·

（2）当班幼儿教师应及时认真完成当班的各项任务，并对幼儿的健康、学习等情况做好记录。对当班时所发生的问题妥善处理。

（3）早班和晚班幼儿教师要互相沟通，配合一致地向幼儿进行德、智、体、美全面发展的教育，及时交换情况，研究解决的办法。

（4）要求交班幼儿教师清点人数，认真填写交班记录，接班幼儿教师认真检查每一个幼儿的身体状况，幼儿人数与交班记录相符，方可签上自己的名字，谁签名谁负责；如接班教师未签名，发生事故由交班教师负责，交班教师应要求接班教师在核对完人数、检查完幼儿身体后签名方可离岗。

## 二、交接班保教基本常识

### （一）团结协作

一个班级就是一个集体，班内教师之间配合得是否协调，直接影响到交接班管理的好坏。教师之间就要相互信任、相互帮助、相互提醒、团结合作。

### （二）安全意识

安全警钟长鸣，强化安全意识，在思想上重视安全工作，克服侥幸心理、经验主义，严格遵循交接班制度，最大限度地减少工作失误，就完全可以杜绝安全事故的发生。

### （三）交接精细

交班教师应认真填写交班记录，包括幼儿情况的简单描述和说明，交接班时间、人员等。教师交接班时，交班者应事先做好准备工作，以负责的态度将每件细小的工作落实到位，并详细地向接班教师介绍幼儿的活动情况和健康情况等，接班教师应认真听取交班教师的情况介绍，清点幼儿人数，做好开展工作的准备。

### （四）专用交接班记录本

采用专用交接班记录本，装订成册，对具体内容加以限定，分出不同的栏目。

### （五）统一交接班时间

统一班次的交接班时间，认真完成每次交接班。一般来说，幼儿园在午休时间交接班，有的幼儿园有校车接送或夜间全托的，需要按照幼儿园要求执行。

### （六）提前做好交接准备

交班教师在交接班前提前做好交接准备，询问保育员有无交接班内容补充，并认真、规范地填写好交接班记录本。

### （七）面对面交接

教师交接班时，在正常情况下都要面对面地进行。交班老师应将交接班记录册交由接班教师保管，并就记录中一些情况当面说明。交班教师应特别着重介绍本班入托幼儿的身体、学习变化情况，并针对已经出现的问题，提供处理的情况及对未来事态发展进行预测，并提供参考处理意见，交班老师的介绍应清楚、准确。

### （八）确认交接签名

接班教师要认真检查每一个幼儿的身体状况，幼儿人数与交接班记录相符，方可签上自己的名字，切实做到谁签名谁负责。

### （九）交班教师离岗条件

幼儿园交接班制度中明确规定了交班教师离岗要求。通常，交班教师必须在办理交接班手续之后方可离岗，即交班教师和接班教师应有重叠交接时间，接班教师未到岗的情况下，当班人不得擅自离岗。

## 三、交接班内容及注意要点

### （一）人数出勤及缺勤

在交接班前后核对本班幼儿人数是否一致。清楚今天班级幼儿出勤多少，对未到幼儿，交班教师要口头向接班教师说明原因。

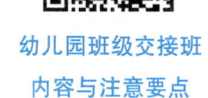

幼儿园班级交接班
内容与注意要点

### （二）情绪及身体状况

哪些幼儿有情绪不好、身体不舒服等情况，对这些需特别留意的幼儿，交班教师要向接班教师说明清楚。

### （三）带药情况及对体弱儿照顾

班级有哪些幼儿带药到园、什么药、什么时候该服药以及这些药品是否经过保健医生的审核；哪些幼儿身体不是很好，需要特别照顾。交班教师除了在交接班记录表上登记，也要注意口头提醒接班教师，以免忘记。

### （四）幼儿进食情况

在进餐时，有哪些幼儿不想吃或没吃饭，是什么原因。

### （五）教育教学情况、活动情况

教育活动及其他活动，一些特别需要交代的事情，都要向接班教师交代清楚。

### （六）有无事故发生（包括小伤、破皮情况）

在交班之前，是否发生了一些小事故，如果发生了，现在的情况怎样？有无给予一定的处理，接班教师需要注意些什么？

### （七）家长的特别嘱咐

来园时，家长有无特别的嘱咐。例如，家长今天不能来接幼儿，让幼儿的舅舅来接，那么交班教师就要向接班教师交代清楚，防止陌生人接走幼儿。

## ★步骤二　文献检索

网络平台和图书馆都是同学们拓展自己知识面的有效途径。请同学们自选方式进行幼儿园交接班管理相关知识信息检索，完成信息检索目录清单（任务单2-1-4-1）。

任务单 2-1-4-1　交接班管理信息检索目录清单

| 检索平台 | 检索内容 | 推荐指数（最多 5 颗★） |
|---|---|---|
|  |  |  |
|  |  |  |
|  |  |  |
|  |  |  |

## ★ 步骤三　学以致用

学生分组见表 2-1-4-1。

表 2-1-4-1　学生分组

| 班级 |  | 组号 |  | 授课教师 |  |
|---|---|---|---|---|---|
| 组长 |  |  | 学号 |  |  |
| 组员 | 姓名 | 学号 | 姓名 | 学号 |  |
|  |  |  |  |  |  |
|  |  |  |  |  |  |
|  |  |  |  |  |  |
| 任务分工 |  |  |  |  |  |

### 对点案例

某幼儿园小（1）班共 30 名幼儿，某天，萱萱因为发烧没有入园；保健医生发现牛牛入园晨检时嗓子红肿，建议他回家观察休息了；妞妞因吃多了蛋糕导致呕吐，她妈妈早上请老师关注一下妞妞今天在园情况，并填写了特殊餐申请（青菜粥）；在早操自由活动时，强强和小杰玩游戏的时候互相碰了头，都有一点红，保健医生建议冰敷处理，冰敷后，两位小朋友的额头均消红了。

通过对幼儿园班级交接班制度、内容与注意事项的学习，根据案例内容，模拟与保育员充分沟通，待征求保育员补充意见后，完成交接班记录表填写（任务单 2-1-4-2），并模拟完成一次面对面交接班。

模块二　班级一日常规及安全管理

任务单 2-1-4-2　交接班记录表

| 早班时间 | | 7：20—14：30 | | 当班教师签名： | | |
|---|---|---|---|---|---|---|
| 班级总人数 | 实出勤人数 | | 缺勤人数 | 缺勤情况 | | |
| | | | | 因事 | 因病 | 其他 |
| | | | | | | |
| 缺勤情况明细 | | | | | | |
| 幼儿基本情况 | | | | | | |
| 班级安全检查 | | | | | | |
| 午餐情况 | | | | | | |
| 午睡情况 | | | | | | |
| 午检情况 | | | | | | |
| 家长留言 | | | | | | |
| 午班交接时间 | | 14：30—17：50 | | | 当班教师签名： | |

## ★ 步骤四　展示赏学

小组对完成的交接班记录表进行讨论优化，结合小组讨论最优化的记录表进行展示分享，总结组织过程中的优点与不足，完成任务单 2-1-4-3。

任务单 2-1-4-3　交接班管理反思

| 优点 | 不足 |
|---|---|
| | |

【任务评价】

说明：
（1）任务评价包括自我评价、小组评价和教师评价，评价时要结合相应要点。
（2）小组评价由组长负责组织，并结合小组成员的意见。
（3）总得分计算至小数点后第二位。
按照说明完成任务评价表（任务单 2-1-4-4）。

任务单 2-1-4-4　任务评价表

| 班级 | | 姓名 | | | 学号 | | |
|---|---|---|---|---|---|---|---|
| 组名 | | 验收组长 | | | 年　月　日 | | |
| 文档验收清单 | | 任务单 2-1-4-2、任务单 2-1-4-3 | | | | | |
| | | 任务单 2-1-4-1、包含 5 份检索文献的目录清单 | | | | | |
| 评价内容 | | 评价要点 | 分值 | 自我评价（20%） | 小组评价（30%） | 教师评价（50%） | |
| 专业知识（60%） | 交接班记录表填写 | 能根据案例，结合交接班要点和内容科学完整地填写交接班记录表 | 30 | | | | |
| | 交接班记录表分享展示 | 将小组优化后的交接班记录表进行分享展示 | 15 | | | | |
| | 总结、模拟面对面交接班分享过程中的优点和不足 | 根据其他小组的展示情况总结自身的优点与不足之处 | 15 | | | | |
| 个人素养（40%） | 专业精神与学习能力 | 在学习过程中获得满足感，对课堂生活的认同感；交接班记录填写应符合幼儿园交接班制度要求 | 10 | | | | |
| | 参与态度、沟通合作与表达能力 | 积极主动与教师、同学交流，相互尊重、理解、平等；与教师、同学之间能够保持多向、丰富、适宜的信息交流 | 10 | | | | |
| | 问题解决能力 | 在保教配合过程中能有效融入对幼儿的随机教育，富有教育智慧 | 10 | | | | |
| | 信息检索与处理能力 | 能有效利用网络、图书资源查找有用的相关信息等；能将查到的信息有效地传递到学习中 | 10 | | | | |
| 总分 | | | 100 | | | | |

# 项目二　班级一日教育活动常规及安全管理

## 任务一　集体教育活动管理

【任务描述】

（1）会进行信息检索，自主拓展查阅资料，学习幼儿园班级集体教学活动专业知识。

（2）找出案例中集体教育活动管理问题，分析原因并提出解决方案。

（3）制订班级集体教育活动管理方案和保教配合模拟实施方案。

（4）观摩其他小组方案和实训过程，完成自评和小组评价。

【任务目标】

（1）掌握集体教育活动常规管理和安全管理知识要点。

（2）能找出案例中集体教育活动管理问题，分析原因并提出解决方案。

（3）能与小组其他成员合作研讨，制订出保教配合集体教育活动管理方案。

（4）完成保教配合模拟实施方案，并进行自评和小组评价。

【任务重点】

掌握集体教育活动环节常规与安全管理保教配合要点，集体教育活动问题分析和应对方法。

【任务难点】

保教配合，组织管理集体教育活动。

【任务准备】

（1）知识准备：各年龄阶段集体教育活动保教常识和指导要点、集体教育活动常见安全隐患及应对策略、集体教育活动管理保教配合要点。

（2）活动准备：多媒体播放设备、模拟幼儿园教室实训室、集体教育活动教具、幼儿桌椅。

【任务实施】

说明：

（1）对于每一环节，各成员先自行完成，然后开展小组讨论。

（2）每一环节的讨论结束后，各成员应结合小组其他成员提出的建议，进行相应内容的修改。

★ 步骤一　知识梳理

班级集体教育活动是指教师在了解和把握幼儿身心发展特点与生活习惯的基础上，通过有计划、有组织地开展活动，帮助幼儿获得知识的过程。它是一种明确便捷、系统有序、迅速有效地作用于幼儿的教学方式。幼儿对社会、对集体、对他人、对自己的正确态度、对学习的兴趣和对创造的强烈愿望、观察能力、思考能力和语言表达能力都需要通过集体教育活动来实现。组织集体教育活动时，教师不仅需要有扎实的专业能力，可以设计和组织有利于幼儿身心和谐发展的活动，更需要为人师表，传递积极的期望，团结协作有条不紊地让幼儿在轻松愉快的氛围中参与集体教育活动。

## 一、集体教育活动常规管理

### （一）幼儿常规

**1. 小班幼儿常规**

（1）能安静地跟随教师的引领进行感知和活动，并运用各种感官参与活动。

（2）能听清楚教师对活动的要求，并做出回应。能在教师引领下坚持完成某一项活动。知道回答教师问题时要先举手，不随便插话，逐步形成良好的倾听、表达、轮流等习惯。能遵守集体规则。

（3）能正确地使用和整理活动材料或用具，学习良好的坐姿、站姿、举手、阅读等教学常规。

**2. 中班幼儿常规**

（1）活动过程中情绪饱满，能表现出自主性和能动性。能愉快并感兴趣地进行感知和操作。

（2）在活动中能够专注地倾听教师与同伴的谈话，积极思考教师提出的问题，不随意打断对方的讲话。

（3）在整个活动过程中参与性强，能与同伴互相学习，并能将自己的想法讲给同伴听，做到姿态大方，吐字清楚，音量适中。

（4）对学习、探索活动具有一定的坚持性，善于克服困难，能够表现出良好的倾听、表达、轮流、协商、合作、分享和遵守规则等行为习惯。发言时先举手，再站起来回答教师问题。

（5）掌握正确的坐姿、站姿以及举手、握笔、看书、写字、绘画等姿势。会使用多种学习工具和材料，如剪刀、胶水、胶带、水彩笔、油画棒等。当学习活动结束后，会收拾整理工具材料及废弃物。

**3. 大班幼儿常规**

（1）活动过程中情绪饱满，对活动感兴趣，专注性强，思维活跃，表现出自主性和能动性。

（2）在活动中能专注地聆听教师和同伴的讲话，听不懂或有疑问时能够质疑。

（3）在整个活动过程中参与性强，能根据教师的问题进行思考，回答问题思路较清晰，解答较完整。在集体面前讲话大方，音量适中。

（4）在活动中对学习、探索活动具有一定的坚持性，善于克服困难，能够表现出良好的倾听、表达、轮流、协商、合作、分享和遵守规则等行为习惯。发言时，幼儿应先举手，经教师允许后再站起来回答问题。能遵守集体规则。

模块二　班级一日常规及安全管理

（5）有良好的坐姿、站姿，掌握看书、握笔和举手的正确姿势，养成整理学具的习惯。能自觉学习，不影响他人。

### （二）教师常规

（1）组织集体教学活动前，预先设计教学活动内容及过程，提供满足每个幼儿活动需要的活动材料，根据活动内容设置便于幼儿活动与交流的空间位置。

（2）活动前熟知教学内容和活动环节，做到儿歌能熟练背诵、故事能脱稿讲述、歌曲能熟练弹唱、实验活动能事先实验等。

（3）活动前向配班教师和保育员交代清楚活动的主要内容，交代清楚需要他们配合的工作。

（4）根据活动目标、内容，采取不同的教学形式（集体、分组、个别），促进每一位幼儿在原有水平上得到发展。

（5）组织活动中要精神饱满，服饰应自然、得体，语言规范、精练、富有童趣，对概念表述准确，无知识性错误。提问要体现具体性、针对性、启发性和有效性，避免无所指、大而空的提问。

（6）应具有驾驭集体教学活动的能力，能很好地对活动进行组织管理和调控，突出教学重点和难点，把握活动节奏，合理安排各环节时间，并能根据实际情况采取适宜的教学策略。

（7）应尊重幼儿，关注全班幼儿的发展水平及个别幼儿的特殊需求，对幼儿在活动中表现出的兴趣、需要、投入程度及遇到的具体问题给予积极的回应和支持。关注幼儿在活动中的表现与反应，敏感地察觉幼儿的需要并及时应答。

（8）善于发现教学中的问题和幼儿生成的问题，灵活调整教学目标和内容，改进教学方法。

（9）在活动中和活动结束后，能根据实际需要开展适宜的、有意义的评价，注重过程中、情境中对幼儿学习行为的评价，同时引导中、大班幼儿学习自我评价与同伴评价。在这一过程中，避免对个别幼儿的物质评价，以及无实际意义和影响活动进行的评价。

（10）重视幼儿良好学习习惯的培养，培养幼儿良好的倾听、表达、轮流、协商、合作、分享和遵守规则等行为习惯；重视培养幼儿良好的坐姿、站姿，看书、握笔、举手的正确姿势，以及整理学具的习惯，指导幼儿正确使用和整理各种学习用具。

### （三）保育员常规

（1）活动前保持活动室环境整洁，室内空气清新。

（2）向教师了解需要配合的事项，协助教师做好活动前准备，如摆放活动所需材料、安排场地等。

（3）了解教师开展教学活动的目标与活动内容，随时关注和处理活动中的偶发事件，且方法适宜。另外，还要随时关注有特殊需求的幼儿。

（4）活动过程中指导幼儿声音要适度，不影响幼儿和教师的交流。能以规范的语言和行为协助教师指导幼儿活动，不要使用方言与幼儿交流。

（5）注意观察并纠正幼儿不良的坐姿、握笔姿势以及阅读姿势。

（6）指导或帮助幼儿做好活动结束后的整理工作。

### （四）对各年龄段幼儿的关注重点

**1. 小班**

重点指导幼儿积极参加集体活动，在集体活动时学会安静入座，听清教师对活动的要求，并在教师引领下坚持完成某一项活动。知道发言时要先举手，不随便插话，养成良好的倾听、表达等习惯。

**2. 中班**

重点指导幼儿遵守集体规则，培养幼儿良好的倾听、表达、轮流、协商、合作、分享等行为习惯。

**3. 大班**

重视幼儿良好学习习惯的培养，促使幼儿养成良好的坐姿、站姿以及阅读、握笔、举手的正确姿势，养成整理学具的习惯，学会正确地使用和整理各种学习用具、材料。同时，培养幼儿的任务意识、责任意识以及独立完成任务的能力。

## 二、集体教育活动安全管理

### （一）常见安全隐患

**1. 幼儿走失**

在集体教学活动开始前，教师要清点幼儿人数，对于没有来的幼儿应做好考勤记录，避免幼儿走失。

集体教育活动
座位编排

**2. 活动秩序混乱**

无论开展哪一领域的教学活动，教师都要保证幼儿有良好的活动常规，否则集体教学活动就可能无法继续进行，还可能发生意外。

**3. 活动场地过于狭小**

活动场地须足够大，否则容易造成幼儿在操作时互相碰撞。

**4. 操作材料不足**

教师要准备足量的材料，防止幼儿因哄抢发生安全问题。

**5. 忽视个别幼儿**

在集体教学活动中，教师往往关注大部分认真听讲的幼儿，个别幼儿会自己玩身上的扣子、拉链、衣帽、带子等，或者与旁边的幼儿打闹，也可能会发生安全问题。

### （二）安全管理要点

做好安全管理，应注意以下几个方面。

（1）教师对于集体教学活动的安全系数要有预见性，随时注意观察幼儿的活动情况，若发现问题，要及时、妥善处理。

（2）教学活动前，教师要对学具、教具、玩具及活动场地等进行检查，对不利于幼儿活动和安全的物品要及时清理。

（3）教师要注意课上的安全教育，如需幼儿操作，必须教给幼儿正确的操作方法，以免意外伤害发生。

（4）使用电器教材时，电源、插头、电线等要规范使用，防止幼儿触摸，用完应立即

切断电源。

（5）教具的摆放要合理、稳固，便于幼儿取放。

（6）每周设置一次安全教育活动，如"交通安全""饮食安全""用药安全""玩具安全""用电安全""用火安全""着装安全"等，让幼儿知道身边存在哪些危险，以及遇到这些危险应该怎么解决。

## 三、集体教育活动保教配合管理

### （一）集体教育活动保教基本常识

集体教育活动安全和常规管理需要保育员和教师配合，进行分工协作，具体见表2-2-1-1。

表 2-2-1-1　集体教育活动保教基本常识

| 集体教育活动环节 | 集体教育活动保教基本常识 |
| --- | --- |
| 集体教育活动前 | （1）按照既定的教学内容，做好充分的教学准备，创设和教学相适应的物质和人文环境。<br>（2）充分考虑幼儿的年龄特点、学习特点、发展水平和情感需要，制订教育目标、确定教育内容、创设教育环境和制订教学活动方案，准备丰富的教具。<br>（3）集中幼儿注意力，稳定调动情绪，引发兴趣，导入主题。<br>（4）设计简单有趣的教学内容，了解幼儿年龄和发展特点，设计内容适合本班幼儿特点。在设计教学活动的过程中，要考虑到家长资源、社会资源、同伴资源等多种教育资源的共同参与 |
| 集体教育活动中 | （1）组织开展以游戏为主的活动，合理使用丰富的可操作教具，促使幼儿在使用、操作材料和环境互动中获得真实的认知经验。<br>（2）集体教育活动过程中引导幼儿遵守活动规则和要求，逐步树立合作意识，愿意和同伴一起商量解决活动中遇到的问题，共同完成学习任务。<br>（3）发现幼儿的进步和优势，及时鼓励和引导，激发幼儿参与活动的积极性。<br>（4）集体教育活动过程中指导幼儿学会倾听、等待，遵守活动规则，坚持完成活动任务 |
| 集体教育活动后 | （1）总结幼儿在活动中的表现，肯定幼儿的积极和进步。<br>（2）集体教学活动后，将内容渗透到幼儿的一日生活中自然进行，保育为主，保教结合；促进幼儿能力的提高、情感态度的改善以及良好行为习惯的养成 |

### （二）集体教育活动保教管理方法

在新时代的教改冲击下，一说到集体教育活动很容易被看作是灌输式的教学，这实际上是对集体教育活动的曲解。集体教育活动需要保教配合，采用启发、引导、吸引幼儿主动参与等教学方法以取得良好的管理效果。

**1. 采用适宜的教学方法**

（1）明确活动目标。教师应充分了解、分析教学活动，明确活动的重点、难点，并根

据本班幼儿的实际，设计分解重难点的方法，以便更好地实现活动目标。

（2）保教协作充分做好准备。材料的性质、多少以及演示时间，或者幼儿桌椅的摆放等，教师在心理上都应了如指掌，并能熟练地进行操作。

（3）确定教学方法。教师要针对不同性质的活动内容，选择相应的教学方法，如讲解法、演示法、操作法、游戏法、引导法等。

### 2. 分析幼儿的学习方法

（1）分析活动的内容。一般来说，活动内容可以分为认知、情感和动作技能，不同的活动内容可以采用不同的教学方法。每一活动领域内容可能相互渗透，或认知与情感相结合，或认知与动作相结合等；对认知与情感相结合的活动内容，教师要充分创设情境，让幼儿体验，获得感性的经验。对认知与动作相结合的活动内容，教师要提供多种感性材料，让幼儿尝试、操作与发现。

（2）了解幼儿的认知情况。认知结构是存在于儿童头脑里的知识结构，原有的认知结构对新的学习会产生影响。首先，针对幼儿发展水平的差异，准备深浅不一的开放式提问和层次不同的操作材料，提出不同的活动要求，尽量让不同发展水平的幼儿都能得到发展；其次，注意新知识的难度要适应幼儿原有的认识结构，让幼儿能在原有的基础上得到发展，并具有一定的挑战性；再次，注意学科知识的系统性、连贯性和整体性，特别是数学，因为儿童的认知结构是从教学的知识结构转化而来的，因此，教学应循序渐进，由浅入深；最后，预见幼儿在学习新知识时可能面临的种种困难，可能提出的各种问题，并进行相关的准备，满足幼儿活动的需要。

（3）采用不同的教学方法。年龄越小的儿童，越需要将感觉、运动系统和直接经验融入学习活动，教师在教学中需要提供充足的操作材料和具体形象的范例。但是随着年龄的增长，幼儿的发展是有差别的，应在教育活动中逐渐增加抽象、概括的学习内容，以适应幼儿的发展。

（4）调动幼儿学习的兴趣。教师一个鼓励的眼神、一句关爱的话语、一个亲切的拥抱、一个轻柔的抚摸、一个贴纸的奖励，都能让幼儿获得心理上的认可及成功的自豪感，这些都可能成为影响幼儿主动学习的因素。因此，教师应与幼儿建立亲密的合作关系，进行积极有效的互动，让幼儿学得轻松愉快。

### 3. 整合多种教育内容

教育内容是集体教育活动的中介和载体。它必须适合幼儿的年龄特点、认知水平和发展阶段，并能充分调动幼儿活动的积极性、主动性、创造性，使幼儿扩大原有知识结构，从而形成新的认知结构。整合内容时应注意：在选材时不应有"专家至上、教材第一"的选材观，而对每个教材中的活动设计都应根据本班情况和本地区的实际进行；同时，将新的教育观、儿童观融入教材中，"生活即教育，处处有教育"，要善于从幼儿的生活经验中寻找幼儿感兴趣的、有助于幼儿主动探索的、蕴含丰富教育价值的"教材"。

## ★步骤二 文献检索

网络平台和图书馆都是同学们拓展自己知识面的有效途径，请大家自选方式进行幼儿园班级集体教育活动管理相关知识信息检索，完成信息检索目录清单（任务单2-2-1-1）。

模块二 班级一日常规及安全管理

任务单 2-2-1-1　集体教育活动管理信息检索目录清单

| 检索平台 | 检索内容 | 推荐指数（最多 5 颗★） |
|---|---|---|
|  |  |  |
|  |  |  |
|  |  |  |
|  |  |  |
|  |  |  |

## ★ 步骤三　案例分析

学生分组见表 2-2-1-2。

表 2-2-1-2　学生分组

| 班级 |  | 组号 |  | 授课教师 |  |
|---|---|---|---|---|---|
| 组长 |  |  | 学号 |  |  |
| 组员 | 姓名 | 学号 | 姓名 |  | 学号 |
|  |  |  |  |  |  |
|  |  |  |  |  |  |
| 任务分工 |  |  |  |  |  |

### 对点案例

梅梅老师在组织中班科学活动"水果多多"前，写了十分详细的教学活动方案，并准备了新鲜的苹果和香蕉。在活动过程中，幼儿们提到了梨子、火龙果，梅梅老师想起小班有这些水果模型，就提醒幼儿们坐在座位等一会儿，自己离开教室去小班找这些水果模型了。整个活动过程，梅梅老师讲得很生动，幼儿们开始时都能专心地听，几分钟后几个幼儿开心地聊起天来，没有认真聆听梅梅老师的讲解，梅梅老师走到他们面前轻轻提醒要专心听讲。梅梅老师提问时，许多幼儿没有举手就开始发言，还有一个幼儿离开座位与同伴交流，梅梅老师摸摸他的头提醒他坐好，但这位幼儿却再次离开了自己的座位。

活动结束后，梅梅老师整理教具的时候，幼儿们开始在教室里追逐打闹，梅梅老师不得不停下来请幼儿们回到座位后再继续整理。

案例中的梅梅老师的集体教育活动出现了哪些常规管理问题？导致这些问题的原因是什么？出现的问题应该如何预防和应对？请同学们对案例进行分析并找出解决方法，完成任务单 2-2-1-2。

任务单 2-2-1-2　集体教育活动案例分析

| 常规管理问题 | 导致问题出现的原因 | 问题应对方法 | 问题预防方案 |
|---|---|---|---|
|  |  |  |  |
|  |  |  |  |
|  |  |  |  |
|  |  |  |  |
| 其他同学给我的启示 | | | |

## ★ 步骤四　方案设计

自选年龄段幼儿制订一份集体教育活动保教配合常规培养与安全管理方案，完成任务单 2-2-1-3。

任务单 2-2-1-3　集体教育活动管理方案制订

| 班级 | 环节 | 保教配合常规培养与安全管理 |
|---|---|---|
| （　）班 | 集体教育活动前 |  |

· 86 ·

模块二　班级一日常规及安全管理

续表

| 班级 | 环节 | 保教配合常规培养与安全管理 |
|---|---|---|
| （　）班 | 集体教育活动中 | |
| | 集体教育活动后 | |
| 其他同学给我的启示 | | |

## ★ 步骤五　学以致用

小组对制订的集体教育活动保教配合常规培养与安全管理方案进行讨论优化。结合小组讨论优化后的集体教育活动方案，小组成员确定角色分工，按照优化后的保教配合常规培养与安全管理方案模拟进行集体教育活动管理组织。待完成模拟组织后，小组成员总结组织过程中的优点与不足，完成任务单2-2-1-4。

任务单2-2-1-4　集体教育活动管理反思

| 优点 | 不足 |
|---|---|
| | |

## 【任务评价】

说明：

（1）任务评价包括自我评价、小组评价和教师评价，评价时要结合相应要点。

（2）小组评价由组长负责组织，并结合小组成员的意见。

· 87 ·

(3) 总得分计算至小数点后第二位。

按照说明完成任务评价表（任务单 2-2-1-5）。

### 任务单 2-2-1-5　任务评价

| 班级 | | 姓名 | | 学号 | | |
|---|---|---|---|---|---|---|
| 组名 | | 验收组长 | | 年　月　日 | | |
| 文档验收清单 | | 任务单 2-2-1-2 集体教育活动案例分析，任务单 2-2-1-3 集体教育活动管理方案制订，任务单 2-2-1-4 集体教育活动组织管理反思 | | | | |
| | | 任务单 2-2-1-1，包含 5 份检索文献的目录清单 | | | | |
| 评价内容 | | 评价要点 | 分值 | 自我评价（20%） | 小组评价（30%） | 教师评价（50%） |
| 专业知识（60%） | 集体教育管理案例问题查找和应对策略 | 能根据案例查找集体教育管理问题并分析原因，提出相对应的应对策略（不少于4条） | 10 | | | |
| | 集体教育活动保教配合常规培养与安全管理方案 | 能制订出全面的集体教育活动保教配合常规培养与安全管理方案，符合该年龄班幼儿特点，能充分体现保教配合，关爱幼儿思想 | 20 | | | |
| | 组织集体教育活动保教配合 | 模拟班级保教人员在组织集体教育活动过程中进行良好沟通和配合的过程 | 20 | | | |
| | 总结方案和组织过程中的优点和不足 | 按照优化方案模拟进行组织，总结组织过程中的优点与不足之处 | 10 | | | |
| 个人素养（40%） | 专业精神与学习能力 | 在学习过程中获得满足感，对课堂生活的认同感；方案符合该年龄班集体教育活动常规培养要求与安全管理要点 | 10 | | | |
| | 参与态度、沟通合作与表达能力 | 积极主动与教师、同学交流，相互尊重、理解、平等；与教师、同学之间能够保持多向、丰富、适宜的信息交流 | 10 | | | |
| | 问题解决能力 | 保教配合过程中能有效融入对幼儿的随机教育，富有教育智慧 | 10 | | | |
| | 信息检索与处理能力 | 能有效利用网络、图书资源查找有用的相关信息等；能将查到的信息有效地传递到学习中 | 10 | | | |
| 总分 | | | 100 | | | |

模块二 班级一日常规及安全管理

# 任务二 户外活动管理

## 【任务描述】

（1）信息检索，自主拓展查阅资料，学习幼儿园班级户外活动管理专业知识。

（2）能针对"户外活动管理是严管好还是宽放好"查找资料，投票和参加辩论赛。

（3）制订班级户外活动管理方案，模拟实施方案。

（4）观摩其他小组方案和实训，完成自评和小组评价。

## 【任务目标】

（1）掌握户外活动常规管理和安全管理知识要点。

（2）能针对问题查找资料，参加辩论赛。

（3）能制订保教配合户外管理活动管理方案。

（4）能保教配合模拟实施方案，并进行自评和小组评价。

## 【任务重点】

掌握户外活动管理常规与安全管理要点，树立科学的"宽严并济"户外活动管理教育观。

## 【任务难点】

树立科学的"宽严并济"户外活动管理教育观。

## 【任务准备】

（1）知识准备：各年龄阶段户外活动保教常识和指导要点、户外活动常见安全隐患及应对策略、户外活动管理保教配合要点。

（2）活动准备：多媒体播放设备、模拟幼儿园教室实训室、户外活动器械、幼儿桌椅。

## 【任务实施】

说明：

（1）对于每一环节，各成员先自行完成，然后开展小组讨论。

（2）每一环节的讨论结束后，各成员应结合小组其他成员提出的建议，进行相应内容的修改。

## ★ 步骤一 知识梳理

健康是幼儿发展之本，体育活动是实现幼儿健康发展的重要途径。《幼儿园工作规程》中指出："幼儿每日的体育活动时间不得少于两小时，户外体育活动时间不得少于一小时。"进行适当的户外锻炼，既可以提高幼儿对外界气温变化的适应能力，又可以激发和恢复幼儿主要器官的机能，从而促进幼儿身心健康发展。由于户外活动都在室外进行，活动场地宽、活动材料丰富、幼儿活动状态活跃，导致极易发生各类安全事故，保教配合与安全管理要求比较高，需要教师们保持团队成员有效沟通、齐心协作，细心关注幼儿表现。本项任务是在了解各类户外体育活动常规操作要点的基础上，保教配合，保证幼儿既愉快又安全地进行户外体育活动，

幼儿园户外
活动分类

· 89 ·

达到体育锻炼效果。

## 一、户外活动常规管理

### （一）幼儿常规

**1. 小班幼儿常规**

（1）在教师引导下，愿意参加各类体育活动，冬天不怕冷，夏天不怕热。

（2）愿意学习体育运动中走、跑、跳、钻、爬、攀登等基本动作，要求动作基本协调。

（3）会选择不同体育器械活动，能够掌握简单运动器械的基本玩法。

（4）知道户外活动时不随意离开教师和集体，在教师指定范围内活动，不推挤，玩体育器械时知道注意安全。

（5）身体不适或有如厕需求，能及时告诉教师。

（6）会与成人共同收拾、整理活动器械和体育活动材料。

各年龄段幼儿户外活动组织特点

**2. 中班幼儿常规**

（1）愿意参加各类体育活动，冬天不怕冷，夏天不怕热。活动中能克服困难进行锻炼。

（2）愿意学习体育运动中走、跑、跳、钻、爬、攀登等基本动作，动作协调、灵活。

（3）活动前在教师提醒下会检查自己的衣服、鞋子是否穿好。夏天运动出汗时学会自己擦汗，冬天要摘掉帽子，取下围巾、手套等。

（4）会选择不同体育器械活动，能够掌握体育器械的基本玩法和使用方法，并尝试新玩法。

（5）在活动中有自我保护意识，在教师指定范围内活动，不推挤，不做危险动作，在玩体育器械时能注意安全。

（6）活动过累、身体过冷、身体不适，能及时告诉教师。

（7）不争抢体育器械，同伴间能友好相处，互相谦让，合作游戏。活动结束时，能与教师共同整理活动器械和体育活动材料。

户外活动常规手指谣

**3. 大班幼儿常规**

（1）能用多种运动器械创造性地进行体育活动，能与同伴协同运动，努力克服困难，有韧性。

（2）在户外活动前，能主动检查自己的服装、鞋子是否穿好，有无安全隐患。夏天运动出汗时学会自己擦汗，冬天知道要摘掉帽子，取下围巾、手套等。

（3）能在教师引导下利用废旧材料自制器械，并进行器械操、韵律操活动。做操时，能在队形队列中找准自己的位置，能听音乐节奏，精神饱满，动作到位地与同伴集体做操。

（4）能掌握多种运动中的安全保护技能和方法。如不在大型器械上打闹、推挤；奔跑、跳绳时会避让；不做危险动作，不用器械与同伴打闹等。

（5）对所在地区常见的气候环境变化有一定的适应能力。

（6）尝试探索用多种方法进行走蛇形步、俯卧撑、快速跑等综合体育活动，探索几种体育器械的多种玩法，掌握运动的基本技能。

（7）爱护体育器械，活动结束时能主动收拾整理活动器械和体育活动材料。

## （二）教师常规

（1）根据本班幼儿的身心发展特点和需要，以本班幼儿运动的兴趣和态度、动作能力提升为目标，有目的、有计划地设计和积极开展适合本班幼儿年龄特点的体育活动，如图 2-2-2-1 所示。

图 2-2-2-1　夏季户外戏水游戏活动

（2）合理利用户外体育活动场地，保证幼儿足够的、安全的活动空间。选择安静、整洁、平坦、安全的场地，准备充足的活动用品。

（3）教师衣着宽松、舒适，便于运动，不穿过长、过短、过紧的裙子，穿平底运动鞋，头发扎起来。注意检查幼儿衣着，提醒幼儿冬季要注意保暖，以不影响活动为宜，尽量不要戴帽子、穿棉大衣、围长围巾，鞋带要系好。

（4）组织幼儿在教师视线范围内活动，注意观察幼儿的活动情况，随时提醒幼儿，避免活动中的安全事故，及时处理突发事件。

（5）关注幼儿户外活动的运动量及活动的强度、密度，对体弱或有疾病的幼儿予以特殊照顾。

（6）收集民间的体育活动和体育游戏。充分利用日光、空气、水等自然因素以及本地自然地理环境，利用现有自然物和无毒废旧物自制活动材料，积极开展适合幼儿的、丰富多彩的体育活动。

（7）一周内户外体育活动内容要全面，保证体育教学活动、体育游戏、器械活动、自由活动、散步等多种类型体育活动的开展。保证每天不少于 1 h 的户外体育活动时间。

（8）关注活动场地、运动器械、活动材料、活动内容和活动过程中的安全。

（9）教师在组织操节活动时要根据不同年龄班幼儿的特点选择不同的时间、不同的音乐、不同的操节动作，避免全园统一做操，尤其是小班，应与中、大班分开。

## （三）保育员常规

（1）协助教师布置活动场地，选择安静、整洁、平坦、安全的场地，准备充足的活动用品。检查场地、器械的安全。

（2）着装应适合运动，衣着宽松、舒适，运动时不穿过长、过短、过紧的裙子，穿平底运动鞋，头发扎起来。检查幼儿衣着，提醒幼儿冬季要注意保暖，以不影响活动为宜，尽量不要戴帽子、穿棉大衣、围长围巾；整理好衣服，不漏腹部，鞋带要系好。

（3）配合教师指导幼儿分组活动或进行个别指导。

（4）配合教师及时投放、收取各类活动器械。

（5）注意观察幼儿的活动情况，随时提醒幼儿，避免活动中的安全事故，及时处理突

发事件，应对体弱或有疾病的幼儿予以特殊照顾。

（6）关注幼儿运动量，巡回抚摸幼儿的头、颈、背部，关注幼儿出汗量，提醒或帮助幼儿增减衣物。

（7）做好幼儿活动后的护理工作，督促幼儿洗手，并用温度适宜的湿毛巾给幼儿擦脸，增加衣物，让他们饮水等。

（8）关注活动场地、运动器械、活动材料、活动内容、幼儿活动过程中的安全等。

### （四）对各年龄段幼儿的关注重点

**1. 小班**

重点检查活动场地安全和幼儿的着装安全，帮助幼儿整理衣服，指导幼儿户外活动时不随意离开教师和集体，在教师指定范围内活动，对于体弱幼儿给予重点关注并进行个别指导。活动结束后，帮助幼儿用干毛巾擦汗或及时穿衣服。

**2. 中班**

适时提醒幼儿注意安全，根据不同幼儿体质调节活动量，对个别幼儿进行指导。活动结束后，应检查运动器械是否安放到位，提醒幼儿用干毛巾擦汗或及时穿脱衣服。

**3. 大班**

教师与幼儿共同检查场地安全情况，提醒幼儿在活动前检查自己的服装、鞋子是否穿好，有无安全隐患；活动时，指导幼儿自主调节运动强度和密度，不打闹、不推挤、不做危险动作；活动后，引导幼儿主动收拾、整理活动器械和体育活动材料。

## 二、户外活动安全管理

### （一）常见安全隐患

**1. 着装不当**

幼儿参加体育活动时，穿着太长的裙子或太大的衣服就容易被绊住；奔跑时很可能因鞋带松动而被绊倒，或因为腰上的束带被钩住而造成创伤；还可能被外衣帽子上的细绳卡住脖子而导致窒息。教师也要着装得当，以舒适、方便为主，裙子不能过短或过长，鞋跟也不宜过高，以免当幼儿发生意外时，不能及时给予救助。

**2. 运动过量**

有些教师为了锻炼幼儿的体能，喜欢安排较多的活动，而且活动过程中习惯统一要求，不考虑个体差异。幼儿正处于生长发育期，身体内的器官、组织尤其是心血管系统还未发育成熟，长时间、大量的体育活动不仅会对幼儿的身体造成损害，还可能导致幼儿因心脏负担过重而昏厥甚至"猝死"。

**3. 监控难度大**

幼儿在体育活动过程中往往比较分散，不便管理，而且幼儿喜爱模仿，经常会模仿动画片或影视剧中的危险动作，因此，在体育活动过程中可能会出现各种难以预料的危险情况。

### （二）安全管理要点

**1. 体育活动前的准备**

（1）提醒幼儿在体育活动前相互检查服装，系好衣扣和鞋带，还要检查幼儿是否携带危险物品。

（2）教师首先要带领幼儿做好热身活动，以防突然的剧烈运动造成拉伤、扭伤，其次

要注意动静交替，防止活动过量。

（3）教师在带领幼儿上、下楼梯时，要保证所有幼儿在自己的视线范围之内，最好能让一位教师在队前领队，让另一位教师在队尾观察。

**2. 运动中的护理**

（1）幼儿的活动密度要适宜，最好分场地、分时间段进行活动，要避免由于过于拥挤出现意外。

（2）在玩大型玩具（如滑梯、攀登架）时，教师要维持好秩序，及时给予幼儿必要的帮助及安全提示。

（3）教师应当与保育人员密切配合，时刻保证幼儿在成人的视线范围内活动，以便及时处理突发事件。

**3. 运动后的整理**

运动结束后，教师首先要清点人数，最好请幼儿帮忙一起收拾、整理器械和玩具。教师可以在整理的过程中渗透一些安全常识，如搬运重物时怎样保持平衡、放置物品时的注意事项等，还要检查运动器械是否放置到位。

## 三、户外活动保教配合管理

户外活动的常规管理和安全管理需要保育员和教师分工协作完成，具体见表2-2-2-1。

表 2-2-2-1　幼儿户外活动保教配合管理要点

| 活动环节 | 保教配合内容 | 保教配合管理要点 |
| --- | --- | --- |
| 户外活动前 | 户外活动前安全、卫生检查 | **保育员：**<br>1. 清洁游戏场地，做好游戏材料消毒卫生工作。保育教师提前 5 min 准备幼儿户外活动器械（分散游戏玩具）及玩具放置活动场地，并检查活动场地的安全，注意活动场地和活动器械的安全。<br>2. 检查幼儿衣服、鞋带、扣子是否整理好，是否安全。<br>**幼儿教师：**<br>检查幼儿衣服、鞋带、扣子是否整理好，是否安全 |
| | 做好幼儿参加户外活动前的准备工作 | **保育员：**<br>1. 组织幼儿更换室外鞋，托班需教师给予帮助。<br>2. 根据天气情况，组织幼儿提前做好解便、喝水、垫毛巾、脱衣等生活护理。<br>3. 鼓励幼儿相互检查是否做好游戏前的各项准备（中、大班）。<br>**幼儿教师：**<br>1. 分析了解不同幼儿已有的游戏经验与游戏水平。<br>2. 调动幼儿情绪，激发幼儿积极参与的愿望（小班）。<br>3. 组织幼儿自主商量并确立游戏主题（中班）。<br>4. 以情境讲述、情境再现等形式回忆上次游戏出现的问题，与幼儿共同讨论解决的方法（大班）。<br>5. 创设游戏情境，提供高结构、低结构、废旧、半成品材料，保证材料数量充足 |

续表

| 活动环节 | 保教配合内容 | 保教配合管理要点 |
| --- | --- | --- |
| 户外活动前 | 有序组织幼儿进入活动场地 | **保育员：**<br>清点幼儿人数，保育教师在幼儿队尾跟随幼儿进入活动场地，提醒幼儿注意上、下楼梯时的安全。<br>**幼儿教师：**<br>1. 清点幼儿人数，教师在幼儿队前带领幼儿进入活动场地，提醒幼儿注意上下楼梯的安全。<br>2. 助教在幼儿队中带领幼儿进入活动场地，提醒幼儿注意上下楼梯的安全 |
| 户外活动中 | 组织幼儿在户外集体做操 | **保育员：**<br>在队尾协助教师组织幼儿做集体操，观察幼儿的参与情况，对需要帮助的个别幼儿进行提醒、指导。<br>**幼儿教师：**<br>1. 主班教师带领组织幼儿集体操 10 min，领操动作规范，动作准确到位。<br>2. 关注全体幼儿，鼓励幼儿精神饱满地参与体操锻炼。<br>3. 助教在队尾协助组织幼儿做集体操，观察幼儿的参与情况，对需要帮助的个别幼儿进行提醒、指导 |
| 户外活动中 | 组织幼儿户外集体游戏 | **保育员：**<br>1. 关注幼儿游戏中的行为安全及参与兴趣，对不遵守游戏规则及不安全的行为进行正面引导，及时处理流鼻血、磕碰受伤等突发事件。<br>2. 协助教师观察幼儿游戏，鼓励幼儿大胆创新地使用材料，设计游戏。<br>3. 观察幼儿面色，抚摸后背，引导幼儿增减衣物，提醒幼儿自主进行生活护理，如擦汗、增减衣物、喝水等。<br>4. 鼓励全体幼儿都参加体育活动，陪伴不愿意参与游戏或情绪不愉快的个别幼儿。<br>5. 引导幼儿友好、合作、协商地使用各种器械。<br>**幼儿教师：**<br>1. 有计划、有目的地组织幼儿参与集体游戏活动。<br>2. 观察游戏中幼儿的行为安全、情绪、兴趣及是否有遵守游戏规则的意识。<br>3. 保证幼儿充足的游戏时间，支持幼儿的思考和创造，可根据幼儿参与兴趣适当调控游戏时间。<br>4. 根据幼儿的年龄特点，掌握活动时间和活动量，注意动静结合。<br>5. 根据孩子游戏中的面色、出汗量、心跳等情况，及时调控游戏时间和形式。<br>6. 指导幼儿爱护各种体育器械，学会正确使用各种体育器械。<br>7. 当游戏中遇到困难和矛盾时，鼓励幼儿自主商量，尝试用适当的方法解决。<br>8. 对游戏中存在的安全隐患，及时提醒，并进行安全教育。<br>9. 鼓励幼儿在游戏中和同伴大胆交往、合作游戏，创新玩法 |

模块二　班级一日常规及安全管理

续表

| 活动环节 | 保教配合内容 | 保教配合管理要点 |
| --- | --- | --- |
| 户外自由分散活动 | 分散站位监护，确保幼儿的活动安全 | **保育员：**<br>1. 保育员与教师在幼儿户外分散活动时注意站位，务必保证所有幼儿都在监护范围。<br>2. 保教人员在监护幼儿户外分散活动时，禁止扎堆聊天。<br>3. 注意照顾个别幼儿（安排好适合体弱儿、肥胖儿体质的活动量和活动密度，保持动静交替合理的运动量）。<br>4. 提醒个别有解便、喝水、穿脱衣服需求的幼儿主动自我服务。<br>5. 常规观察重点主要是游戏规则的遵守、幼儿与幼儿之间的交往及因物品产生的冲突。<br>**幼儿教师：**<br>1. 观察幼儿能否有目的地选择和寻找材料发起游戏，关注不同幼儿对游戏的不同需求。<br>2. 鼓励幼儿积极探索并大胆使用材料，创新玩法。<br>3. 及时捕捉并关注幼儿的游戏需要，适时调整游戏形式、补充游戏材料。<br>4. 当游戏中遇到困难和矛盾时，鼓励幼儿自主商量，尝试用适当的方法解决。<br>5. 明确告诉幼儿分散活动的范围，并讲明不能违反规定 |
| 户外活动后 | 收拾整理户外活动器材 | **保育员：**<br>整理游戏场地，分类归放材料，打扫场地卫生，玩具材料消毒。<br>**幼儿教师：**<br>指导幼儿将玩具分类收放 |
| | 安全组织幼儿回教室 | **保育员：**<br>1. 清点幼儿人数，保育教师在队尾组织幼儿回班。<br>2. 回班后组织幼儿根据实际情况调整着装，更换室内鞋后进行盥洗活动。<br>**幼儿教师：**<br>1. 清点幼儿人数，主教在队前、助教在队中，组织幼儿回班。<br>2. 利用语言、行为引导幼儿感受游戏活动的快乐，帮助幼儿提炼游戏经验。<br>3. 引导幼儿以集体或小组的形式分享户外游戏感受，帮助幼儿形成新的游戏经验，在现有游戏活动基础上提出新要求 |

### 四、户外活动常见问题及其应对策略

#### （一）幼儿在户外活动中缺少"自由"的应对策略

（1）户外集体活动与自由活动有效结合。在户外活动中，除了有意识地组织一些集体性的游戏、体育活动之外，还应给幼儿一些自由活动的时间和空间。

（2）活动不能"放羊"，应通过投放不同的器械，让幼儿自由选择器械进行活动，在自由活动中真正做到自主活动、共同进步。

#### （二）幼儿参加户外体育活动时间不足，阴雨天气不组织体育活动的应对策略

（1）合理安排户外活动时间。要保证每天不少于 2 h 的户外活动时间。

（2）不同季节不同安排。夏季不宜在强光下进行户外体育活动，防止中暑和紫外线灼伤。每次活动控制在 30 min 左右，要做到动静交替。冬季日照时间短，户外活动宜安排在上午 9 点之后、下午午睡起床后。

（3）阴雨天坚持开展体育活动。要利用幼儿园自身场地，充分利用走廊、门厅、长廊、屋顶平台等，合理安排各班活动场地，保证体育活动的正常进行。

#### （三）幼儿运动常规差，易出现安全事故的应对策略

（1）活动前，向幼儿交代活动的规则和有关安全事项，针对活动中可能存在的危险，提前向幼儿提出活动要求。

（2）活动中，时刻注意观察幼儿的行为及动作，发现危险时，注意保护和制止不当行为。

（3）活动后，和幼儿一起总结、讨论活动中出现的不安全现象，避免类似的事情发生，增强幼儿的安全意识。

户外活动常见问题及应对策略

## ★步骤二  文献检索

网络平台和图书馆都是同学们拓展自己知识面的有效途径。请同学们自选方式进行幼儿园班级户外活动管理相关知识信息检索，完成信息检索目录清单（任务单 2-2-2-1）。

任务单 2-2-2-1  户外活动管理信息检索目录清单

| 检索平台 | 检索内容 | 推荐指数（最多 5 颗★） |
|---|---|---|
|  |  |  |
|  |  |  |
|  |  |  |

## ★步骤三  案例分析

学生分组见表 2-2-2-2。

模块二　班级一日常规及安全管理

表 2-2-2-2　学生分组

| 班级 | | | 组号 | | 授课教师 | |
|---|---|---|---|---|---|---|
| 组长 | | | 学号 | | | |
| 组员 | 姓名 | 学号 | | 姓名 | | 学号 |
| | | | | | | |
| | | | | | | |
| | | | | | | |
| 任务分工 | | | | | | |

### 对点案例

在一次教研活动中，老师们针对"户外活动管理是严管好还是宽放好"展开了激烈的讨论，有的老师认为应该严管，幼儿园重要的任务是保障幼儿的安全，户外体育活动安全管理压力在班级一日活动管理中是相对最大的，因此，在户外活动时需要进行严管，防患于未然，杜绝安全事故的发生。而另外一部分老师则认为，从幼儿的身心发展的角度来说，需要充分给予幼儿户外活动自主选择游戏的权利，幼儿应该自主进行户外游戏方式、游戏内容、游戏规则等的选择。同时，爱玩是孩子的天性，教师应该顺应孩子心理发展规律，给孩子宽松自由的户外体育游戏环境……老师们各执一词，最终也没得出结果。

你认为户外活动管理是严管好还是宽放好？请说说你的立场和观点，并完成线上投票，推选辩手准备好课堂辩论赛，完成任务单 2-2-2-2。

任务单 2-2-2-2　户外活动管理辩论赛

| 我的立场 | 我的观点 |
|---|---|
| | |
| 其他同学给我的启示 | |

## ★ 步骤四　方案设计

自选年龄段幼儿制订一份户外活动保教配合常规培养与安全管理方案，完成任务单 2-2-2-3。

任务单 2-2-2-3　户外活动管理方案

| 班级 | 环节 | 保教配合常规培养与安全管理 |
|---|---|---|
| （　）班 | 户外活动前 |  |
|  | 户外活动中 |  |
|  | 户外活动后 |  |
| 其他同学给我的启示 | | |

## ★ 步骤五　学以致用

小组对制订的户外活动保教配合常规培养与安全管理方案进行讨论优化，结合小组讨论确定最优户外活动方案。小组成员进行角色分工，按照优化后的保教配合常规培养与安全管理方案模拟进行户外活动管理组织。待完成模拟组织后，小组成员总结组织过程中的优点与不足之处，完成任务单 2-2-2-4。

任务单 2-2-2-4　户外活动管理反思

| 优点 | 不足 |
|---|---|
|  |  |

## 【任务评价】

说明：

（1）任务评价包括自我评价、小组评价和教师评价，评价时要结合相应要点。

（2）小组评价由组长负责组织，并结合小组成员的意见。

（3）总得分计算至小数点后第二位。

按照说明完成任务评价表（任务单 2-2-2-5）。

模块二 班级一日常规及安全管理

### 任务单 2-2-2-5 任务评价表

| 班级 | | 姓名 | | 学号 | | |
|---|---|---|---|---|---|---|
| 组名 | | 验收组长 | | 年 月 日 | | |
| 文档验收清单 | | 任务单2-2-2-2户外活动环境优化方案，任务单2-2-2-3户外活动管理方案，任务单2-2-2-4户外活动组织和反思 | | | | |
| | | 任务单2-2-2-1、包含5份检索文献的目录清单 | | | | |
| 评价内容 | | 评价要点 | 分值 | 自我评价（20%） | 小组评价（30%） | 教师评价（50%） |
| 专业知识（60%） | 户外活动管理是严管好还是宽放好观点表达 | 能根据案例问题：户外活动管理是严管好还是宽放好，表达自己的看法 | 10 | | | |
| | 户外活动保教配合常规培养与安全管理方案 | 能制订出全面的户外活动保教配合常规培养与安全管理方案，符合该年龄班幼儿特点，能充分体现保教配合，关爱幼儿思想 | 20 | | | |
| | 组织户外活动保教配合 | 模拟班级保教人员在组织户外活动过程中需要的良好沟通与配合过程 | 20 | | | |
| | 总结方案和组织过程中的优点和不足 | 能按照优化方案模拟组织活动，总结组织过程中的优点与不足之处 | 10 | | | |
| 个人素养（40%） | 专业精神与学习能力 | 在学习过程中获得满足感，对课堂生活的认同感；方案符合该年龄班户外活动常规培养要求与安全管理要点 | 10 | | | |
| | 参与态度、沟通合作与表达能力 | 积极主动与教师、同学交流，相互尊重、理解、平等；与教师、同学之间能够保持多向、丰富、适宜的信息交流 | 10 | | | |
| | 问题解决能力 | 保教配合过程中能有效融入对幼儿的随机教育，富有教育智慧 | 10 | | | |
| | 信息检索与处理能力 | 能有效利用网络、图书资源查找有用的相关信息等；能将查到的信息有效地传递到学习中 | 10 | | | |
| | | 总分 | 100 | | | |

# 任务三　区角游戏活动管理

### 【任务描述】
（1）信息检索，自主拓展查阅资料，学习幼儿园班级区角游戏活动管理专业知识。
（2）能按照要求设计制作区域活动规则牌。
（3）观摩其他小组方案和模拟实训，完成自评和小组评价。

### 【任务目标】
（1）掌握区角游戏活动常规管理和安全管理知识要点。
（2）能按要求制订区角活动规则牌。
（3）能制订区角活动管理方案，配合模拟实施方案。

### 【任务重点】
掌握区角游戏活动管理环节常规与安全管理要点，以及各年龄阶段区角游戏活动管理方法原则。

### 【任务难点】
树立正确的儿童观，能从幼儿的角度了解幼儿对区角游戏的想法，制订区角游戏管理优化策略支持幼儿有序开展区角游戏。

### 【任务准备】
（1）知识准备：各年龄阶段区角游戏活动保教常识和指导要点、区角游戏活动常见安全隐患及应对策略、区角游戏活动管理保教配合要点。
（2）活动准备：多媒体播放设备、模拟幼儿园区角活动实训室、区角玩具架、区角玩具、幼儿桌椅。

### 【任务实施】
说明：
（1）对于每一环节，各成员先自行完成，然后开展小组讨论。
（2）每一环节的讨论结束后，各成员应结合小组其他成员提出的建议，进行相应内容的修改。

## ★步骤一　知识梳理

区角游戏活动是幼儿的一种重要的自主活动形式，它是以快乐和满足为目的，以操作、摆弄为途径的自主性学习活动。区角活动有着环境相对开放、活动氛围宽松、活动形式灵活多样的特点，是幼儿自我学习、自我探索、自我发现、自我完善的一种活动。由于区角活动自主性强、灵活性高，经常要面临一些突发的安全问题，在进行区角游戏环节常规培养与安全管理时，班级三位教师需要协同配合，使幼儿在安全有序的区角游戏活动中兴趣与需要得到满足，个性与天性得到表露，创造性与能动性得到充分发挥。

## 一、区角游戏活动常规管理

### （一）幼儿常规

**1. 小班幼儿常规**

（1）学习并理解简单的活动区规则，活动时要爱护玩具材料，逐步养成轻轻走路、轻轻说话、轻轻取放材料的良好习惯。

（2）活动时能较专注地做自己喜欢的事情，不过分依赖教师。

（3）不把活动区材料随意带到其他区域，玩完后放回原处，学习按材料标志归放材料。

（4）学习并能初步掌握各活动区材料的操作方法及工具的使用方法。

**2. 中班幼儿常规**

（1）能遵守活动区规则，能轻拿轻放玩具、学具。能爱护和正确使用游戏材料，会归类整理玩具。

（2）与同伴友好玩耍，会轮流协商玩，愿意与同伴分享游戏经验，一起玩游戏材料。

（3）学习有目的地选择活动区活动内容，按自己的意愿自选活动区的材料及伙伴。能安静独立地完成某一项工作，不随意打扰别人。

（4）能基本掌握各活动区材料的操作方法及工具的使用方法。

（5）参与游戏材料的收集与准备工作。

**3. 大班幼儿常规**

（1）能与教师、同伴协商并共同制订游戏规则，能按规则开展活动。能与同伴合作、协商、交流、谦让，并能分享游戏材料和经验。

（2）能按自己的兴趣、意愿自主选择活动区、游戏内容、材料、同伴、角色、场地等，活动时具有一定的目的性。能有始有终地在活动区完成某一项工作。

（3）参与幼儿园活动区的设置，参与收集材料及材料的投放，参与修补材料等活动。

（4）能自发地组织和参加一些活动区游戏活动，在教师的指导下，可以自己制作游戏材料，并可以创造性地使用游戏材料。

（5）经常欣赏同伴的作品，会评价自己与同伴的作品。

（6）能听指令，在规定的时间内将各活动区材料归放整齐。

### （二）教师常规

（1）教师应根据班级近期课程目标和本班幼儿发展水平，以及参与活动区活动的兴趣和需要等，确定活动区的目标和有指导、观察要点的游戏活动计划，并与幼儿共同创设活动区域，如图 2-2-3-1 所示。

（2）根据活动室空间、幼儿人数，因地制宜，设置隔挡式、靠墙式、活动式等不同形式的活动区，充分利用有限空间为幼儿创设合理的活动区域。区域布局合理，动、静相对分割，种植区、美工区离水源要近，阅读区、精细练习区的光线要好。

（3）活动材料应体现教育意图，知道所投放的材料对幼儿发展的作用和玩法。游戏材料的数量和种类适宜，能满足幼儿的活动需要。游戏材料的摆放应高度适宜，便于幼儿取放。

（4）提供的材料应有成品、半成品或替代物。教师、幼儿与家长要根据活动需要、幼儿的发展需求自制玩教具，并与幼儿共同收集废旧材料。

（5）教师应尊重幼儿选择活动区的意愿，要多观察幼儿参与活动区活动的情况，把握好角色的转换，并能适时、适度地介入指导，引导幼儿深化活动内容。

（6）确保幼儿每天都有在活动区活动的时间，结合幼儿园实际和课程设置情况来确定幼儿在活动区活动时间的长短。高质量和小班化的幼儿园可以以活动区活动为主。

（7）有计划、有目的地对幼儿在活动区的活动情况进行评价，引导中、大班幼儿参与活动评价，帮助幼儿总结、整理游戏经验。

（8）督促幼儿遵守活动区相应的规则。

（9）记录幼儿参与活动区活动的情况，并及时调整、添加活动区材料。

图 2-2-3-1　幼儿园木工坊区域游戏活动

### （三）保育员常规

保育员常规工作包括以下内容。

（1）协助教师做好活动前的准备工作，与教师进行沟通，了解活动目的和要求，做好活动区材料的准备工作，还要保证各活动区的安全、卫生、整洁。

（2）配合教师指导幼儿活动，督促幼儿按需取放活动区的材料。协助教师处理游戏过程中出现的问题。

（3）活动结束后指导幼儿检查操作材料的整理工作。

（4）随时检查玩具材料的破损情况，及时更换与修补，每周末进行活动区玩具柜的清洗和玩具的清洗与消毒工作。收集、整理废旧材料，确保安全、卫生、实用。

### （四）对各年龄段幼儿的关注重点

#### 1. 小班

教师应重点引导小班幼儿学习并理解简单的活动区规则。活动时能较专注地做自己喜欢的事情，不过分依赖教师。知道不把活动区材料随意带到其他活动区，学习按活动区材料标志归放材料。

#### 2. 中班

教师应重点指导中班幼儿遵守活动区规则，爱护和正确使用游戏材料。学习有目的地

选择活动区活动内容，安静独立地完成某一项工作，不随意打扰别人。会归类整理玩具。

### 3. 大班

教师应重点指导大班幼儿能与教师、同伴协商并共同制订游戏规则，能按规则开展活动。能按自己的兴趣、意愿自主选择活动区、游戏内容、材料、同伴、角色等，活动具有一定的目的性。能有始有终地在活动区完成某一项工作。会评价自己与同伴的作品。

## 二、区角游戏活动安全管理

### （一）常见安全隐患

（1）活动区地点设置比较分散，通常不在同一空间。因此，教师在巡回指导或正在指导个别幼儿游戏时，其他区角里的幼儿可能会因为嬉戏、争抢、打闹等发生危险。

（2）幼儿在某个区角进行一段时间游戏后，开始更换区角进行其他游戏（年龄小或者注意力集中时间不长的幼儿更换次数更频繁），在更换过程中容易出现绊倒、摔伤等伤害。

（3）幼儿在自由活动时，精神状态比较放松，他们对新奇事物的强烈好奇心和探究欲望往往使他们意识不到危险的存在。幼儿对物体上的一些大洞、小洞都比较感兴趣，看到了会用手指去抠、去挖，有时会很难再从洞里将手指拔出了。

（4）教师为了丰富幼儿的游戏内容，经常会提供多种不同质地的材料制作成辅助材料进行操作。例如，教师用橡皮泥、黏土等制作惟妙惟肖的香肠、包子、饺子、饼干、巧克力等食物模型，可能会导致幼儿误以为是真的食物而放到嘴里吃。

（5）美工区的材料多样化、操作性强，幼儿在使用一些尖锐的材料时容易发生危险，如幼儿一边使用牙签、十字绣的针、麻辣烫的串签、剪刀等尖利物品，一边嬉戏、打闹，则可能会划伤对方或自己。

（6）教师在科学区经常会投放各种镜子、万花筒、玻璃等易碎材料，幼儿在不断探索的过程中，难免会出现打碎玻璃制品、洒落圆形小物品等情形，从而引发危险。

（7）积木区中体积较大的实体木质积木比较重，棱角分明，幼儿拼摆游戏时可能会被误伤。

### （二）区角游戏活动安全管理要点

（1）教师需要保持高度的警惕性和责任心，不断地在每个活动区巡回观察幼儿的行为表现，随时为幼儿答疑解惑。活动区分动、静区域，教师要心中有数，知道哪个区域比较容易发生安全问题，对在这些区域中游戏的幼儿应多加关注。

（2）教师在设置活动区时，在每个区域之间应留出通道足够幼儿进出，保证幼儿更换区域时行走通畅。在活动区中窄小的地方或者通道，不要放置容易磕绊的物体或者有棱角的桌椅。

（3）教师要经常检查班级中幼儿能够触碰到的物品，如玩具、柜子、桌椅等是否有损坏，对于损坏的地方要及时修理，避免幼儿去碰触、探究。对于幼儿在活动区中能够看到、摸到的电源插头，教师要巧妙地遮盖、固定，尽量不让幼儿看到或抠开，并坚持定期检查。

（4）在角色区内投放的成品材料和教师自己制作的辅助材料要保证安全、无毒、卫生。定期检查是否出现损坏的玩具，及时清理更换，避免幼儿被划伤。还要将材料分类收纳整理，便于幼儿取放，如图 2-2-3-2 所示。

（5）用竹棍、剪刀、针线、牙签、胶带等进行游戏时，教师应引导幼儿安静地进行。在座位的安排上，幼儿与同伴间要留有一定距离，避免碰伤。在收放材料时，要重点检查危险材料是否归位或短缺，以免留下安全隐患。

（6）在科学区投放镜子、万花筒、玻璃等易碎材料时，教师要引导幼儿轻拿轻放，如果摔到了玻璃碎片不要用手捡。科学区的创设最好与相对安静的区域相邻，以免幼儿由于分散注意力而导致操作失控。另外，科学区要留有足够幼儿操作、走动的空间，如果地方有限，要控制活动人数，避免因幼儿拥挤导致碰撞事故发生。

（7）教师要随时关注幼儿在活动中的表现，当发现幼儿之间有冲突时，要及时关注，避免幼儿们出现攻击行为。

图 2-2-3-2  区角游戏材料分类收纳整理

### 三、区角游戏活动保教配合管理要点

班级区角游戏管理需要保育员和教师保教配合，分工协作来管理，其要点见表 2-2-3-1。

表 2-2-3-1  幼儿园区角游戏活动保教管理要点

| 环节 | 保教配合管理要点 |
|---|---|
| 区角活动前 | **保育员：**<br>1. 清洁游戏场地，做好游戏材料消毒卫生工作。<br>2. 检查游戏材料与玩具的安全。<br>3. 提醒幼儿做好着装、解便等生活准备。<br>**幼儿教师：**<br>1. 检查游戏场地的安全及活动空间的大小。<br>2. 创设游戏环境，提供游戏材料，注意材料提供的安全性、丰富性和层次性。<br>3. 提供高结构、低结构、废旧、半成品材料，并保证材料数量。<br>4. 调动幼儿情绪，激发幼儿积极参与的愿望。<br>5. 和幼儿一起制订区角活动规则并引导幼儿遵守规则 |

模块二　班级一日常规及安全管理

续表

| 环节 | 保教配合管理要点 |
| --- | --- |
| 区角活动中 | **保育员：**<br>1. 协助教师鼓励个别幼儿积极参与游戏，与材料互动，与同伴共同游戏。<br>2. 协助教师观察幼儿游戏，鼓励幼儿大胆创新地使用材料，设计游戏。<br>3. 提醒幼儿自主进行生活护理，如擦汗、增减衣物、喝水等。<br>4. 指导幼儿爱护游戏室内的物品，不要损坏区角材料，若因游戏需要，可对原材料进行加工，指导幼儿将加工后的边角料及时清理干净。<br>5. 陪伴不愿意参与游戏或情绪不愉快的个别幼儿。<br>**幼儿教师：**<br>1. 观察游戏中幼儿的行为安全、情绪、兴趣及是否有遵守游戏规则的意识。<br>2. 保证幼儿充足的游戏时间，支持幼儿的思考和创造，根据幼儿的参与兴趣适当调控游戏时间。<br>3. 观察幼儿能否有目的地选择和寻找材料发起游戏，运用多种策略支持幼儿游戏，关注全体与关注个体相结合。<br>4. 关注不同幼儿对游戏的不同需求，鼓励幼儿积极探索并大胆使用材料，创新玩法。<br>5. 及时捕捉并关注幼儿的游戏需要，适时调整游戏形式、补充游戏材料。<br>6. 当游戏中遇到困难和矛盾时，鼓励幼儿自主商量，尝试用适当的方法解决 |
| 区角活动后 | **保育员：**<br>1. 整理游戏场地，归放材料，打扫场地卫生。<br>2. 对区角内可水洗的玩具和材料进行清洗消毒，对无法水洗的玩具和材料进行擦拭消毒，保持室内卫生。<br>3. 提醒有擦汗、增减衣物、喝水需求的幼儿自我服务。<br>4. 对个别情绪低落的幼儿进行引导。<br>**幼儿教师：**<br>1. 指导幼儿游戏后进行有序整理，所有材料物归原处。<br>2. 以集体或小组讨论的形式，分享交流游戏活动并梳理、总结新经验。<br>3. 在现有游戏活动基础上提出新要求 |

## 四、区角游戏活动管理方法

"没有规矩，不成方圆"，爱玩游戏是每个孩子的天性，游戏一直以其独特的魅力吸引着无数孩子。区角游戏的规则重在其丰富的社会性内涵，为幼儿提供了一个追求社会化、个性化的空间，以其特有的魅力，强烈地吸引了幼儿的注意力。活动区角虽小，但这就是幼儿的一个小社会，在自主游戏中，幼儿能够体验游戏带来的快乐。幼儿在游戏中愿意遵守规则，接受幼儿教师的教育。在区角活动中建立和实施规则的意义，不仅是可以使活动顺利开展，更重要的是进行了规范教育的启蒙。

区角创设与区角管理的区别

幼儿园的区角规则的制订也应该体现孩子的主体性，而孩子自己制订的规则，会让孩子在游戏过程中能更加自觉地遵守。因此，区角游戏规则应该由教师和幼儿共同来制订，具体方法如下：

### (一) 师幼共同商讨制订

由于讨论能解决很多问题，在制订规则时，幼儿教师可以和孩子共同讨论一起制订规则，孩子们自己制订的规则，更能自觉地遵守。

### (二) 在玩游戏的矛盾中产生规则

有时候，孩子们在游戏中发现问题，不能及时解决的时候，教师也不用急着给出答案，可以在评价总结时让孩子们自己解决。

### (三) 灵活创新规则形式

**1. 图文并茂**

图文并茂就是结合图画和文字，让幼儿能理解规则的内容，这种方法比较适合大班的幼儿，因为大班孩子的识字量比较大，能理解表达的内容。

**2. 照片展示**

照片展示就是将活动的过程或者是游戏的玩法用照片的形式展现，比较适合小班、中班的幼儿，直观的方法更吸引孩子的眼光，而且也更容易理解。

**3. 幼儿制作**

幼儿制作就是将整个规则交给幼儿来制订，可以合作完成，用图画的形式将规则的内容体现出来，教师可适当帮助完成。因为是幼儿自己制订的，比较容易理解，也会增强他们的兴趣，适合中、大班的幼儿。

## ★步骤二 文献检索

网络平台和图书馆都是同学们拓展自己知识面的有效途径，请大家自选方式进行区角游戏活动管理内容相关知识信息检索，完成信息检索目录清单（任务单 2-2-3-1）。

任务单 2-2-3-1　区角游戏管理信息检索目录清单

| 检索平台 | 检索内容 | 推荐指数（最多 5 颗★） |
| --- | --- | --- |
|  |  |  |
|  |  |  |
|  |  |  |
|  |  |  |

## ★步骤三 案例分析

学生分组见表 2-2-3-2。

模块二 班级一日常规及安全管理

表 2-2-3-2　学生分组

| 班级 | | | 组号 | | 授课教师 | |
|---|---|---|---|---|---|---|
| 组长 | | | 学号 | | | |
| 组员 | 姓名 | | 学号 | 姓名 | | 学号 |
| | | | | | | |
| | | | | | | |
| | | | | | | |
| 任务分工 | | | | | | |

### 对点案例

大（1）班的三位老师精心布置了几个区角，有图书角、美工区、益智区、建构区，还新增了角色游戏区角"奶茶店"。每到区角活动时间，很多小朋友喜欢在奶茶店玩耍，奶茶店人满为患，造成区角人数不均。

在某天的区角时间中，奶茶店一下子进来12名小朋友，很是拥挤。妮妮和暄暄在"后厨"区域"煮奶茶"，杰杰和浩浩在"大厅"点菜，小宇、鑫鑫和彤彤等8个小朋友在扮演顾客买奶茶，好不热闹。可是没过一会儿，鑫鑫和彤彤因为等待时间太久奶茶依然没制作出来，便进入后厨准备自己制作奶茶了，妮妮和暄暄极力阻止他们，四人也因此而争吵起来。老师们慌忙从美工区赶来了解情况解决问题。

你认为出现以上情况的原因是什么？请提出你的解决方案，并设计"奶茶店"区域规则，完成任务单 2-2-3-2。

任务单 2-2-3-2　区角游戏管理案例分析

| 出现的问题 | 解决方案 |
|---|---|
| | |
| | |
| | |
| 其他同学给我的启示 | |

· 107 ·

## ★ 步骤四  方案设计

自选年龄段幼儿制订一份区角游戏活动保教配合常规培养与安全管理方案，完成任务单 2-2-3-3。

任务单 2-2-3-3  区角游戏活动方案制订

| 班级 | 环节 | 保教配合常规培养与安全管理 |
|---|---|---|
| （　）班 | 区角游戏前 |  |
|  | 区角游戏中 |  |
|  | 区角游戏后 |  |
| 其他同学给我的启示 |  |  |

## ★ 步骤五  学以致用

小组成员对制订的区角游戏活动保教配合常规培养与安全管理方案进行讨论优化，结合讨论优化后的区角游戏活动方案，小组成员确定角色分工，按照优化后的保教配合常规培养与安全管理方案模拟进行区角游戏活动管理组织。待完成模拟组织后，请总结组织过程中的优点与不足（任务单 2-2-3-4）。

任务单 2-2-3-4  区角游戏管理中的优点和不足之处

| 优点 | 不足 |
|---|---|
|  |  |

模块二 班级一日常规及安全管理

【任务评价】

说明：

（1）任务评价包括自我评价、小组评价和教师评价，评价时要结合相应要点。

（2）小组评价由组长负责组织，并结合小组成员的意见。

（3）总得分计算至小数点后第二位。

按照说明完成任务评价表（任务单 2-2-3-5）。

任务单 2-2-3-5 任务评价表

| 班级 | | 姓名 | | 学号 | | |
|---|---|---|---|---|---|---|
| 组名 | | 验收组长 | | 年 月 日 | | |
| 文档验收清单 | | 任务单 2-2-3-2 区角游戏活动问题查找和解决策略、任务单 2-2-3-3 区角游戏规则制订，任务单 2-2-3-4 区角游戏活动管理方案，区角游戏活动组织和反思 | | | | |
| | | 任务单 2-2-3-1、包含 5 份检索文献的目录清单 | | | | |
| 评价内容 | | 评价要点 | 分值 | 自我评价（20%） | 小组评价（30%） | 教师评价（50%） |
| 专业知识（60%） | 区角游戏活动管理问题产生的原因和解决方案 | 能根据案例进行分析，找出解决方案 | 10 | | | |
| | 区域规则的制订 | 能制订出站在儿童角度思考、图文并茂的区域规则 | 5 | | | |
| | 区角游戏活动保教配合常规培养与安全管理方案 | 能制订出全面的区角游戏活动，能明白保教配合常规培养与安全管理方案是否符合该年龄班幼儿的特点，能否充分体现保教配合的理念，关爱幼儿思想 | 10 | | | |
| | 组织区角游戏活动具备的专业素养 | 具备组织幼儿进行区角游戏活动需要的专业知识与素养 | 10 | | | |
| | 组织区角游戏活动保教配合 | 模拟班级保教人员在组织区角游戏活动过程中的默契配合 | 15 | | | |
| | 总结方案和组织过程中的优点和不足 | 能按照优化方案模拟组织活动，总结组织过程中的优点与不足之处 | 10 | | | |

续表

| 班级 | | 姓名 | | 学号 | | |
|---|---|---|---|---|---|---|
| 个人素养（40%） | 专业精神与学习能力 | 在学习中获得满足感，对课堂生活产生认同感；方案符合该年龄班区角游戏活动常规培养要求与安全管理要点 | 10 | | | |
| | 参与态度、沟通合作与表达能力 | 积极主动与教师、同学交流，相互尊重、理解、平等；与教师、同学之间能够保持多向、丰富、适宜的信息交流 | 10 | | | |
| | 问题解决能力 | 在保教配合过程中能有效融入对幼儿的随机教育，富有教育智慧 | 10 | | | |
| | 信息检索与处理能力 | 能有效利用网络、图书资源查找有用的相关信息等；能将查到的信息有效地传递到学习中 | 10 | | | |
| 总分 | | | 100 | | | |

模块二　班级一日常规及安全管理

# 知识拓展　班级一日活动计划制订

## 【任务描述】

（1）信息检索，自主拓展查阅资料，学习幼儿园班级一日活动计划制订专业知识。

（2）制订班级一日活动计划。

（3）观摩其他小组方案和实训，完成自评和小组评价。

## 【任务目标】

（1）掌握制订班级一日活动计划知识要点。

（2）能制订班级一日活动计划。

（3）分享方案，并进行自评和小组评价。

## 【任务重点】

掌握制订班级一日活动计划知识要点。

## 【任务难点】

能制订班级一日活动计划。

## 【任务准备】

（1）知识准备：班级一日活动计划制订原则、内容和要点。

（2）活动准备：多媒体播放设备、模拟幼儿园教室实训室。

## 【任务实施】

说明：

（1）对于每一环节，各成员先自行完成，然后开展小组讨论。

（2）每一环节的讨论结束后，各成员应结合小组其他成员提出的建议，进行相应内容的修改。

### ★ 步骤一　知识梳理

班级一日常规工作计划是指幼儿园班级在一日常规工作方面的具体规划。幼儿园一日常规工作主要包括入园、离园、自由游戏、教育活动、生活活动、户外活动、区角活动等基本活动，以及串联一个活动和另一个活动的过渡环节。

班级一日常规工作计划的科学制订，有利于一日活动中各环节教育价值的充分发挥，使各环节有机配合形成"合力"，达到"整体大于部分之和"的效果。因此，教师应从整体出发，整合各个环节的各项活动，努力提高各项活动的整体成效，让幼儿的一日活动有机配合，呈现出整体效果。制订班级一日常规工作计划能够提高教师的工作效率，加强教师在工作过程中的执行率，减少工作中的失误。作为合格的幼儿教师，制订一份科学合理的一日常规工作计划是必备的技能。

## 一、制订班级一日活动计划的原则

一日活动计划目标制订的方法

### （一）整体性原则

幼儿园一日生活的整体性原则，要求教师树立整体观和系统观，不要把一日生活看成一个个要素和部分的简单相加，或一个个环节的简单连接，而要把一日生活各要素、各部分、各环节都看作班级管理整体系统中的要素、部分、环节，理解其相互联系、相互渗透、相互影响、不可分割的关系。

### （二）动静交替原则

幼儿的年龄特点决定了他们的注意力集中时间较短，这就要求教师要根据幼儿的不同需求安排适宜的活动，让活动形式适宜、时间长短适宜、活动内容适宜，要有动有静，让幼儿松弛有度，使幼儿大脑的不同区域交替运转，身体的大小肌肉都得到锻炼。

### （三）分散与集中相结合原则

灵活多变的活动组织形式能满足幼儿多方面发展的需求，给予幼儿不同的支持。集体活动能让幼儿相互分享彼此的智慧，体验交往的乐趣；小组活动能使幼儿之间的交往更加充分，幼儿有更多的表现机会；个体活动则能提供更多的探索空间，有利于教师对幼儿进行有的放矢的教育。

### （四）预设与生成相结合原则

幼儿园的生活中处处可能蕴含着有价值的教育内容，教师可以随机将这些内容纳入计划，生成课程，这既可以视为教育生活化，也可以看作生活教育化。一日活动组织过程中有很多不确定性，很难准确预测，需要教师在与幼儿的交往中根据情况做出适当反应。对于制订出的教学计划都应"留有余地"，因为缺乏弹性的计划不仅束缚了教师，还束缚了幼儿。

## 二、制订班级一日活动计划的注意事项

（1）幼儿户外活动时间每天应不少于 2 h，其中体育活动时间不少于 1 h，高温天气可酌情减少。

（2）保证幼儿两餐间隔时间不少于 3 h。

（3）保证幼儿每天连续不少于 1 h 的自主游戏。

（4）采用集体、小组、个别等多种形式开展学习活动，减少整齐划一的集体形式的学习活动，如大班每天不超过 1 h，中班和小班则适量减少。

（5）在连续性的游戏、体育、学习等活动中，教师应注意提醒幼儿根据需要饮水、如厕等，养成良好的生活习惯。

（6）教师可结合节气、地域特点和课程安排，适当调整班级一日活动常规工作计划。

（7）集体教学活动的教材要分析通透，依据幼儿的年龄特点精心设计方案，过程要清晰，有重点与难点。生活活动、游戏活动、区域活动的目标要明确，并有指导重点。

## 三、班级一日活动计划的内容与要点

幼儿教师一日
活动站位

### 1. 晨间活动
(1) 入园时愉快接受晨检，按号数插好自己的晨检牌。
(2) 教育幼儿有礼貌，主动跟老师打招呼，与家长简短交谈。
(3) 组织幼儿晨间区域活动。

### 2. 户外体育活动
1) 早操
(1) 整理好自己的服装参加活动。
(2) 引导幼儿能听口令、动作协调地做操，精神饱满、动作有力、合拍。
(3) 控制好运动量，及时主动地擦汗。
2) 早操后活动
(1) 教育幼儿在玩耍时注意安全，不打闹、追逐、抛沙土。
(2) 控制好运动量，及时主动地擦汗休息。

### 3. 盥洗
(1) 提醒幼儿按顺序洗手，将手洗干净。
(2) 鼓励幼儿保持桌面、地面、衣服整洁。

### 4. 集中教学活动
见教案，此处不展开描述。

### 5. 进餐安静
帮助孩子调节情绪，让孩子在良好和愉快的情绪下进餐。

### 6. 进餐、散步
(1) 值日生协助分发餐具。
(2) 专心进餐，不挑食、不偏食，尽量不掉饭粒，保持桌面干净。
(3) 餐后正确用毛巾擦嘴、脸，用凉开水漱口。
(4) 能够上、下楼梯，自觉靠右行走，一个跟着一个走出去散步。

### 7. 午睡
(1) 如厕后，安静进入寝室，摆好鞋子、衣服，有秩序地上床。
(2) 保持正确睡姿，不蒙头睡，不趴着睡，不玩被子、草席，不影响同伴。

### 8. 起床饮水
(1) 起床后，先穿好衣服，再叠好被子，最后穿好鞋子。
(2) 整理好自己的仪表，排队自由饮水。

### 9. 午间操、欣赏练习
(1) 跟随音乐安静有节奏地做午间操。
(2) 能够安静地聆听欣赏。

### 10. 点心
(1) 按照七步洗手法规范正确地洗手，然后排好队擦手。
(2) 要求幼儿吃点心时保持安静，尽量快点吃完自己那份点心。

### 11. 游戏活动
见教案，此处不展开描述。

**12. 自选活动**

提供沙包、绳子等，让幼儿自由选择活动内容。

**13. 离园活动**

（1）提醒幼儿如厕喝水，帮助幼儿整理衣裤。

（2）5 min 安全教育。

（3）总结幼儿一日在园表现，确定与家长沟通的内容。

幼儿园一日活动安排

幼儿园一日活动计划表

幼儿园一日活动工作要求

## ★ 步骤二　文献检索

网络平台和图书馆都是同学们拓展自己知识面的有效途径，请同学们自选方式查找对于班级一日活动计划制订相关知识信息检索，完成信息检索目录清单（任务单 2-2-4-1）。

任务单 2-2-4-1　班级一日活动计划制订信息检索目录清单

| 检索平台 | 检索内容 | 推荐指数（最多 5 颗★） |
|---|---|---|
|  |  |  |
|  |  |  |
|  |  |  |
|  |  |  |

## ★ 步骤三　方案设计

学生分组见表 2-2-4-1。

表 2-2-4-1　学生分组

| 班级 |  | 组号 |  | 授课教师 |  |
|---|---|---|---|---|---|
| 组长 |  |  | 学号 |  |  |
| 组员 | 姓名 | 学号 | 姓名 | 学号 | |
|  |  |  |  |  | |
|  |  |  |  |  | |
|  |  |  |  |  | |
| 任务分工 | | | | | |

请选择一个年龄阶段制订班级一日常规工作计划，完成任务单 2-2-4-2。

任务单 2-2-4-2 （　　）班（　　）季一日常规工作计划

| 活动时间 | 活动内容 | 常规要点 |
|---|---|---|
|  |  |  |
|  |  |  |
|  |  |  |
|  |  |  |
|  |  |  |
|  |  |  |
|  |  |  |
|  |  |  |
|  |  |  |
|  |  |  |
|  |  |  |
|  |  |  |
|  |  |  |
|  |  |  |
|  |  |  |
|  |  |  |
|  |  |  |
|  |  |  |

【任务评价】

说明:
(1) 任务评价包括自我评价、小组评价和教师评价,评价时要结合相应要点。
(2) 小组评价由组长负责组织,并结合小组成员的意见进行。
(3) 总得分计算至小数点后第二位。

按照说明完成任务评价表(任务单2-2-4-3)。

任务单2-2-4-3　任务评价表

| 班级 | | 姓名 | | 学号 | | |
|---|---|---|---|---|---|---|
| 组名 | | 验收组长 | | 年　月　日 | | |
| 文档验收清单 | | 任务单2-2-4-1、任务单2-2-4-2 | | | | |
| | | 任务单2-2-4-1、包含5份检索文献的目录清单 | | | | |
| 评价内容 | | 评价要点 | 分值 | 自我评价(20%) | 小组评价(30%) | 教师评价(50%) |
| 专业知识(60%) | 一日活动计划原则 | 能说出班级一日活动计划制订原则,2分/个 | 10 | | | |
| | 班级一日活动计划制订 | 能完整、科学地制订班级一日活动计划 | 15 | | | |
| | 制订班级一日活动计划具备的专业素养 | 有制订班级一日活动计划应具备的专业知识与素养 | 25 | | | |
| | 总结方案和组织过程中的优点和不足 | 能按照优化方案模拟组织活动,总结组织过程中的优点与不足之处 | 10 | | | |
| 个人素养(40%) | 专业精神与学习能力 | 在学习中获得满足感,对课堂生活产生认同感;方案符合该年龄班集体教育活动常规培养要求与安全管理要点 | 10 | | | |
| | 参与态度、沟通合作与表达能力 | 积极主动与教师、同学交流,相互尊重、理解、平等;与教师、同学之间能够保持多向、丰富、适宜的信息交流 | 10 | | | |
| | 问题解决能力 | 在保教配合过程中能有效融入对幼儿的随机教育,富有教育智慧 | 10 | | | |
| | 信息检索与处理能力 | 能有效利用网络、图书资源查找有用的相关信息等;能将查到的信息有效地传递到学习中 | 10 | | | |
| 总分 | | | 100 | | | |

模块二　班级一日常规及安全管理

# 项目三　班级一日其他活动常规及安全管理

## 任务一　入离园活动管理

【任务描述】

（1）信息检索，自主拓展查阅资料，学习幼儿入离园常规培养与安全管理专业知识。

（2）对指定入园情境案例进行分析，制订针对该案例适宜的保教配合入园管理方案，模拟实施方案。

（3）对指定离园情境案例进行分析，制订针对该案例适宜的保教配合离园管理方案，模拟实施方案。

【任务目标】

（1）理解班级入离园环节常规培养的教育意义。

（2）掌握入离园活动常规对幼儿、教师、保育员、家长的要求。

（3）掌握入离园活动保教配合常规管理要点。

（4）掌握入离园活动保教配合安全管理要点。

【任务重点】

对指定入离园情景案例进行分析，制订针对该案例适宜的保教配合入离园管理方案。

【任务难点】

分角色进行入离园活动保教配合模拟方案实训。

【任务准备】

（1）知识准备：入离园活动常规对不同年龄班幼儿、教师、保育员、家长的要求；入离园活动保教配合常规管理要点；入离园活动保教配合安全管理要点。

（2）活动准备：不同颜色的笔、笔记本、手机、幼儿园班级活动视频、模拟幼儿园班级实训室。

【任务实施】

说明：

（1）对于每一环节，各成员先自行完成，然后开展小组讨论。

（2）每一环节的讨论结束后，各成员应结合小组其他成员提出的建议，进行相应内容的修改。

★步骤一　知识梳理

入园和离园环节既是班级一日常规及安全管理的开始和结束，也是班级一日管理工作中需要与家长面对面沟通交流、使家长了解幼儿园的窗口,是相对比较开放的两个环节。入园和离园对保教配合与安全管理要求比较高,需要教师保持与团队成员有效沟通、齐心协作,细心关注幼儿表现。本项目的主要任务是保教配合,保证幼儿愉快而又安全地入园和离园,还要能在入园和离园环节中运用专业知识与家长进行有效沟通,做好交接工作。

## 一、入园活动

幼儿入园是幼儿在园一日生活的开端。良好的开端能使幼儿心情愉悦,精神饱满地开始幼儿园一日的愉快生活。

入园活动常规
手指谣

### (一)入园常规管理

#### 1. 幼儿常规

1)小班幼儿常规

(1)入园时不哭闹,学习向教师、同伴问好,情绪稳定,能正常与家长告别。

(2)能在教师引导下不畏惧晨检,并能自然地接受晨检。

(3)能在教师帮助下,将脱掉的外衣放(挂)到指定位置。

(4)能在教师指导下,参与晨间户外晨练活动或室内各种活动。

入园保教基本
常识和各年龄
阶段目标

2)中班幼儿常规

(1)愉快入园,能主动向教师和同伴问好,并与家长告别。

(2)主动接受晨检,并能向保健医生说出自己身体上的不适之处。

(3)学会将脱下的衣物叠放、挂放在指定位置。

(4)主动参加晨间户外晨练活动或室内各种活动,结束时能主动整理玩具或物品。

(5)学习做值日生工作。

3)大班幼儿常规

(1)衣着整洁,按要求带齐当日自己所需的生活和学习用品,按时愉快来园,能主动热情地向教师及同伴问好,有礼貌地与家长告别。

(2)主动而愉快地接受晨检,身体不适时能告诉保健医生或教师。

(3)能独立地脱下外套等衣物,整齐叠放、挂放在指定位置。

(4)自由、主动地参与晨间各种游戏和活动,活动结束时能迅速整理好玩具或物品。

(5)主动、认真地做好值日生工作(如擦桌椅、分发餐具、照料自然角、检查物品整理情况等)。

#### 2. 教师常规

(1)情绪愉快、精神饱满、态度热情地接待每一位幼儿与家长,并主动问"早"问"好",不能只关注少数家长与幼儿。

(2)关注和安慰情绪不好的幼儿,教师应以真心、真情、耐心地与幼儿互动,要用关爱的语言和亲切的拥抱、抚摸等行为,与幼儿逐渐建立新的依恋关系,增进师幼感情。

(3)与家长、幼儿进行简短的交流,及时了解幼儿在家身体、情绪等状况和家长的需

求，进行入班二次晨检（图2-3-1-1），做好幼儿药品的记录工作，查看家长带来的接送卡和晨检牌，并有计划地与个别幼儿家长交谈。

（4）鼓励幼儿独立将自己的物品归放整齐，查看幼儿是否携带不安全的物品。

（5）安排丰富多彩的晨间活动，可以组织幼儿开展晨练、观察、区角、值日、自主游戏等活动。各类游戏和玩具材料应让幼儿自由选择，做好指导工作。晨间活动不宜组织全班集体活动。

（6）指导中、大班幼儿的值日生工作，引导幼儿做好管理自然角、整理玩具柜、写气象日记、擦桌子、分发餐具等工作。

（7）清点幼儿出勤情况，并做好记录。

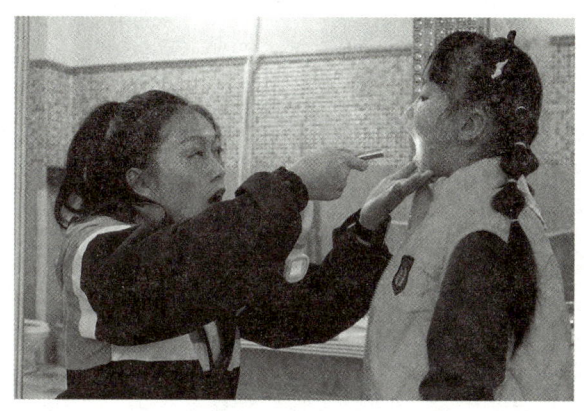

图2-3-1-1　入班二次晨检

### 3. 保育员常规

（1）做好接待幼儿的准备工作，活动室要开窗通风，保持空气新鲜。根据季节提前做好防寒保暖、防暑降温工作。

（2）做好活动室窗台、桌面等日常清洁消毒工作。

（3）协助教师做好幼儿、家长的接待工作。

（4）做好餐前准备工作，用肥皂洗手，准备好餐具及摆放餐具的工作台，指导幼儿的值日生工作。

（5）备好当日足量、安全、温度适宜的饮用水。

### 4. 家长常规

（1）为幼儿穿着整洁、舒适、便于活动的服装和鞋。按要求提醒幼儿带齐当日所需的生活和学习用品，确保幼儿不带危险物品入园。

（2）家长自身穿着整洁，行为文明，不在幼儿园内吐痰、吸烟、乱扔纸屑等。

（3）按时送幼儿入园，主动让幼儿接受保健医生的晨间检查，主动向保健医生和当班教师报告幼儿的特殊情况，尤其是身体不适的状况。

（4）与本班教师交接接送卡和晨检牌后方可离园。

（5）若需委托幼儿园喂药，应主动填写好委托服药登记表（服药者姓名、性别、年龄、班级、药品名称、服药计量、服药方法），交保健医生或幼儿所在班级保教人员。

## （二）入园安全管理

（1）教师要提醒幼儿先洗手后入班，以防止幼儿将细菌带入园中。

（2）教师要认真检查幼儿的口袋、书包。看看幼儿有没有带危险物品在身上，收到这些危险物品之后，要及时告知家长其危害，让家长有警惕意识，树立"安全工作，检查第一"的意识。

入班晨检六步法

（3）教师要指导幼儿安全地进入活动区。如果是室内活动，要保证幼儿在教师的视线范围内。如果是室外活动，教师要保证幼儿可以安全到达活动场地，避免留下幼儿独自一人。

（4）对于生病的幼儿，教师要格外留心。一方面，教师要向家长咨询患病幼儿的身体状况和服药情况，由幼儿家长亲自填写"服药登记表"并签名。另一方面，教师要随时关注身体不适的幼儿，照顾幼儿按时服药。另外，还要注意设置专门的药品存放箱，将药袋放在幼儿碰不到的地方。

## （三）入园保教配合管理

（1）保教人员在幼儿入园前进行沟通交流，根据前日情况，确定区域观察重点及重点交流的家长。

（2）教师指导并协助保育教师做好班级卫生、消毒及物品摆放等。

入园环节典型问题应对

（3）确定合理站位，教师以接待幼儿和观察活动区为主，保育员灵活站位，既能观察到在活动室游戏的幼儿，又能看到在盥洗室里解便或洗手的幼儿，且同时接待家长。

（4）保教人员密切配合，共同做好幼儿的安抚工作，并抓住教育契机培养幼儿良好的游戏、卫生习惯等。

## 二、离园活动

离园活动往往是教师最容易忽视的环节，而这一环节却是教师、幼儿和家长相互了解、相互交流、相互沟通的良机，也是教师、幼儿和家长相互产生信任、相互传递教育信息、相互达成教育共识的有效时机。组织好离园活动有助于消除家长的后顾之忧，消除幼儿因等待家长产生的焦躁不安等不良情绪。

离园活动常规手指谣

### （一）离园常规管理

**1. 幼儿常规**

1）小班幼儿常规

（1）不跟陌生人走，有安全意识。

（2）能参加简单有趣的游戏活动，进行简单安静的桌面操作活动。

（3）家长来接时能收放好自己的生活用品、玩具，摆放好自己的小椅子。

（4）能找到自己的衣物、鞋子，在家长的帮助下穿戴整齐。

（5）在成人提醒下知道和教师说"再见"。

（6）能向家长简单交流自己当日在幼儿园的生活及活动情况。

2）中班幼儿常规

（1）能参加简单有趣的游戏活动，进行简单安静的桌面操作活动。

（2）在教师的提醒下，家长来接时能收放好自己的生活用品和学习用品、玩具，摆放好自己的小椅子，整理好自己的衣着。

（3）愉快离园，能主动和教师、同伴说"再见"。

（4）能向家长简单交流自己当日在幼儿园的生活及活动情况。

3）大班幼儿常规

（1）能自选离园前的游戏活动，进行简单安静的桌面操作活动。

（2）家长来接时能主动收放好自己的生活和学习用品、玩具等，摆放好自己的小椅子，并能将所玩区域材料摆放整齐。

（3）能主动整理自己的衣着和仪表，将需携带的学习、生活用品规整好并带回家。

（4）愉快离园，能主动和教师、同伴说"再见"。

（5）能向家长交流自己当日在幼儿园的生活及活动情况，并能向家长讲清楚教师布置的各项任务。

## 2. 教师常规

（1）情绪稳定地组织幼儿做好班级的玩具整理、卫生以及幼儿仪表的整理检查工作，提醒幼儿准备好回家所要携带的物品。

（2）组织幼儿做一些阅读、手工等安静的活动，也可以播放音乐、动画片，还可以开展讲故事、让幼儿选择活动区活动等，不能出现让幼儿整齐划一地穿好衣服坐等家长接的现象。

（3）离园前，与幼儿进行简短谈话，引导幼儿一起回顾一天生活，进行安全和礼仪教育，提醒幼儿回家的注意事项。

（4）根据需要向家长介绍幼儿在园情况，与个别家长进行有针对性的交流，及时反馈幼儿在园的异常情况（主要是生病的幼儿、身体不适的幼儿、情绪异常的幼儿、幼儿间的纠纷、幼儿服药情况等），提出希望得到家长配合与支持的要求和具体方法。

（5）当幼儿在园内发生特殊的突发事件时，教师必须第一时间向园领导和有关人员报告，及时、主动地与家长联系，客观地汇报幼儿的相关情况，争取得到家长的理解与配合；同时，保留好相关资料，做好相关记录，认真、妥善地处理善后事宜。

（6）严格执行接送卡制度。家长接送幼儿必须持卡，教师既要认卡，又要认家长，严格确认接送幼儿的家长；遇到陌生人来接幼儿时，必须进行电话或其他可信方式的相关确认。

（7）根据需要，使用小黑板、微信、QQ、家园联系栏等方式，向家长介绍幼儿当日在园情况或通知相关事宜。

（8）主动向家长打招呼，与幼儿、家长告别。

（9）待所有幼儿离园后，做好当日工作总结和次日各项活动的准备工作。

## 3. 保育员常规

（1）及时收拾整理桌面、地面。

（2）提醒并指导幼儿做好班级的玩具、卫生、幼儿仪表的整理检查工作，提醒幼儿准备好回家所要携带的物品。

（3）根据需要与个别家长进行有针对性的交流，及时反馈幼儿在园的异常情况（主要是生病的幼儿、身体不适的幼儿、情绪异常的幼儿、幼儿间的纠纷、幼儿服药情况等），提出希望得到家长配合与支持的要求和具体方法。

（4）做好活动室的清洁工作，当天的垃圾、污物必须当天清除。清洁用具（如扫帚、拖把、抹布等）要专用，每次用完拖把、抹布后都要及时清洁、消毒、干燥保存。

（5）坚持每天半小时用紫外线对活动室、睡眠室消毒一次，消毒时要确定室内无幼儿，不要关闭门窗并做好记录。用红外线、蒸汽等方式对幼儿当日的餐巾、口杯、洗脸巾进行

半小时的消毒工作，消毒后及时将口杯、洗脸巾归位。

（6）幼儿离园后，要做好活动室、寝室、物品材料的整理及清洁消毒工作，做到"六净"：地面、桌椅、门窗、玩具柜、口杯架、毛巾架保持整洁干净。同时，还要关好水、电、门窗。

（7）为第二天的工作做好准备。

### 4. 家长常规

（1）凭接送卡与教师交接幼儿。不能亲自接幼儿的，一定要与班级教师打招呼。

（2）了解幼儿情况有"三看"：一看幼儿园、班级的通知，二看家园联系栏中的信息，三看展示的幼儿活动作品和活动记录。

（3）与幼儿交谈有"三问"：一问幼儿在园最高兴的事情，二问当日的活动情况，三问幼儿园布置需要在家庭中做的事情。

（4）主动与班级教师、保育员交流，了解幼儿在园发展情况，及时反馈幼儿在家情况，并进行教育、行为习惯、心理健康的咨询，针对幼儿存在的问题与教师共同商议有利于幼儿发展的个性化教育措施。

（5）督促检查幼儿衣物用品是否带全，提醒幼儿与教师、同伴告别。

（6）家长接幼儿离园时不在幼儿园长时间逗留，不随意离开幼儿，注意幼儿的安全。自觉遵守幼儿园行为规范，不吸烟、不随地吐痰、不乱扔杂物等，营造并维护良好的幼儿园环境，成为幼儿学习的好榜样。

### （二）离园安全管理

（1）教师必须严格确认接幼儿的家长，如果来接幼儿的是教师不熟悉的人（包括幼儿的亲人），或幼儿表现出犹豫和不情愿的时候，教师一定要谨慎，只有在得到幼儿直接监护人的确认信息后，才能将幼儿交给对方。如果是陌生人代接，需要主班教师与家长电话联系，落实代接人身份，复印代接人有效证件，履行代接手续，留下文字记录。并让幼儿接听家长电话，向幼儿说明家长不能亲自来接的原因，并介绍代接人，减少幼儿的不安全感。

（2）教师要配合家长做好交接工作，对于生病或当天表现异样的幼儿，可向家长作简单的交代。如果幼儿在园期间遭受了意外伤害，无论大小，一定要及时告知家长，并讲明原因，以免造成不必要的误解。

（3）教师确保所有幼儿都已安全离园后再离开，离园之前需要拔下电器插头，并关好门窗。

### （三）离园保教配合管理

（1）教师与保育员沟通幼儿一日生活情况，拟订离园家长沟通内容计划，有计划地与个别家长进行简短交流。

（2）分工协作，有序组织幼儿如厕，整理仪表，扎好每位幼儿的衣裤，检查幼儿身体面部是否有伤痕，有无尿湿或弄湿衣袖，左右脚鞋子是否穿反等离园前准备工作。

（3）主班教师热情接待家长，将幼儿交到家长手中，副班教师和保育员要提醒幼儿带好自己的随身物品，将椅子摆放整齐。三位教师应合理站位，兼顾离园幼儿和未离园幼儿活动，发现矛盾及时处理，确保教室内幼儿的安全。

（4）幼儿全部离园后，与保育员一起做好清洁消毒工作，关闭教室内的水、电、门、窗并锁好门。

模块二 班级一日常规及安全管理

## ★ 步骤二 文献检索

网络平台和图书馆都是同学们拓展自己知识面的有效途径，请同学们自选方式进行入离园班级管理相关知识信息检索，完成信息检索目录清单（任务单 2-3-1-1）。

任务单 2-3-1-1 信息检索目录清单

| 检索平台 | 检索内容 | 推荐指数（最多 5 颗★） |
|---|---|---|
|  |  |  |
|  |  |  |
|  |  |  |
|  |  |  |
|  |  |  |

## ★ 步骤三 方案设计

学生分组见表 2-3-1-1。

表 2-3-1-1 学生分组

| 班级 |  | 组号 |  | 授课教师 |  |
|---|---|---|---|---|---|
| 组长 |  | 学号 |  |  |  |
| 组员 | 姓名 | 学号 | 姓名 | 学号 |  |
|  |  |  |  |  |  |
|  |  |  |  |  |  |
|  |  |  |  |  |  |
| 任务分工 |  |  |  |  |  |

（1）请同学们对以下情境案例进行分析，设计针对该入园情境适宜的保教配合入园班级管理方案，完成任务单 2-3-1-2。

任务单 2-3-1-2 入园班级管理方案制订

| 对点案例 | 聪聪已经是中班的小朋友了。今天，聪聪妈妈送聪聪上幼儿园，聪聪一反常态，总是躲在妈妈身后，就是不愿意进教室 |
|---|---|
| 保教配合入园接待方案 |  |
| 其他同学给我的启示 |  |

· 123 ·

（2）请同学们对以下情景案例进行分析，设计针对该离园情景适宜的保教配合离园班级管理方案，完成任务单 2-3-1-3。

任务单 2-3-1-3　离园班级管理方案制订

| 对点案例 | 冬天里的某天，幼儿离园 5 min 后，丽丽的奶奶拉着丽丽冲进班里就大声说道："你是怎么当老师的？我孙女的裤子都尿湿了半天了，你都不给换，天气这么冷……"丽丽的奶奶涨红了脸，情绪很激动 |
|---|---|
| 保教配合离园接待方案 | |
| 其他同学给我的启示 | |

## ★ 步骤四　教学模拟

（1）以小组为单位对任务单 2-3-1-2 进行方案讨论，形成最优方案。小组成员模拟幼儿园"两教一保"进行入园活动保教配合管理模拟操作，待完成模拟操作后，总结保教配合过程中的优点与不足，完成任务单 2-3-1-4。

任务单 2-3-1-4　入园活动保教配合管理模拟练习总结

| 优点 | 不足 |
|---|---|
|  |  |

（2）以小组为单位对任务单 2-3-1-3 进行方案讨论，形成最优方案。小组成员模拟幼儿园"两教一保"进行离园活动保教配合管理模拟操作，待完成模拟操作后，总结保教配合过程中优点与不足，完成任务单 2-3-1-5。

任务单 2-3-1-5　离园活动保教配合管理模拟练习总结

| 优点 | 不足 |
|---|---|
|  |  |

模块二　班级一日常规及安全管理

【任务评价】

说明：

（1）任务评价包括自我评价、小组评价和教师评价，评价时要结合相应要点。

（2）小组评价由组长负责组织，并结合小组成员的意见。

（3）总得分计算至小数点后第二位。

按照说明完成任务评价表（任务单2-3-1-6）。

任务单2-3-1-6　任务评价表

| 班级 | | 姓名 | | 学号 | | |
|---|---|---|---|---|---|---|
| 组名 | | 验收组长 | | 年　月　日 | | |
| 文档验收清单 | | 任务单2-3-1-2、任务单2-3-1-3、任务单2-3-1-4、任务单2-3-1-5 | | | | |
| | | 任务单2-3-1-1、包含5份检索文献的目录清单 | | | | |
| 评价内容 | | 评价要点 | 分值 | 自我评价（20%） | 小组评价（30%） | 教师评价（50%） |
| 专业知识（60%） | 入园常规管理 | 能说出幼儿、教师、保育员、家长入园常规要求（每项不少于3点） | 5 | | | |
| | 离园常规管理 | 能说出幼儿、教师、保育员、家长离园常规要求（每项不少于3点） | 5 | | | |
| | 入园安全管理 | 能说出入园安全管理要点（不少于3点） | 5 | | | |
| | 离园安全管理 | 能说出离园安全管理要点（不少于3点） | 5 | | | |
| | 入园保教配合管理 | 能对指定案例进行分析，制订针对该案例的、适宜的入园活动保教配合管理方案，并能与小组成员分角色进行模拟练学 | 20 | | | |
| | 离园保教配合管理 | 能对指定案例进行分析，制订针对该案例的、适宜的离园活动保教配合管理方案，并能与小组成员分角色进行模拟练学 | 20 | | | |

续表

| 班级 | | 姓名 | | 学号 | | |
|---|---|---|---|---|---|---|
| 个人素养（40%） | 专业精神与学习能力 | 在学习中获得满足感，对课堂生活的认同感；积极投入专业学习；不断总结与反思 | 10 | | | |
| | 参与态度、沟通合作与表达能力 | 积极主动与教师、同学交流，相互尊重、理解、平等；与教师、同学之间能够保持多向、丰富、适宜的信息交流 | 10 | | | |
| | 问题解决能力 | 分析问题逻辑清晰；善于质疑，勇于创新 | 10 | | | |
| | 信息检索与处理能力 | 能有效利用网络、图书资源查找有用的相关信息等；能将查到的信息有效地传递到学习中 | 10 | | | |
| 总分 | | | 100 | | | |

# 任务二　过渡环节活动管理

## 【任务描述】

(1) 信息检索，自主拓展查阅资料，学习幼儿园班级过渡环节活动管理专业知识。

(2) 收集民间传统小游戏，进行分类整理。

(3) 创新民间游戏，有选择地适用于制订消除大、中、小班过渡环节消极等待的管理方案，模拟实施方案。

## 【任务目标】

(1) 理解过渡环节的教育意义。

(2) 掌握大、中、小班过渡环节活动管理组织实施要点。

(3) 掌握科学组织过渡环节的策略。

## 【任务重点】

(1) 掌握大、中、小班过渡环节活动管理组织实施要点。

(2) 掌握科学组织过渡环节的策略。

## 【任务难点】

分析一日生活中不同过渡环节活动实施策略，能选择适宜的民间传统游戏运用到过渡环节管理。

## 【任务准备】

(1) 知识准备：大、中、小班过渡环节活动管理组织实施要点；科学组织过渡环节的策略。

(2) 活动准备：收集、分类民间传统小游戏，民间传统游戏教具、玩具，不同颜色的笔、笔记本、手机、模拟幼儿园班级实训室。

## 【任务实施】

说明：

(1) 对于每一环节，各成员先自行完成，然后开展小组讨论。

(2) 每一环节的讨论结束后，各成员应结合小组其他成员提出的建议，进行相应内容的修改。

### ★ 步骤一　知识梳理

幼儿园的一日活动包括生活环节、学习活动环节、户外活动环节、游戏活动环节等，而在这些环节之间用于转换的环节称为"过渡环节"。"过渡环节"是一日各活动中的"驿站"，它既是非正式的、轻松自由的活动环节，也是最能看出一个幼儿班级的日常管理状态和班级安全管理水平的环节。

观察当前幼儿园一日生活过渡环节活动的现状可以发现，对于过渡环节的教育价值，并非所有幼教工作者均能意识到。而且，现有的幼儿教师在职前和职后培训中也较为缺乏与该环节相关的内容。幼儿一日过渡环节的管理是教师最累最辛苦的工作，但成效却并不显著，而且这些环节往往也是安全隐患最多、班级最混乱、教师心理最疲劳以及教育失误最多的时候。因此，优化过渡环节，科学、合理地安排好幼儿的过渡环节，使师幼之间形成良好互动，让幼儿在轻松、愉快、自然的氛围下紧凑地进入下一个活动，既是科学地组织一日生活、促进幼儿的身心健康发展的重要保障，也能充分体现出幼儿教师的专业素养。

## 一、过渡环节的教育价值

幼儿园一日生活中的各个活动之间是相互联系、相互承接的，只有让各项活动之间合理地衔接和过渡，才能使一日生活组织得自然、紧凑和流畅。若要优化过渡环节，首先便要充分认识其教育价值。

### （一）有利于幼儿发挥潜力并增强自主意识

具有一定时间长度的过渡环节，能够为幼儿提供个性化活动方式，让他们有机会按照自己的节奏活动，而且还能有相对较宽裕的时间安排自己的事情。

### （二）有利于幼儿稳定情绪并减少攻击性行为

平和、有序的过渡环节，有助于稳定幼儿的情绪。比如，可以开展以趣味内容为主的体育游戏、讲故事和情景表演等幼儿喜爱参与的活动，使一些幼儿的消极情绪得到缓解和释放，这样可以减少同伴间的冲突和争执，避免班级出现混乱的现象。

### （三）有利于幼儿遵守常规并养成良好的行为习惯

《幼儿园教育指导纲要》中明确指出："幼儿园日常生活组织要从实际出发，建立必要的常规，坚持一贯性、一致性和灵活性的原则，培养幼儿的习惯和初步的生活自理能力。"学前期正是幼儿养成良好生活习惯的关键时期，幼儿园的每个活动环节中都存在着一定的常规教育契机。

### （四）有利于教师完善计划及开展随机教育

幼儿园一日生活各个环节是紧密相关、共同为幼儿发展服务的；而后一个活动常常是前一个活动的延伸、扩展或总结。如果教师在前一个活动中发现自己的教育存在一些问题，未能充分满足幼儿的探究兴趣，就可以在过渡环节中设计一些灵活的小游戏展开随机教育，以解决之前产生的问题，让幼儿更有重点、有针对性地为接下来的活动积累必要的经验。

### （五）有利于和谐师幼关系，促进班级良好生活和学习氛围的形成

幼儿在过渡环节中可以继续参与上一个活动的未完成任务，或者继续探索他们感到困惑的问题。教师从中能发现更多机会，对幼儿进行个别指导。

## 二、各年龄段班级过渡环节管理组织实施要点

在幼儿园一日生活中，有经验的教师对过渡环节的组织，由原来的无目的逐渐向有目

模块二　班级一日常规及安全管理

的、有计划转变。作为幼儿教师，如何针对不同年龄班幼儿的年龄特点、活动方式以及一日作息安排，来合理组织过渡环节呢？

## （一）小班过渡要"自由"

### 1. 满足情感需要

小班幼儿刚刚从家庭走向幼儿园，在情感上还比较依恋成人。在教师组织的集体活动中，幼儿想与教师单独进行亲密接触的情感需要往往不能得到满足。因此，小班过渡环节在功能上较中大班来说，增加了和教师进行亲密接触的作用。了解了幼儿的情感需要，教师在幼儿如厕、洗手、喝水、穿衣等生活活动中，要主动和幼儿进行亲密接触，搂一搂、抱一抱、摸摸头、拉拉手，也可以利用帮幼儿掖裤子的机会和他说说悄悄话，利用帮幼儿穿衣服的机会说一些鼓励的话。

### 2. 创设游戏情境

小班幼儿的思维方式属于直觉行动思维，他们的理解力往往是比较直接的、表面的、具体形象的，和他们具体的动作和行为相关。因此，教师可以将枯燥的过渡环节要求转化成有意思的游戏情境，让幼儿在游戏中边玩边进行生活活动。例如，在喝水环节，教师可以创设给小汽车加油的情境，引导幼儿用喝水的方式给自己加油，使喝白开水变得有趣。

教师幼儿共同游戏的过渡环节能让小班幼儿感到很轻松、很舒适，达到了过渡环节放松心情的目的，为下一环节活动做好了准备。

## （二）中班过渡要"自觉"

### 1. 自己制订规则

4~5岁是幼儿规则意识形成的关键期，教师可以利用过渡环节宽松自由的氛围，引导幼儿自己制订过渡环节规则，帮助幼儿建立自觉的规则意识和能力。例如，对于如厕洗手的要求，就可以和幼儿共同讨论，发现问题、制订规则。在讨论中，幼儿发现如厕的时候总有小朋友抢厕位，便提出可以在每个厕位前的地上画一条线，就像在银行看到过的"一米线"，等待上厕所的幼儿就可以站在线后边排队；还有的幼儿发现取外套时，总有幼儿在放衣服的柜子前扎堆儿并被推倒，经过讨论大家认为，可以选出做事情又快又好的幼儿，帮忙把大家的衣服提前放到桌子上，这样，大家就可以先看到自己的衣服再去取，于是就不会扎堆儿了。

### 2. 发挥同伴作用

中班幼儿已经能够关注到自身以外的同伴活动了，因此过渡环节可以有效发挥同伴相互监督、学习的作用。例如，设置"小小监督岗"，推选"小小监督员"，让对幼儿的监督检查成为他们自己的事情。监督的幼儿认真负责，被监督的幼儿也愿意做得更好来接受监督，有效促进了过渡环节常规要求的落实和坚持。除了监督，教师还可以为幼儿提供促进同伴交往的游戏和材料，如翻绳、拔根、手指偶等游戏，为幼儿创设同伴之间交往和学习的机会，发挥同伴作用，促进幼儿共同进步。

"自觉"的过渡环节，使中班幼儿具备良好的规则意识和能力，使良好习惯成为幼儿的自觉行为，有助于其长远发展。

· 129 ·

## （三）大班过渡要"自主"

### 1. 按需自主调整

随着大班幼儿自我管理、自主活动能力的提高，过渡环节的次数可以较中、小班幼儿少一些。例如，区角活动结束后准备集体教学活动时，不必要增加过渡环节，大班幼儿可以在活动区游戏过程中根据自己的需要进行如厕、喝水等生活活动，这样就避免了不必要的集体活动时间和对时间造成的隐性浪费。

大班幼儿经过小、中班的学习生活，已经开始适应更长时间的自我管理。因此，大班幼儿的过渡环节完全可以让幼儿根据自己的需要自主安排活动内容和顺序，从中发现规律并总结经验。例如，教学活动与户外活动之间大约 15 min 的过渡环节，幼儿先共同讨论，总结出哪些事是过渡环节必须做的，哪些事是自己想做的，哪些事是需要和好朋友一起做的。在实际活动中，幼儿就能知道：必须做的事先做；需要排队做的事稍后做；需要和朋友共同做的事，商量好时间再做；自己想做的事有时间就做。这样，我们看到的大班过渡环节就是每个孩子都在有目的地做自己的事，忙而不乱。

### 2. 丰富过渡内容

随着大班幼儿各种能力的增强，过渡环节的内容也可以更加丰富，除了必要的生活活动之外，还可以有一些自主的活动，如有的幼儿在活动区有未完成的作品，可以利用过渡环节按需进行。也可以设计一些班级公共服务活动，让幼儿自主选择，如打扫自然角、参与环境创设等。

## 三、科学组织过渡环节的策略

科学组织过渡环节，需要执行"双减"策略：其一，教师首先应根据幼儿的发展需求和教育目标，判断哪些是必要的环节，删减不必要的环节；其二，减少和消除不必要的"消极等待"现象。要尊重幼儿的主体性，充分挖掘过渡环节的教育资源，合理组织环节内容。可以从以下三个方面入手。

### （一）重视过渡环节中的保教结合，做到分工明确、兼顾彼此

建立科学合理的保教理念是优化过渡环节的前提。无论是教师还是保育员，都要重视贯彻"保教结合"的精神，做到分工明确、兼顾彼此。例如，分点心时，带班教师负责活动室内的工作，保育员则关注盥洗室中幼儿的洗手秩序，指导幼儿正确洗手、如厕等；幼儿吃点心的过程中，带班教师和保育员都要灵活渗透对幼儿良好进餐行为的教育，关注个别幼儿的进餐表现；当幼儿吃完点心后，保育员引导他们有序进行饮水、漱口、去图书区阅读，自己则迅速做好桌面、地板的清洁工作等，协助带班教师做好下一个活动的准备工作。合理安排不仅能提高过渡环节的效率，还能提高教育者应对过渡环节突发事件的能力。对此，教师和保育员需要多了解和熟悉对方的工作，才能在过渡环节中更好地配合，以支持幼儿的发展。

### （二）丰富过渡环节的内容和形式，避免让幼儿消极等待

在组织过渡环节时，教师要注重制订活动节奏合理、有规则、科学的内容，尊重幼

的个体差异性。过渡环节中的节奏应该由教师安排转换为幼儿自主调节,要为幼儿多提供自主选择活动的机会,如玩手指游戏、做手工、参与环境创设、欣赏美术作品等多种方式,这样既能让幼儿在活动中情绪愉快,也能避免消极等待现象的发生。

为了提高幼儿在过渡环节的活动效率,教师可以在前一个活动的结束部分,有意识地投放一些开放性的、低结构的材料,引导幼儿在操作材料中自然过渡到下一个环节的活动中。这种做法可以使幼儿拥有更多自主安排和分配的时间,有助于营造宽松的环境,促进幼儿自主意识、自律能力及良好行为习惯的形成。在幼儿自主活动的过程中,教师要细心观察,善于捕捉教育契机,为幼儿提供支持和必要的引导。

### (三)注重评价和榜样的力量,促进幼儿良好行为规范的养成

学前期是个体模仿能力最强的时期。此时期,家长、教师、同伴的行为方式都会对幼儿产生很大的影响。但是,教育者的教育作用只是外因,幼儿只有内化知识,巩固经验,才能实现良好的学习效果。因此,教师要在过渡环节中充分发挥幼儿的主体性,注重同伴帮带和榜样的力量,还给幼儿一片自由的天空。这就需要发挥评价的力量进行引导和督促,比如,以同伴互评对幼儿在过渡环节的表现情况进行评价,适时对一些幼儿的良好行为给予表扬和鼓励。通过树立榜样来强化个别幼儿的正确行为,这样可以对班级中的其他幼儿起到一定的示范和引导作用。也就是说,形式多样而富有自主性的过渡环节让幼儿有机会更多体验遵守常规和养成良好行为习惯的重要性,也有助于增强幼儿在一日活动中的主体意识。

幼儿园一日生活皆教育,过渡环节具有独特的教育价值,教师要充分利用好过渡环节,根据不同幼儿的年龄特点、学习方式和作息时间,巧妙设计过渡环节的内容和形式,将教育目的蕴含其中,既关注幼儿身体和活动的过渡,也关注幼儿心理的过渡,真正实现过渡环节衔接转换的作用。

## ★步骤二 文献检索

网络平台和图书馆都是同学们拓展自己知识面的有效途径,请同学们自选方式进行过渡环节管理相关知识信息检索,完成信息检索目录清单(任务单2-3-2-1)。

任务单2-3-2-1 信息检索目录清单

| 检索平台 | 检索内容 | 推荐指数(最多5颗★) |
|---|---|---|
|  |  |  |
|  |  |  |
|  |  |  |
|  |  |  |
|  |  |  |

## ★步骤三 合作探究

学生分组见表2-3-2-1。

表 2-3-2-1　学生分组

| 班级 | | | 组号 | | 授课教师 | |
|---|---|---|---|---|---|---|
| 组长 | | | 学号 | | | |
| 组员 | 姓名 | 学号 | | 姓名 | | 学号 |
| | | | | | | |
| | | | | | | |
| | | | | | | |
| 任务分工 | | | | | | |

（1）请同学们收集整理适合用于班级过渡环节管理的民间传统小游戏，完成任务单 2-3-2-2。

任务单 2-3-2-2　民间传统小游戏收集整理

| 游戏分类 | 童谣小游戏 | 桌面小游戏 | 手指小游戏 | 体育小游戏 |
|---|---|---|---|---|
| 游戏名称 | | | | |
| | | | | |
| | | | | |
| | | | | |

（2）以小组为单位进行讨论，制订运用民间传统游戏减少过渡环节消极等待的方案，完成任务单 2-3-2-3。

任务单 2-3-2-3　运用民间传统游戏减少过渡环节消极等待的方案

| 班级 | 环节 | 组织形式 | 游戏名称 | 玩法 | 传承与创新 | 教育价值 |
|---|---|---|---|---|---|---|
| （　）班 | （　）过渡到（　） | | | | | |
| 其他同学给我的启示 | | | | | | |

## ★ 步骤四　教学模拟

以小组为单位对任务单 2-3-2-3 进行方案讨论，形成最优方案。小组成员模拟幼儿园"两教一保"进行过渡环节保教配合管理模拟操作。完成模拟操作后，总结保教配合过程中的优点与不足，完成任务单 2-3-2-4。

任务单 2-3-2-4　过渡环节保教配合中的优点与不足

| 优点 | 不足 |
| --- | --- |
|  |  |

## ★ 步骤五　展示赏学

推荐两组同学分别对任务单 2-3-2-3 进行小组最优模拟实训汇报。小组成员按照优化后的保教配合过渡环节管理方案进行模拟展示，其他组同学认真观摩并点评，个人结合小组展示情况，反思总结自己的方案设计，完成任务单 2-3-2-5。

任务单 2-3-2-5　过渡环节管理展示赏学反思总结

| 反思 | 总结 |
| --- | --- |
|  |  |

【任务评价】

说明：
（1）任务评价包括自我评价、小组评价和教师评价，评价时要结合相应要点。
（2）小组评价由组长负责组织，并结合小组成员的意见。
（3）总得分计算至小数点后第二位。
按照说明完成任务评价表（任务单 2-3-2-6）。

### 任务单 2-3-2-6  任务评价表

| 班级 | | 姓名 | | 学号 | | |
|---|---|---|---|---|---|---|
| 组名 | | 验收组长 | | 年　月　日 | | |
| 文档验收清单 | | 被评价人完成的任务单 2-3-2-2、任务单 2-3-2-3、任务单 2-3-2-4、任务单 2-3-2-5 | | | | |
| | | 被评价人完成的任务单 2-3-2-1，包含 5 份检索文献的目录清单 | | | | |
| 评价内容 | | 评价要点 | 分值 | 自我评价（20%） | 小组评价（30%） | 教师评价（50%） |
| 专业知识（60%） | 过渡环节的教育意义 | 能说出过渡环节的教育意义（不少于 5 点） | 10 | | | |
| | 大、中、小班过渡环节管理组织实施要点 | 能分别说出大、中、小班过渡环节管理组织实施要点（每个年龄段分别简述） | 10 | | | |
| | 科学组织过渡环节的策略 | 能说出科学组织过渡环节的策略（不少于 3 点） | 10 | | | |
| | 运用民间传统游戏保教配合进行过渡环节管理 | 能选择适宜的民间传统游戏用于制订不同班级、不同环节中的过渡环节管理方案，并能与小组成员分角色进行模拟练习 | 30 | | | |
| 个人素养（40%） | 专业精神与学习能力 | 能在学习中获得满足感，对课堂生活的认同感；积极投入专业学习；不断总结与反思 | 10 | | | |
| | 参与态度、沟通合作与表达能力 | 积极主动与教师、同学交流，相互尊重、理解、平等；与教师、同学之间能够保持多向、丰富、适宜的信息交流 | 10 | | | |
| | 问题解决能力 | 分析问题时逻辑清晰；善于质疑，勇于创新 | 10 | | | |
| | 信息检索与处理能力 | 能有效利用网络、图书资源查找有用的相关信息等；能将查到的信息有效地传递到学习中 | 10 | | | |
| 总分 | | | 100 | | | |

模块二 班级一日常规及安全管理

# 知识拓展　改善新入园幼儿分离焦虑认知

【任务描述】

(1) 分析案例中新入园幼儿分离焦虑行为表现，设计改善该幼儿分离焦虑的策略方案。

(2) 制订改善新入园幼儿分离焦虑的新生入园计划。

【任务目标】

(1) 了解新入园幼儿分离焦虑的主要行为表现。

(2) 理解新入园幼儿分离焦虑原因。

(3) 掌握改善新入园幼儿分离焦虑策略。

【任务重点】

掌握改善新入园幼儿分离焦虑策略。

【任务难点】

分析案例中新入园幼儿分离焦虑行为表现，设计改善该幼儿分离焦虑的策略方案。

【任务准备】

(1) 知识准备：新入园幼儿分离焦虑的主要行为表现，新入园幼儿分离焦虑原因，改善新入园幼儿分离焦虑策略。

(2) 活动准备：不同颜色的笔、笔记本、手机、班级模拟实训室。

【任务实施】

说明：

(1) 对于每一环节，各成员先自行完成，然后开展小组讨论。

(2) 每一环节的讨论结束后，各成员应结合小组其他成员提出的建议，进行相应内容的修改。

## ★ 步骤一　知识梳理

分离焦虑是指个体与依恋对象或者家庭分离后，对陌生环境和陌生人所产生的不安感和害怕的反应。分离焦虑在人生的每一个阶段都可能发生，幼儿刚进入幼儿园时就是最容易发生分离焦虑的阶段之一。在进入幼儿园前，幼儿很少离开父母和家庭，因此，其在独自一人面对不熟悉的环境和人群时，往往会产生与父母分离的焦虑感，从而表现出身体和心理上的各种不适。家长和教师要重视这一问题，帮助幼儿克服焦虑心理。

### 一、幼儿分离焦虑的主要行为表现

#### （一）抗拒性行为

抗拒性行为一般发生在父母送幼儿入园的时候，主要包括入园时幼儿的哭喊、不愿意进入幼儿园以及在地上打滚等。例如，当父母把幼儿送入园后准备离开时，幼儿会产生抗

· 135 ·

拒心理，拽住父母衣角哭喊，不让父母离开，或者当父母强制离开之后坐在地上大声哭喊"我要回去""我不要上幼儿园""我要妈妈"等。

### （二）反常性行为

反常性行为一般发生在与父母分离之后，主要包括幼儿不正常吃饭、不午睡、尿裤子、反复说同样的话、独自游戏、默坐甚至不愿意进入教室等行为。例如，一名幼儿的表现是一直不愿意进入教室，而当教师带他进入教室后，他又会趁教师不注意跑出教室，并在幼儿园门口坐着。询问幼儿后得知，其要坐在门口等妈妈，担心妈妈来接他的时候找不到他。幼儿的这种反常性行为体现了幼儿的分离焦虑。

### （三）依赖性行为

依赖性行为发生在父母离园之后，主要包括幼儿随时都要携带熟悉的物品或者一直跟着教师。幼儿把对父母的依恋感转换到了教师和其他熟悉的东西上，而且当自己所携带的物品被其他幼儿拿走的时候，他就会非常生气。从上述的行为表现中可以看出，幼儿的分离焦虑对其身心健康是有深远影响的。

## 二、幼儿分离焦虑原因分析

### （一）幼儿自身因素

**1. 幼儿的个性特点**

幼儿在进入幼儿园之后，人际交往的对象从父母扩大到了教师和同伴。不同性格的幼儿与外界交往时的适应能力不同。对于乐观开朗的幼儿来说，其比较容易接受新的事物，能够在新的人际交往中建立起与他人的良好关系；对于胆小、内向的幼儿来说，其不愿意参与各种活动，经常保持沉默，很难适应新的环境，无法与教师和同伴建立亲密关系，从而产生分离焦虑。

**2. 幼儿的自理能力不强**

生活习惯和行为规律上的改变，是新入园的幼儿面对的挑战之一。幼儿在家中有父母或者其他长辈包办一切，受到的照顾是无微不至的。但进入幼儿园后，幼儿就要开始进行基本的生活自理，对一切都不熟练的幼儿，很容易在幼儿园中因为挫败感产生自卑。例如，一名上了几天幼儿园的幼儿突然就不愿意上幼儿园了，而且每次到了幼儿园门口都不愿意进去，还会大声喊："我不要一个人上幼儿园，我要妈妈陪着我。"教师耐心询问该幼儿，他回答："我不会自己脱衣服，吃饭也总是比别的幼儿慢，我总是最后一名。"生活自理能力的缺失使该幼儿对上幼儿园产生了紧张感和不安感，导致其想让妈妈陪同，帮助自己完成那些做不好的事情。因此，自理能力不强也会让幼儿对幼儿园有抵触心理，从而产生分离焦虑。

**3. 幼儿的已有经验**

幼儿的已有经验是指幼儿对幼儿园生活的已有认知和托班经验。心理学家阿诺德认为，个体的情绪与个体对客观事物的评价有关，外界环境的影响要经过人的评价与估量才能产生影响。因此，幼儿在入园之前，对幼儿园产生的认知就会直接影响幼儿的心理。例如，有些父母经常会用"不听话就把你关进幼儿园"之类的话语恐吓幼儿，这就在无形之中让幼儿产生了对幼儿园的畏惧心理，从而导致幼儿产生分离焦虑。茅于燕认为，一个在进入幼儿园之前没有过入托经验的幼儿更容易产生焦虑感。幼儿在托班中已经提前适应了一部分的幼儿园生活，获得了一部分的生活经验，所以在进入幼儿园之后，焦虑感相对较低。

### （二）家长因素

#### 1. 家长不恰当的教养方式

当今时代，部分幼儿的生活自理能力较差，家长的溺爱又使其形成了以自我为中心的性格。这部分幼儿在与同伴交往的过程中，很容易发生冲突，造成心理紧张感。由此可见，家长的教养方式在幼儿的成长道路上起到关键作用。

#### 2. 家长的过度焦虑

家长和幼儿两者之间的依恋是相互的，家长也有焦虑心理。家长作为幼儿的直接影响者，其情绪情感影响着幼儿的心理变化。家长的分离焦虑情绪主要有二：一是担心幼儿无法照顾自己，会一直哭泣、不好好吃饭等；二是对幼儿的期望，顾虑幼儿能否回答问题、自己完成自己的事情等。出于这些担心，家长在送幼儿入园时就会出现迟迟不肯离开或者中途又重新返回幼儿园的情况，还有部分家长在接幼儿回家时会不断向幼儿询问"有没有自己完成自己的事情""有没有认真听老师讲课""有没有其他小朋友欺负你"等。听到家长的担心询问后，原本已经慢慢适应的幼儿可能又会因此产生分离焦虑，出现哭泣和吵闹等现象。

### （三）教师因素

#### 1. 教师对待幼儿态度过于严厉

和蔼可亲的教师会自动拉近与幼儿的关系，减少幼儿突然来到陌生环境的恐慌，而对幼儿比较严厉的教师则很容易让幼儿产生恐惧感，对新的环境更加不适应，从而产生不安的情绪，导致本来就不想上幼儿园的幼儿更加抗拒进入幼儿园。

#### 2. 教师的处理方式不当

初次来到幼儿园的幼儿，或多或少都会产生一些焦虑感，这时，教师的教育方式就显得尤为重要。有些教师因为缺乏相关经验，面对幼儿的负面情绪容易因不耐烦而大声吼叫。幼儿在没有得到关爱的情况下，会产生不安和无助的心理，导致其之后不愿意上幼儿园。

## 三、改善新入园幼儿分离焦虑策略

### （一）教师方面

#### 1. 环境创设，消除"陌生环境焦虑"

将幼儿班级活动室尽量布置成和家庭相似的环境，如色彩应是暖色、柔和的，可投入一些软性的家具和材料，为幼儿提供放置个人物品的空间等。

新入园幼儿常规建立

#### 2. 家访，消除"陌生人焦虑"

班级教师应尽可能到每个幼儿家中家访，一方面，要了解幼儿的家庭环境、生活习惯、兴趣爱好、个性特点、父母教养以及他们的育儿观点，以方便制订有针对性的保教方案；另一方面是与幼儿认识并熟悉，这样做的目的是使幼儿入园后能尽快与教师建立起积极的

情感关系，用新的"师生依恋"代替原有的"亲子依恋"，从而减少幼儿的入园适应困难。

**3. 提前召开新生家长会，让家长了解"分离焦虑"**

通过新生家长会，提前让家长了解幼儿分离焦虑的种种现象及应对措施（如为幼儿准备心爱的玩具和物品陪伴入园）。提前发放幼儿园作息安排表，以便家长在家培养幼儿，适应幼儿园的作息时间，并指导家长在家里培养幼儿具备最基本的生活自理能力。

**4. 邀请家长、幼儿入园参观，熟悉环境**

幼儿入园前，邀请家长陪伴幼儿参观幼儿园，了解幼儿园班级室内外环境、幼儿的一日活动及户外的各种玩具等，让幼儿获得有关幼儿园的直接经验；同时，还要认识班上的教师，对教师产生亲切感和信任感。

**5. 开设入园衔接预备班**

利用假期开设入园新生衔接预备班，请家长和孩子每日半天共同在园活动与学习 1~2 周，从而延长适应过渡期。

**6. 渐进式入园法，缩短幼儿入园适应期**

将幼儿分批、分段入园。在了解幼儿个性、生活自理能力等方面的基础上，将幼儿分成 A、B、C 三组。A 组的幼儿独立性与生活自理能力较强；B 组的幼儿独立性与生活自理能力一般；C 组的幼儿依赖性强，独立性与生活自理能力较弱。第一天，A 组幼儿入园，教师能够顾及每位幼儿，尽快与他们建立新的依恋关系；第二天，AB 两组幼儿同时入园，教师重点照顾 B 组幼儿并引导 A 组幼儿学着照顾 B 组幼儿；第三天，全体幼儿入园，教师重点照顾 C 组幼儿，引导 A、B 两组幼儿照顾 C 组幼儿。

**7. 尽快建立新的、稳定的依恋关系**

（1）教师要始终在幼儿身旁悉心照料，让幼儿感到老师时刻都在。

（2）幼儿早期触觉较为敏感，多与幼儿肌肤相亲，幼儿会对教师产生依恋感和亲切感。

（3）用温柔、亲切的语言劝导幼儿，绝不能用严厉、恶狠狠的语言恐吓。

（4）幼儿刚入园期间，尽量不要给幼儿设立过多的规则，给幼儿一个适应期。

（5）给予幼儿鼓励及良好的评价，以激发他们的内在动机。

**8. 开展丰富多彩的活动**

（1）"以大带小"的活动可以让小班幼儿充分感受到小哥哥小姐姐们的关爱，让他们结识更多的朋友，与异龄同伴产生积极的亲近感与依恋感，可为其尽快适应幼儿园生活奠定良好的情感基础。

（2）投放趣味性强的、动态的玩具和材料，可以引起幼儿的兴趣，转移幼儿的注意力。

（3）开展室内的区角游戏、教学活动，户外体育游戏等丰富多彩的活动。

**9. 提高幼儿生活自理能力**

运用儿歌及游戏，引导幼儿学习一些简单的生活技能，培养初步的自我服务、自我照料的能力。

**10. 提高教师解决问题的能力**

为有效应对幼儿的分离焦虑，新教师应积极向有经验的教师虚心请教，并多查阅分离焦虑方面的书籍，从而加深对幼儿分离焦虑的认识，提高缓解幼儿分离焦虑的技能。

模块二 班级一日常规及安全管理

## （二）家长方面

### 1. 树立正确的教育观念，培养幼儿的独立自理能力

家长自身要树立正确的教育观念，不能一味地宠爱幼儿。家长平时要多学习育儿方面的知识，学会用科学的教育方式培养幼儿的各方面能力，如教会幼儿独立使用厕所或者洗漱等，提前让幼儿学会自理，增强幼儿的独立能力，从而在一定程度上缓解分离焦虑。

### 2. 妥善处理自身的不安情绪

家长在面对幼儿的时候，一定要树立积极乐观的情绪，不要在幼儿面前表现出过多的担忧。在把幼儿送到幼儿园之后，家长要果断离开，不要在门外反复逗留，更不要中途再返回查看情况。家长在接送幼儿放学时，要避免询问幼儿一些充满担忧的问题，如"在幼儿园有没有被欺负"等，要给幼儿正向的引导和积极的暗示，如"今天有什么开心的事呀？""在幼儿园玩了什么好玩的游戏"等。无论幼儿在幼儿园的表现如何，家长都要充分肯定幼儿的成长和突破，促使幼儿产生成就感，树立自信心，从而缓解分离焦虑。

### 3. 做好入园前准备

在入园前几个月，家长可以借助绘本阅读、实地考察等形式帮助幼儿了解幼儿园，也可以引导幼儿学习如何与不同的幼儿相处，还可以让幼儿提前适应幼儿园的生活作息表，以减少幼儿园陌生感带来的焦虑。有些幼儿不习惯午睡或者午睡时间与幼儿园的有差异，家长需要让幼儿提前适应幼儿园的午睡时间，以便幼儿能快速适应幼儿园生活。

## ★步骤二 文献检索

网络平台和图书馆都是同学们拓展自己知识面的有效途径，请大家自选方式进行过渡环节管理相关知识信息检索，完成信息检索目录清单（任务单2-3-3-1）。

任务单2-3-3-1 信息检索目录清单

| 检索平台 | 检索内容 | 推荐指数（最多5颗★） |
| --- | --- | --- |
|  |  |  |
|  |  |  |
|  |  |  |
|  |  |  |
|  |  |  |

### 对点案例

程程是小（1）班中较为典型的表现出焦虑情绪的幼儿，他缺乏生活自理能力，易转移注意力，过度依赖爸爸和妈妈。在刚入园的前几天，程程哭得撕心裂肺，妈妈见程程哭得厉害，也在教室外哭。这期间，程程的常见表现是哭闹，拒绝上幼儿园，要回家找爸爸妈妈。回家后，程程会突然很黏家中的亲人，晚上会做噩梦哭醒，胃口不好。一周后，在妈妈和老师们的劝告下，程程即便入园后还在哭，也已经逐渐适应幼儿园的生活了。而第二周和第三周，程程又开始感冒，还发烧、咳嗽，然后请假……

· 139 ·

## ★ 步骤三  方案设计

学生分组见表 2-3-3-1。

表 2-3-3-1  学生分组

| 班级 | | | 组号 | | 授课教师 | |
|---|---|---|---|---|---|---|
| 组长 | | | 学号 | | | |
| 组员 | 姓名 | | 学号 | 姓名 | | 学号 |
| | | | | | | |
| | | | | | | |
| | | | | | | |
| 任务分工 | | | | | | |

（1）请同学们分析对点案例中程程小朋友分离焦虑的表现，设计改善该新入园幼儿分离焦虑的策略方案，完成任务单 2-3-3-2。

任务单 2-3-3-2  改善新入园幼儿分离焦虑策略方案

| 程程小朋友分离焦虑表现分析 | | | |
|---|---|---|---|
| 改善程程小朋友分离焦虑策略制订 | 教师方面 | 家长方面 | 幼儿方面 |
| | | | |
| 其他同学给我的启示 | | | |

（2）以小组为单位进行讨论，针对本学期新生班级小（1）班，制订改善新入园幼儿分离焦虑的新生入园计划，完成任务单 2-3-3-3。

模块二 班级一日常规及安全管理

任务单 2-3-3-3　改善新入园幼儿分离焦虑的新生入园计划

| 班级情况分析 | |
|---|---|
| 入园前准备工作 | |
| 入园后稳定工作 | |
| 其他同学给我的启示 | |

## ★ 步骤四　展示赏学

推荐两组同学分别对任务单 2-3-3-2 和任务单 2-3-3-3 进行小组最优方案汇报。其他组同学认真观摩并点评，个人结合小组展示情况，反思总结自己的方案设计，完成任务单 2-3-3-4。

任务单 2-3-3-4　改善新入园幼儿分离焦虑展示赏学反思总结

| 反思 | 总结 |
|---|---|
| | |

## 【任务评价】

说明：

（1）任务评价包括自我评价、小组评价和教师评价，评价时要结合相应要点。

（2）小组评价由组长负责组织，并结合小组成员的意见。

（3）总得分计算至小数点后第二位。

按照说明完成任务评价表（任务单2-3-3-5）。

**任务单2-3-3-5　任务评价表**

| 班级 | | 姓名 | | 学号 | | |
|---|---|---|---|---|---|---|
| 组名 | | 验收组长 | | | 年　月　日 | |
| 文档验收清单 | | 被评价人完成的任务单2-3-2-2、任务单2-3-3-3、任务单2-3-3-4 | | | | |
| | | 被评价人完成的任务单2-3-3-1、包含5份检索文献的目录清单 | | | | |
| 评价内容 | | 评价要点 | 分值 | 自我评价（20%） | 小组评价（30%） | 教师评价（50%） |
| 专业知识（60%） | 幼儿分离焦虑的主要行为表现 | 能说出幼儿分离焦虑的主要行为表现（不少于3点） | 10 | | | |
| | 幼儿分离焦虑原因分析 | 能说出幼儿分离焦虑原因（分别从幼儿、家长、教师三方面简述） | 10 | | | |
| | 改善新入园幼儿分离焦虑策略 | 能分析对点案例中程程小朋友分离焦虑的表现，设计改善该幼儿分离焦虑的策略方案 | 20 | | | |
| | | 能针对本学期新开班级小（1）班制订改善新入园幼儿分离焦虑的新生入园计划 | 20 | | | |
| 个人素养（40%） | 专业精神与学习能力 | 在学习中获得满足感，对课堂生活的认同感；积极投入专业学习；不断总结与反思 | 10 | | | |
| | 参与态度、沟通合作与表达能力 | 积极主动与教师、同学交流，相互尊重、理解、平等；与教师、同学之间能够保持多向、丰富、适宜的信息交流 | 10 | | | |
| | 问题解决能力 | 分析问题时的逻辑清晰；善于质疑，勇于创新 | 10 | | | |
| | 信息检索与处理能力 | 能有效利用网络、图书资源查找有用的相关信息等；能将查到的信息有效地传递到学习中 | 10 | | | |
| 总分 | | | 100 | | | |

# 模块三　班级每周家园工作管理

**模块导入**

　　幼儿园班级每周家园工作是月工作计划的分解和实现月主题计划的主要途径，其将一个月的主要工作拆分为循序渐进的几步以方便实现。班级每周家园工作管理包括制订和实施幼儿园周计划和更新家园联系栏。周计划是一周之内全部教育活动及相关工作的具体方案，是当月工作计划中某些内容具体化，是保证月教育目标和周工作目标顺利实现的必要条件，也是日教育目标与方案设定的依据。家园联系栏，是教师与家长、教师与幼儿、家长与幼儿对话的平台，幼儿园应该为家长参与幼儿园教育活动架起互动的桥梁。家园联系栏就是家长和幼儿园为共同促进幼儿的发展而出现的一种交流方式，它能反映教师的工作情况，密切幼儿园与家庭的联系，是幼儿教师与家长进行沟通和交流的一种渠道。

**学习目标**

**1. 知识目标**

（1）掌握周计划制订的步骤和要点。

（2）理解家园联系栏设计与更新的教育意义。

（3）掌握家园沟通的步骤和要点。

**2. 能力目标**

（1）能找出案例中周计划存在的问题并提出调整建议，然后制订周计划。

（2）掌握家园联系栏的主要内容、设计理念和更新要点。

（3）掌握家园沟通方案制订和沟通方法。

**3. 素质目标**

（1）有科学的儿童观和责任心，科学设计周计划、家园联系栏。

（2）具有努力创造、热爱学习、开放思想的优良品质。

## 知识导图

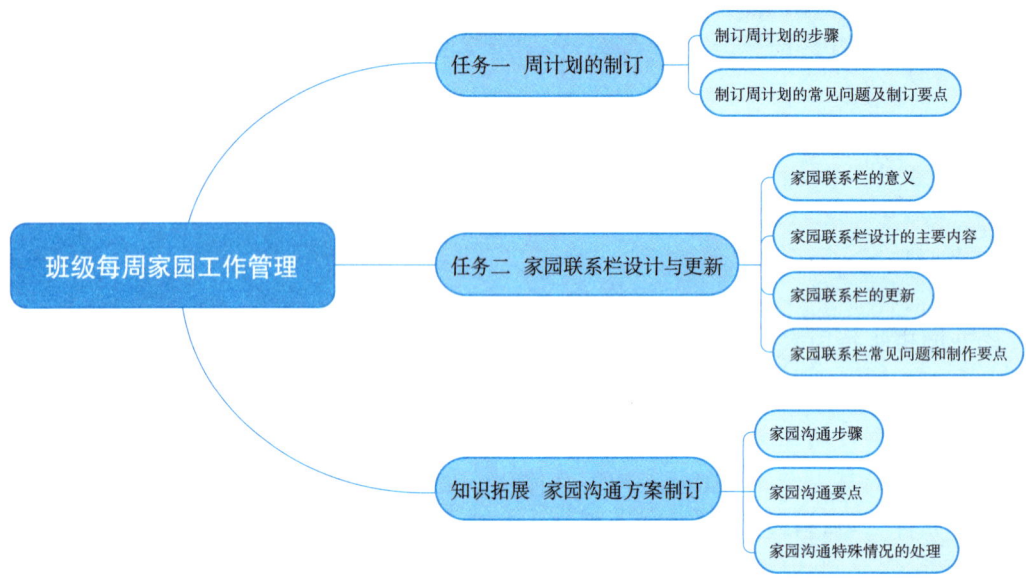

模块三 班级每周家园工作管理

# 任务一　周计划的制订

**【任务描述】**

（1）信息检索，了解幼儿园周计划的特点及内容，能够通过阅读相关知识链接自主学习掌握周计划设计的内容及注意事项。

（2）对指定周计划案例进行分析，尝试分析、总结周计划的特点及内容，完成任务表格的填写。

（3）对指定周计划制订案例进行分析，制订针对该案例适宜的周计划方案，小组分享、展示周计划方案。

**【任务目标】**

（1）掌握周计划的制订步骤和要点。

（2）能找出案例中周计划存在的问题，提出调整建议并制订周计划。

（3）能将制订的周计划展示分享，并进行自评和小组评价。

**【任务重点】**

掌握周计划的制订步骤和要点。

**【任务难点】**

找出案例中周计划的问题并提出调整建议，根据案例按要求调整周计划。

**【任务准备】**

（1）知识准备：周计划的内容、周计划的不同格式。

（2）活动准备：不同颜色的笔、笔记本、手机、幼儿园周计划展示图片、模拟幼儿园班级实训室。

**【任务实施】**

说明：

（1）对于每一环节，各成员先自行完成，然后开展小组讨论。

（2）每一环节的讨论结束后，各成员应结合小组其他成员提出的建议进行相应内容的修改。

## ★ 步骤一　知识梳理

计划是幼儿教师对将要进行的工作的具体打算和规划，幼儿教师必须制订计划来引导并规范自己的行为，以减少工作的盲目性和随意性；同时，周计划和月计划也是幼儿教师向家长展示幼儿园工作的一个方式，家长可以通过家园联系栏中的周计划和月计划，进一步了解幼儿在幼儿园的活动，所以我们在填写时更应专业、规范。

幼儿园班级管理

周计划是一周之内全部教育活动及相关工作的具体方案，是当月工作计划中某些内容的具体化，是保证月教育目标和周工作目标顺利实现的必要条件，也是教育目标与方案设计的依据。

周计划就是以周为单位，将月计划分解到各周逐次完成，进一步明确工作要求、内容、措施。是将一般常规工作和重点工作有机结合起来，通过事先规划和运用一定的技巧、方法与工具实现对时间的灵活以及有效运用，从而实现幼儿园班级每日、每周、每月的既定目标。其属于时间管理的范畴，是为了帮助人们在一定的时间界限内有效、准确地完成预定目标，更好地按照预定计划有力进行；同时，帮助人们养成计划性的习惯，周计划由此而生。

在幼儿园的工作中，周计划便是一周之内全部教育活动及相关工作的具体方案，是当月工作计划中某些内容的具体化，是保证月教育目标和周工作目标顺利实现的必要条件，也是日教育目标与方案设计的依据。它具有计划性、目的性、针对性、明确性、时效性、可操作性的特点。

## 一、制订周计划的步骤

### （一）分析上周情况

（1）分析要体现针对性，主要针对上周目标达成的情况及幼儿的发展情况进行分析。
（2）分析的内容要从各领域入手，保证客观、真实，既要分析优点，又要指出不足。

### （二）确定本周主要目标

对上周情况进行分析后，应先给每个领域、每项工作确定一个方向，再筛选活动内容，确定每个领域、每项工作的重点目标（注意，是各领域突出的重点目标，不仅指向教育活动），最后表述本周目标，表述时要适度，忌过于宽泛或过于具体。

### （三）制订具体的周计划内容

具体的周计划内容包括安全教育、生活活动、教育活动、活动区活动、户外活动、环境创设和家园共育，具体见表3-1-1。

表3-1-1　幼儿园具体的周计划内容及注意事项

| 内容 | 注意事项 |
|---|---|
| 安全教育 | 当本周的主要内容和重点大致确定后，就要以此为依据，制订安全计划与安全教育内容。既为了孩子的健康和安全，给予他们一些必要的安全常识，又要确定本周各项工作的安全保障 |
| 生活活动 | 1. 包括幼儿生活卫生习惯、自理能力等方面问题。如：喝水、进餐、穿脱衣服、值日生服务等。<br>2. 要注意突出每周重点（针对幼儿最近最突出的问题），并注意循序渐进。<br>3. 书写时有时会将目标及策略一并写入 |

· 146 ·

续表

| 内容 | 注意事项 |
|---|---|
| 教育活动 | 1. 一周教育活动内容要全面，尽量涵盖五大领域内容。<br>2. 每一周的活动内容要体现新旧内容的融合。<br>3. 注意选择内容的适宜性，思考所选内容是否必须通过教育活动的途径去实现目标。<br>4. 两节活动之间要注意：<br>（1）动静交替，互不影响。尽量把动性的活动安排在第二节。<br>（2）内容间的关联性。<br>（3）内容容量搭配适宜。<br>5. 书写时要尽量标出每个内容的出处，以便书写日计划时查找 |
| 活动区活动 | 1. 列在计划中的区域应为当天重点指导的区域，一周中应尽量涵盖所有区域。<br>2. 根据上周幼儿游戏情况和本周重点目标而定。<br>3. 书写时尽量简要标出每个区域指导重点，且呈现递进性 |
| 户外活动 | 1. 包含早操、体育游戏和自由、自选游戏等内容，每周要有重点需要发展的运动技能点的解读。<br>2. 每周要有重点需要发展的运动技能点，一般持续在一周内，循序渐进提升。<br>3. 集体游戏要求：每天集体游戏时要求运动技能点突出，书写时应标出运动技能点。<br>4. 分散自选游戏要求：每周有重点的投放、调整的材料，每天有重点指导的材料 |
| 环境创设 | 结合月主题内容和本周重点活动，对班级主题墙、家园栏等环境创设内容做出对应的计划 |
| 家园共育 | 呈现本周需要解决的家庭教育问题，需要开发家长教育资源，需要完成的家园沟通，以及需要家长配合的工作 |

## 二、制订周计划的常见问题及制订要点

### （一）制订周计划常见问题

**1. 内容设置不够科学**

从横向上看，有的周计划中各个领域教育内容设计均衡但缺乏整合，使各领域活动出现"割裂"倾向；而有的周计划虽注意到各领域教育内容设计的整合，但缺乏平衡，如周一语言活动、周二科学活动、周三艺术活动、周四和周五都是健康活动。因此可见，缺少了社会领域活动内容。从纵向上看，周与周之间各领域内容设计未能衔接、缺乏系统性且随意性较强。

**2. 过于重视教学活动**

其重点在于集体教学活动，忽视游戏活动、生活活动等其他活动的保教作用，各种类型教育活动之间比例失衡、彼此割裂，导致各种类型教育活动功能未真正发挥。

### 3. 难度设置缺乏变化性

周一至周五活动的结构化程度没有高低变化，没有根据幼儿机能水平的变化来调整一周活动的结构化程度。

### 4. 场地安排不够周全

只考虑到了室内环境的创设和利用，并未兼顾室外环境的规划和安排。

### 5. 文字表述笼统

往往表现为目标下的实施措施表述宽泛、不够具体、缺乏操作性，如某周计划的活动内容之一是"培养幼儿良好常规习惯"，但是没有具体表述如何培养以及呈现措施。在具体实施的过程中就缺乏指导性。

### 6. 对实施效果缺乏反馈机制

周计划设计未考虑本周评价反思内容，不仅导致教师在周计划实施后无法对本周各项活动的开展效果和教师、幼儿的表现进行反思和总结，也会影响园领导对教师周工作效果的考核。

## （二）周计划制订要点

### 1. 领域均衡，科学安排

周计划主要是幼儿园一周课程安排的体现，从某种程度上来说，可反映园所的课程实施情况。众所周知，幼儿园的教育内容相对划分为健康、语言、社会、科学、艺术五个领域。为促进幼儿的全面发展，教师要有领域均衡的意识，即在一定时间内给幼儿学习与发展的各领域内容要相对均衡。在实施主题课程的幼儿园中，一周内的集体教学活动有时可能难以做到各领域的均衡，但可以通过区域活动加以平衡，也可以通过扩大时间范围，在两周或更长一点的时间内达到相对的均衡。

### 2. 自主开放，彰显理念

《幼儿园教育指导纲要（试行）》中指出：要"科学合理地安排和组织幼儿的一日生活，教师直接指导的活动和间接指导的活动相结合，保证幼儿每天有适当的自主选择和自由活动时间"。就幼儿一日生活来说，外在表现较为明显的有晨间锻炼、区角活动、户外活动等环节。例如，晨间锻炼的安排与组织，需根据幼儿的身心发展特点提供多种设施或器械，安排多种活动，以供幼儿自主选择，提高参与活动的积极性，达到良好的锻炼效果。为此，周计划中要有相关内容的安排。周计划的相关内容中可表述为："幼儿自选材料，自选同伴，一起构建富有挑战性的运动情境开展锻炼。活动开放，幼儿享有充分的自主权和选择权，以获得个性化发展。"另外，幼儿园也可以根据园所实际情况安排晨间锻炼内容，如某班的安排为：周一投掷区、周二钻爬区、周三探险区、周四走跳区、周五平衡区。每天安排一个区角组织幼儿锻炼，也体现了一定的自主性和选择性。但如果某班安排的是周一踩高跷、周二羊角球、周三平衡线、周四拍球、周五跳绳，让幼儿只能选择一种器械进行活动，幼儿就没有了选择性。这样单一的晨间锻炼内容既容易导致幼儿对活动缺乏兴趣，也难以达到全面锻炼的目的，这样的周计划安排就不够合理。

模块三　班级每周家园工作管理

### 3. 削枝强干，突出重点

幼儿园的保教工作内容多，环节多，选择哪些内容与环节作为周计划的制订项目需要加以认真考量，切忌把周计划内容设计与幼儿园一日活动安排相混淆。例如，某幼儿园周计划栏目设计依次为：入园晨检、晨操时间、教学空间、快乐过渡、户外活动、餐前时光、快乐中餐、餐后活动、甜蜜午睡、教学空间10项活动，把上午和下午的点心、午餐、午睡等一日生活环节也列在周计划项目中，没有突出一周计划的特点和重点，与幼儿园的一日活动安排混淆，致使教师在填写这些栏目的内容时流于形式，缺乏针对性。制订周计划时应削枝强干，突出重点，把本周区别于其他周的保教内容列清楚，一般可包括关于集体教学活动、户外体育锻炼活动、室内外游戏活动的重点内容安排，若有必要，也可加上本周生活活动和家园配合方面的工作安排。

### 4. 厘清概念，准确表达

周计划的制订必然会涉及一些相关的专业概念。在制订周计划时，要明确这些专业概念的内涵，做到准确表达自己的意见。如幼儿每天的户外活动时间一般不少于 2 h，其中体育活动时间不少于 1 h。有的幼儿园由于分不清"户外活动""户外体育活动""户外自主游戏"等区别，把"创意绘画区""表演区""建构区""娃娃小镇"等户外自主游戏活动也列为周计划里某一天的全部户外活动内容，导致幼儿一小时体育活动时间得不到保障。

概念模糊也是制订周计划时容易出现的问题，如有的幼儿园制订周计划时常常将"区域活动"与"游戏活动"相混淆。区域是一个空间概念，幼儿在区域进行的活动都可以称为区域活动，它可能是游戏活动，也可能是学习活动。游戏活动是幼儿按自己的需要充分表现自我的自由活动，可以发生在区域中，也可以发生在其他场合。"区域活动"和"游戏活动"两者指向不同，不能混淆。

## ★步骤二　文献检索

网络平台和图书馆都是同学们拓展自己知识面的有效途径，请大家自选方式进行周计划制订的相关知识信息检索，完成信息检索目录清单（任务单3-1-1）。

任务单3-1-1　信息检索目录清单

| 检索平台 | 检索内容 | 推荐指数（最多5颗★） |
| --- | --- | --- |
|  |  |  |
|  |  |  |
|  |  |  |
|  |  |  |
|  |  |  |

## ★步骤三　案例分析

学生分组见表3-1-2。

表 3-1-2　学生分组

| 班级 | | | 组号 | | 授课教师 | |
|---|---|---|---|---|---|---|
| 组长 | | | 学号 | | | |
| 组员 | 姓名 | 学号 | | 姓名 | | 学号 |
| | | | | | | |
| | | | | | | |
| | | | | | | |
| 任务分工 | | | | | | |

## 对点案例

表 3-1-3 是某幼儿园老师制订的周活动计划表，请找出该案例中周计划存在的问题并说明应该如何调整，完成任务单 3-1-2。

表 3-1-3　××幼儿园第 14 周活动计划表

班级：中（2）班　教师：A 教师、B 教师、C 教师　时间：2022.12.3—12.7

| | |
|---|---|
| 上周情况分析 | 1. 上周所有小朋友的表现都很棒！<br>2. 上周带着孩子们一起讨论并培育了四种豆子，本周老师要加强培养孩子们照顾植物的能力，养成做记录的习惯 |
| 安全教育 | 安全活动：本周将开展"遵守交通规则"活动，通过活动让孩子们了解生活中需要遵守的交通规则，初步养成自觉遵守规则的习惯。<br>安全教育：组织家长和幼儿一起观看安全教育平台内容"122 交通安全专题"活动。<br>运动安全：遵守运动和游戏的规则，不推挤小朋友；能在活动之前跟着老师一起做热身运动 |
| 保教工作重点 | 保育重点：<br>1. 加强对幼儿午睡时的护理，及时给踢被子的幼儿盖被子，纠正错误睡姿等。<br>2. 养成良好的习惯。<br>教育重点：<br>1. 理解儿歌《我》的内容，感受儿歌的优美。<br>2. 激发幼儿探究动物脸的兴趣，萌发爱护动物的情感。<br>3. 会跟随歌词内容和音乐节奏做眼球体操。<br>4. 学会排列。<br>5. 喜欢户外活动，遵守游戏时的规则 |
| 环境创设 | 1. 完成十二月第一板块"百变小脸蛋"的设计制作，上墙。<br>2. 更改建筑区背景墙饰，完善建筑区幼儿成果展示墙面。<br>3. 完善种植区种子的丰富和培育，带着小朋友一起开始记录种植观察 |

模块三 班级每周家园工作管理

续表

| 区角游戏观察指导重点 | 1. 能学会爱护益智区的材料，收拾玩具时能分类摆放。<br>2. 熟悉蜀记每个区角的具体玩法和游戏规则，养成收完玩具再慢慢走回教室的习惯 ||||||
|---|---|---|---|---|---|---|
| 家园配合 | 1. 请家长朋友们带着小朋友一起完成"122 交通安全专题"活动。<br>2. 请家长每天给孩子带两条毛巾（写上名字）放书包，方便给孩子隔汗垫背 ||||||
| | 项目 | 星期一 | 星期二 | 星期三 | 星期四 | 星期五 |
| 上午 | 集教活动 | 健康活动：我最棒 | 科学活动：动物的妙妙脸 | 健康活动：宝贝我的脸 | 科学活动：蜈蚣叔叔的袜子 | 艺术活动：眼球体操 |
| | 户外活动 | 集中：健康钻洞洞<br>分散：过电网 | 建构区：疯狂动物城 | 集中：轮胎转转变<br>分散：自由玩轮胎 | 户外大联动 | 集中：抱树<br>分散：丢手绢 |
| | 游戏活动 | 区角游戏 | 国学诵读 | 区角游戏 | 全园大创游 | 故事分享 |
| 下午 | 户外活动 | 集中：运气球<br>分散：好玩的彩虹伞 | 集中：连环跳<br>分散：跳房子 | 集中：垫子乐<br>分散：欢乐爬爬 | 集中：蛙跳高手<br>分散：欢乐滑滑梯 | 集中：青蛙过河<br>分散：拍球练习 |
| | 游戏活动 | 五官猜谜 | 区角游戏 | 安全课堂：遵守交通规则 | 幼儿才艺展示 | 区角游戏 |

任务单 3-1-2　周计划问题分析及调整建议

| 序号 | 存在的问题 | 调整方案 |
|---|---|---|
| | | |
| | | |
| | | |
| | | |

· 151 ·

续表

| 序号 | 存在的问题 | 调整方案 |
|---|---|---|
|  |  |  |
|  |  |  |
| 其他同学给我的启示 |  |  |

## ★ 步骤四　方案设计

中（2）班本月主题为"动物朋友"。请结合表 3-1-3 中所列的周计划来设计中（2）班第 15 周周计划（可打印后另附页），完成任务单 3-1-3。

任务单 3-1-3　中（2）班第 15 周活动计划表

班级：　　　　　教师：　　　　　时间：

| 上周情况分析 |  |  |  |  |  |  |
|---|---|---|---|---|---|---|
| 安全教育 | 安全活动：<br>安全教育：<br>运动安全： |  |  |  |  |  |
| 保教工作重点 | 保育重点：<br>教育重点： |  |  |  |  |  |
| 环境创设 |  |  |  |  |  |  |
| 区角游戏观察指导重点 |  |  |  |  |  |  |
| 家园配合 |  |  |  |  |  |  |
| 项目 |  | 星期一 | 星期二 | 星期三 | 星期四 | 星期五 |
| 上午 | 集教活动 |  |  |  |  |  |
|  | 户外活动 |  |  |  |  |  |
|  | 游戏活动 |  |  |  |  |  |
| 下午 | 户外活动 |  |  |  |  |  |
|  | 游戏活动 |  |  |  |  |  |

模块三　班级每周家园工作管理

## ★ 步骤五　展示赏学

小组对制订的周计划进行讨论优化。结合小组讨论最优化后周计划，小组成员确定分享人，向班级中的其他同学展示小组周计划，并总结自身的优点与不足，完成任务单 3-1-4。

任务单 3-1-4　周计划制订反思

| 优点 | 不足 |
| --- | --- |
|  |  |

## 【任务评价】

说明：
（1）任务评价包括自我评价、小组评价和教师评价，评价时要结合相应要点。
（2）小组评价由组长负责组织，并结合小组成员的意见。
（3）总得分计算至小数点后第二位。
按照说明完成任务评价表（任务单 3-1-5）。

任务单 3-1-5　任务评价表

| 班级 |  | 姓名 | | | 学号 | |
| --- | --- | --- | --- | --- | --- | --- |
| 组名 |  | 验收组长 | | | 年　月　日 | |
| 文档验收清单 | | 任务单 3-1-1、任务单 3-1-2 | | | | |
| | | 包含 5 份检索文献的目录清单 | | | | |
| 评价内容 | | 评价要点 | 分值 | 自我评价（20%） | 小组评价（30%） | 教师评价（50%） |
| 专业知识（60%） | 周计划问题查找 | 能对应周计划制订步骤和要点找出案例中周计划存在的问题 | 10 | | | |
| | 周计划问题调整方案 | 能对应周计划制订步骤和要点，找出案例中周计划存在的问题，提出调整建议 | 10 | | | |
| | 设计周计划的专业素养 | 具备设计周计划需要的专业知识与素养 | 10 | | | |
| | 周计划内容的科学全面 | 按照制订步骤和要点制订出内容全面科学的周计划 | 20 | | | |
| | 总结制订周计划和分享展示过程中的优点和不足 | 能总结制订周计划和分享展示过程中的优点和不足 | 10 | | | |

· 153 ·

续表

| 班级 | | 姓名 | | 学号 | | |
|---|---|---|---|---|---|---|
| 个人素养（40%） | 专业精神与学习能力 | 在学习过程中获得满足感，对课堂生活的认同感；积极投入专业学习；不断总结与反思 | 10 | | | |
| | 参与态度、沟通合作与表达能力 | 积极主动与教师、同学交流，相互尊重、理解、平等；与教师、同学之间能够保持多向、丰富、适宜的信息交流 | 10 | | | |
| | 问题解决能力 | 在保教配合过程中能有效融入对幼儿的随机教育，富有教育智慧 | 10 | | | |
| | 信息检索与处理能力 | 能有效利用网络、图书资源查找有用的相关信息等；能将查到的信息有效地传递到学习中 | 10 | | | |
| 总分 | | | 100 | | | |

# 任务二　家园联系栏设计与更新

《幼儿园教育指导纲要（试行）》指出，"家庭是幼儿园的重要合作伙伴，应本着尊重、平等合作的原则，争取得到家长的理解并让他们参与互动，并积极支持、帮助家长提高教育能力"。要做好新时期的幼儿园家长工作，既要更新观念、转变角色，又要在实践中加大研究与探索的力度，不断创新工作思路，改进工作策略。而班级家园联系栏正是班级老师与家长联系互动的一个窗口和平台。

【任务描述】

（1）信息检索，自主拓展查阅资料，学习关于幼儿园家园联系栏设计和更新的专业知识。

（2）对指定家园联系栏案例进行分析，制订针对该案例适宜的家园联系栏设计方案。

【任务目标】

（1）理解家园联系栏设计与更新的教育意义。

（2）掌握家园联系栏的主要内容。

（3）掌握家园联系栏的设计和更新要点。

【任务重点】

对指定家园联系栏案例进行分析，并制订针对该案例适宜的家园联系栏设计方案。

【任务难点】

分工进行家园联系栏的设计和制作。

【任务准备】

（1）知识准备：家园联系栏的主要内容；掌握家园联系栏的设计和更新要点。

（2）活动准备：不同颜色的笔、笔记本、手机、幼儿园家园联系栏照片、幼儿园家园沟通视频。

【任务实施】

说明：

（1）对于每一环节，各成员先自行完成，然后开展小组讨论。

（2）每一环节的讨论结束后，各成员应结合小组其他成员提出的建议，进行相应内容的修改。

## ★步骤一　知识梳理

家园联系栏是家园合作的一种方式，它是教师与家长、教师与幼儿、家长与幼儿对话的平台，幼儿园应该为家长参与幼儿园教育活动架起互动的桥梁。家园联系栏就是幼儿园和家长为共同促进幼儿的发展而实行的一种交流方式，能反映教师的工作情况，使幼儿园与家庭的联系变得紧密，是幼儿教师与家长沟通和交流的一种渠道。另外，家园联系栏也

是家长进入班级看到的第一个环境,所以它的内容要丰富,外形要美观,让家园联系栏真正成为班级的一道亮丽的风景线。要成功地设计和运用家园共育栏,教师不仅要有工作热情、责任心以及良好的素质,还要具备先进的理念、科学的方法和出色的运作技巧。

## 一、家园联系栏的意义

家园联系栏的意义主要体现在教育功能与培养功能上。家园联系栏内容丰富,形式多样,吸引着家长,让家长随时都能关注教师的教育思想和孩子的生活学习情况,为双方在互动的过程中相互学习、相互借鉴打下基础,也为进一步加强家园间的联系与沟通,以及提高科学育儿的水平奠定了基础,由此促进教育功能的充分发挥。此外,家园联系栏的内容在不断变化;家长的知识在不断丰富,技能也在不断提升,这些都促使教师不断更新教育理念,提高自身的专业修养,从而推动自身的成长。

## 二、家园联系栏设计的主要内容

### (一)规划栏目设置

**1. 幼儿园各项工作计划**

学期的各种月计划、周计划安排和本周主要教学活动内容。

**2. 幼儿卫生保健方面**

例如:班级的消毒、通风记录,幼儿卫生保健方面的宣传材料(如预防手足口病的宣传材料)。

**3. 通告温馨提示类**

例如:活动通知、接送通知、家长配合等信息。

**4. 育儿理念等文章**

例如:"如何克服孩子的分离焦虑?孩子任性怎么办?孩子挑食怎么办?"等宣传科学育儿知识理念的版块。

### (二)家园联系栏名称的确定

**1. 栏目内容定位清晰**

栏目的名称必须能从字面就可以清晰迅速地传达出本栏目的定位,体现出家园之间联系和合作的意义,如"家园驿站""家园互动""家园联系栏""家园手牵手"等。

**2. 栏目名称可以有一定童趣和创意**

家园联系栏需要吸引家长的关注,以利于家长配合。在确定名称时,可以有一定的童趣和创意,如"家园彩虹桥""亲亲家园""爸爸妈妈看过来"等。

### (三)积累内容素材

**1. 广泛收集教育相关知识**

作为幼儿教育工作者,需要及时地向家长传达科学的育儿知识。家园联系栏面对着广大家长的检验,因此幼儿教师在发布相关知识时,必须通过网络、杂志、书籍等渠道广泛地查阅和收集相关的权威育儿知识。

模块三　班级每周家园工作管理

### 2. 认真完成和收集教学活动资料

为了让家长及时地了解近期已开展或即将开展的教学活动，教师必须提前完成本周活动计划，并在活动时收集过程性的资料以便展示，其中包括月计划、周计划、一日作息，教师介绍，主题计划，好书推荐。或者可以根据主题内容进行特别展示，如"美食总动员""我是航天员"等。

## （四）版面的设计与美化

### 1. 根据内容划分版面数量和大小

家园联系栏的版面一般以 3~5 个版块为宜，还可以根据情况对版块数量进行增减。

### 2. 版块划分应清晰分明

在划分不同版块时，教师可以通过线条、边框、颜色、形状、材料等方式将不同版块区分开来（图 3-2-1），以便家长能够更高效率地获取信息，方便家长阅读。

### 3. 版面字体大小应适宜

总体而言，家园联系栏的文字应该清晰明了，使用好辨认的字体。在选择字体时，应注意家园联系栏题目一般应最大且醒目，各子版块题目应较大。

### 4. 版面可进行适当美化

在设计版面时，应考虑到风格的统一、颜色的搭配、主题的契合，使整体的设计更加具有美感。当然，也无须过多的装饰，以免喧宾夺主，忽略了对内容的设置。

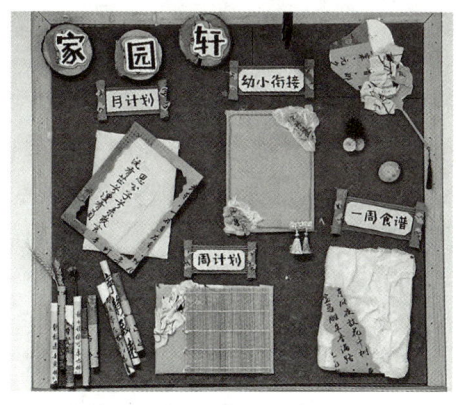

图 3-2-1　家园联系栏版面划分清晰

家园联系栏版面设计参考模板

## 三、家园联系栏的更新

### （一）定期更换内容

周计划、月计划、主题计划等与时间相关的内容需要定期（每周、每月）进行更换。

家园联系栏文案书写参考模板

### （二）根据需要更换内容

### 1. 班级活动需要

在教学过程中，会有需要家长进行支撑的活动。如某天的班级教学活动需要幼儿人手一个矿泉水瓶，那么在家园联系栏就可以对此进行通知。

· 157 ·

### 2. 园所活动需要

幼儿园在教学过程中，需要通知家长或让家长配合，如不同年龄接送时间表、"六一"儿童节班级座位区域图的公示，等等。

### 3. 社会时事需要

在日常生活中，会出现各种情况，需要教育工作者对家长进行及时告知，如手足口病高发期需要对家长进行提醒；夏季是溺水事故高发期，需要对家长进行安全宣传等。

## 四、家园联系栏常见问题和制作要点

### （一）家园联系栏常见问题

#### 1. 形式单一、内容空洞

当前，幼儿园的家园联系栏存在较多问题，其中最明显的是形式单一、内容空洞，很多幼儿园只是简单地画一些花边，剪一些简单的图案并将其贴在联系栏的周围，再将近期的学习任务、学习重点、家长需要做的事情用 A4 纸打印并张贴出来，而且对于一些空余的位置，也没有充分利用起来。

#### 2. 家长关注度低

大多数家园联系栏都是设在教室外的走廊上或者教室门口，很多家长因为工作关系在接送幼儿上下学时并没有驻足观看家园联系栏的习惯，隔辈家长接送幼儿时也是为了打发时间才阅读家园联系栏的内容。这导致很多家长经常错过幼儿园发布的重要信息，使家园联系栏形同虚设。

#### 3. 实效性差，更新速度慢

在家园联系栏出现的诸多问题中，实效性问题是需要引起幼儿教师高度重视的问题，即家园联系栏不能针对幼儿园的安排及时做出调整，幼儿园也不能针对家长的反馈进行一定的调节，这样就无法创设一个有效分享幼儿和接收幼儿信息的平台，从而导致相关教学工作得不到一定成效。

#### 4. 家园互动性差

家园联系栏中最容易忽略的问题就是家园互动性问题，大部分家园联系栏的任务就是告知家长幼儿园近阶段的学习任务是什么、学习目标是什么以及学习计划是什么，却没有为家长充分考虑，没有为家长提供一个能留下足迹的空间，导致有些家长在等待之余，想在家园联系栏中提一些意见或者建议，都没有一席之地。如果家园互动的实效性不强，家园合作就会受到一定程度的影响。

### （二）家园联系栏设计和更新要点

#### 1. 更新形式，新颖实用

家园联系栏的形式一定要多样化才能够吸引家长的眼球，"家园联系栏""家园沟通桥"等名称用得太多，家长已经产生了视觉疲劳和心理疲劳。因此，教师要开动脑筋，首先在名字上要吸引家长的目光；在制作上要力求色彩鲜明、造型奇特、整体和谐；在格式上可以有平面设计也有立体设计；在造型上可以有多种多样的形状。这样不仅能体现教师的心灵手巧，还能时刻"勾起"家长想看家园联系栏的欲望。在家园联系栏中融入一些时尚温暖的元素，如"让爱传出去""甜蜜心语""亲亲家园""家园直通车"等名称，都会

模块三　班级每周家园工作管理

让家长觉得温暖、新颖，从而调动参与积极性，提高家长的关注度。

**2. 丰富内容，取材多样**

当前，幼儿园的家园联系栏主要是以公布当前阶段的教育目的、教育计划为主，而幼儿园应根据不同的形式和主题设置不同的内容。幼儿园门口设置的家园联系栏应该向家长展示全园师生以及家长交流的信息，各个班级的家园联系栏应该展示一些教研、德育与思想政治的内容等，充分考虑幼儿、家长的需求，结合教育的特点进行设计，内容丰富，取材多样。

**3. 及时更新，保持时效性**

幼儿园可根据不同时节、不同主题及时更新家园联系栏的内容。可每日更换本园幼儿的一日生活情况，以使家长在接送幼儿上下学时能及时了解幼儿在园状态；可每周更换一次班级活动安排，但活动不要安排得太多，节奏也不要太快，而活动设计要少而精。由于不同模块的更换频率不同，家园联系栏的设计版块要多种多样，而不同版块之间的更换频率也不尽相同。例如，班级的学习目标、学习任务等版块可以按周期更新，育儿知识、卫生保健知识则可根据天气情况、幼儿的日常生活状况进行每日更新，而家长建议模块则可根据实际情况更换。

**4. 功能多样，家园互动**

（1）家长利用专业优势与教师一起设计。

家长是家园联系栏的服务对象之一，家长只有积极配合与参与，家园联系栏才能真正起到作用。

（2）版块设计多样化，吸引家长注意力。

在家园联系栏设计的过程中需注意版块应多样化，根据栏目的理念、功能及主题组合、更新周期、家长参与方式、预期效果等设计不同的版块。例如，可将家园联系栏分为"本周活动安排""健康快车""家教指南"等阅读版块，"请您配合""您的想法"等设计版块，"本周好宝宝""童言稚语""育儿宝典"等幼儿成长版块，"交流园地"等家长足迹版块，还可以设计"值得一看""值得一玩"等栏目，让家长推荐值得幼儿看的电影、吃的美食等，从而提高家长的参与度。

（3）设计功能多样化。

利用家园联系栏实现教育管理功能、德育功能，教师专业素养的功能、情感功能。联系栏可以以"海报"的形式进行宣传，如把家长参与幼儿园的各种教育活动，如"家园运动会""亲子联谊活动"时其活跃的身影展示在家园联系栏中，可大幅提升家长的参与度，充分挖掘、发挥家长的潜能，让家长的教育价值得到体现，促进家长与幼儿的感情，同时又能增进教师与家长、幼儿间的感情。

**5. 合理分配，共同发展**

家园合作的形式多种多样，家园联系栏、家园联系手册、家长开放日、家访、QQ群、微信群等方式，在家园联系中起到不一样的作用。家园联系栏作为环境创设的一部分，对家园双向工作的开展有极大的促进作用，是幼儿园与家庭沟通的一种良好方式。

## ★步骤二　文献检索

网络平台和图书馆都是同学们拓展自己知识面的有效途径，请同学们自选方式进行家

· 159 ·

园联系栏相关知识信息检索，完成信息检索目录清单（任务单 3-2-1）。

任务单 3-2-1　信息检索目录清单

| 检索平台 | 检索内容 | 推荐指数（最多 5 颗 ★） |
|---|---|---|
|  |  |  |
|  |  |  |
|  |  |  |
|  |  |  |
|  |  |  |

## ★ 步骤三　方案设计

学生分组见表 3-2-1。

表 3-2-1　学生分组

| 班级 |  | 组号 |  | 授课教师 |  |
|---|---|---|---|---|---|
| 组长 |  | 学号 |  |  |  |
| 组员 | 姓名 | 学号 | 姓名 | 学号 |  |
|  |  |  |  |  |  |
|  |  |  |  |  |  |
|  |  |  |  |  |  |
| 任务分工 |  |  |  |  |  |

请同学们对以下情境案例进行分析，设计出针对该情境设计适宜的家园联系栏方案，完成任务单 3-2-2。

任务单 3-2-2　家园联系栏设计方案制订

| 对点案例 | 马上就是六月毕业季了，老师们正在讨论如何设计和调整六月的家园联系栏。请你结合所学内容，设计班级家园联系栏 |
|---|---|
| 家园联系栏设计方案 |  |

模块三　班级每周家园工作管理

续表

| 家园联系栏设计草图 | |
|---|---|
| 其他同学给我的启示 | |

## ★ 步骤四　展示赏学

小组对设计的家园栏进行讨论优化。小组成员结合小组讨论最优化后家园栏设计图确定分享人，向班级其他人展示小组设计制作的家园栏并总结自身的优点与不足，完成任务单 3-2-3。

任务单 3-2-3　优点与不足总结

| 优点 | 不足 |
|---|---|
|  |  |

## 【任务评价】

说明：

（1）任务评价包括自我评价、小组评价和教师评价，评价时要结合相应要点。

（2）小组评价由组长负责组织，并结合小组成员的意见。

（3）总得分计算至小数点后第二位。

按照说明完成任务评价表（任务单 3-2-4）。

· 161 ·

### 任务单 3-2-4　任务评价表

| 班级 | | 姓名 | | 学号 | | |
|---|---|---|---|---|---|---|
| 组名 | | 验收组长 | | | 年　月　日 | |
| 文档验收清单 | | 被评价人完成的任务单 3-2-2、任务单 3-2-3 | | | | |
| | | 被评价人完成的任务单 3-2-1、包含 5 份检索文献的目录清单 | | | | |
| 评价内容 | | 评价要点 | 分值 | 自我评价（20%） | 小组评价（30%） | 教师评价（50%） |
| 专业知识（60%） | 家园联系栏意义 | 能说出家园联系栏的意义（每项不少于 3 点） | 5 | | | |
| | 家园联系栏主要内容 | 能说出家园联系栏的主要内容（每项不少于 3 点） | 10 | | | |
| | 家园联系栏注意事项 | 能说出创设家园联系栏的注意事项（不少于 3 点） | 5 | | | |
| | 家园联系栏设计方案 | 能制作家园联系栏的方案（不少于 3 点） | 20 | | | |
| | 家园联系栏讲解介绍 | 能对指定案例进行分析并制订针对该案例的家园联系栏，对设计方案进行讲解介绍 | 20 | | | |
| 个人素养（40%） | 专业精神与学习能力 | 在学习过程中获得满足感，对课堂生活的认同感；积极投入专业学习；不断总结与反思 | 10 | | | |
| | 参与态度、沟通合作与表达能力 | 积极主动与教师、同学交流，相互尊重、理解、平等；与教师、同学之间能够保持多向、丰富、适宜的信息交流 | 10 | | | |
| | 问题解决能力 | 分析问题时逻辑清晰；善于质疑，勇于创新 | 10 | | | |
| | 信息检索与处理能力 | 能有效利用网络、图书资源查找有用的相关信息等；能将查到的信息有效地传递到学习中 | 10 | | | |
| 总分 | | | 100 | | | |

模块三　班级每周家园工作管理

# 知识拓展　家园沟通方案制订

【任务描述】

(1) 信息检索、查找，可以帮助老师更好地管理进餐活动内容相关知识信息。

(2) 针对案例，设计进餐活动优化辅助方案；制订班级进餐活动管理方案；模拟实施方案。

(3) 观摩其他小组方案和实训，完成自评和小组评价。

【任务目标】

(1) 了解家园沟通的步骤和要点。

(2) 理解家园沟通的意义。

(3) 掌握家园沟通方案制订和沟通方法。

【任务重点】

了解家园沟通的步骤和要点。

【任务难点】

找出案例中家园沟通的问题，制订家园沟通方案。

【任务准备】

(1) 知识准备：家园沟通步骤、家园沟通要点。

(2) 活动准备：多媒体播放设备、模拟幼儿园教室实训室。

【任务实施】

说明：

(1) 对于每一环节，各成员先自行完成，然后开展小组讨论。

(2) 每一环节的讨论结束后，各成员应结合小组其他成员提出的建议，进行相应内容的修改。

## ★ 步骤一　知识梳理

《幼儿园教育指导纲要（试行）》中指出："家庭是幼儿园重要的合作伙伴，应本着尊重、平等、合作的原则，争取家长的理解支持和主动参与，并积极支持、帮助家长提高教育能力。"由此可见，家庭是幼儿园重要的合作伙伴，家长是幼儿的第一任老师。为了能使每个孩子健康成长，幼儿园与家庭的合作是非常有必要的。

在家园合作过程中，教师要经常与家长进行有效的沟通。但是由于教师与家长在教育观念、思考角度、对孩子的期望等方面或多或少地存在差异，双方在沟通时存在很多问题。所以教师在与家长沟通的时候要有一定的艺术性，充满艺术性的沟通可以使双方心情愉悦，沟通起来很容易，既能解决问题，又能让彼此都感觉很亲切，也能让家长对老师产生信任，

· 163 ·

拉近家长与教师之间的距离，为以后更进一步的家园共育奠定良好的基础。

良好的沟通犹如和煦的春风，能驱散家长心头的阴霾，温暖存有芥蒂的心灵；良好的沟通犹如海上明灯，能消除家长心中的疑虑，为他们找到明确的航标；良好的沟通可以让家长与教师同心同向，使"家园共育"水到渠成。教师与家长沟通的能力强弱决定着家园共育实效的好坏。

## 一、家园沟通步骤

### （一）沟通要有内容，充分"备课"，有备而来

一般来说，教师与家长沟通的问题，都是比较难以克服和解决的问题，单凭园内教师的力量无法达成教育目的，家长必须参与、配合。因此，教师在与家长沟通时，就要找准孩子真实存在的问题及症结。

#### 1."备"幼儿

了解幼儿特点，明晰问题所在。了解来源于教师对幼儿不间断地观察、谈话、分析。一日生活中幼儿的习惯、与同伴相处、语言表达等，都逃不过教师认真观察的慧眼。观察是教师了解幼儿的主要渠道，这些行为的背后动机也躲不过教师的专业分析。教师不能简单地将幼儿完全否定，要结合其他幼儿和教师对该幼儿的评价，以及该幼儿的家庭背景和日常生活环境，反复观察、分析、判断，尽量立体、客观地评析该幼儿存在的问题及问题产生的原因。这有助于教师因材施教、有的放矢地实施不同的教育方法，为与家长沟通提供了素材。

#### 2."备"家庭与家长

了解原生态家庭环境。教师可以通过家访、电子信息化手段、其他家长的反馈等方式，了解幼儿的家庭结构和生长环境，以及家长的性格特点、文化程度、工作性质等。这些都是沟通谈话的依据，有利于找到幼儿问题形成的本质根源，以及有效的沟通方式。

#### 3."备"素材

素材是与家长沟通的内容依据。教师日常的观察笔记、照片视频、教育引导幼儿的谈话录音等皆为素材，教师要不断积累，可随时公开观察记录的内容。积累素材时要全面、客观、真实、典型，既有幼儿的优点，又能暴露出问题的关键点。教师一定要妥善运用素材，注重适时、适当、适量，尤其是关系到幼儿存在问题的方面。这样，家长才能认清幼儿存在的问题，并客观接受。

#### 4."备"目标

难易适度，努力达成。在了解幼儿存在的问题和家长情况的基础上，教师要对沟通效果有一个合理的预期，在沟通中提出不同层面的教育目标，家园共同努力达成。有些幼儿问题的解决和改正，不是一蹴而就的，需要家园长时间坚持。因此，教师和家长要共同设立阶段性目标或连续性目标，依据"21天法则"（通过21天的正确重复练习，养成一个好习惯的一种方法），并以此为周期，在每个周期中提出一个小目标，家园共同完成。教师可以为幼儿量身订制长期发展规划，与家长共享，也可做相应的表格，监督家长保质保量地

完成。在此过程中，教师要付出极大的耐心、爱心、恒心。

#### 5. "备"教育方法

教师不仅肩负着教育孩子的职责，还有引导家长实施科学家庭教育的责任。提出教育目标之后，教师要考虑在园和在家如何实施具体的教育策略，并要求家长配合，在家认真执行，思考如何解决执行中存在的问题。

#### 6. "备"谈话方法

面对不同年龄、不同性别、不同文化程度、不同工作岗位的家长，教师要有不同的方式方法。例如，针对老人要打"亲情牌"，要晓之以理、动之以情。因为老人需要有足够的时间沟通和了解，方能信任教师，进而将教师的理念走脑入心。

### （二）沟通要有层次，用心沟通，有理有据

#### 1. 设计不同的沟通时间、地点

进行预约沟通时，教师要考虑到家长的时间、性格特点。例如，对于职场女性家长，教师可考虑安排在下班后进行，谈话地点在幼儿园阅览室、休息室都可以。教师要尽量营造温馨、舒适的环境，塑造良好的谈话氛围。

#### 2. 设计不同的导入方式

在与家长沟通时，教师要占据主导地位。好的开场白不仅能消除家长的忐忑心理，解除尴尬，还能增进双方的情感。良好的亲和力是导入环节的催化剂。亲和力来源于教师的穿着大方得体、妆容清新淡雅、笑容和蔼亲切、语言柔软亲和、态度真诚平和、举止得体适当。例如，对于职场家长，可以过问其工作是否繁忙；对于祖辈家长，可以谈及健康问题；对于单亲幼儿家庭，要关心其生活上是否存在困难……

#### 3. 切入主题，提出问题

在家长与教师的沟通气氛融洽之时，教师要将之引到谈话主角——幼儿身上。教师可全面、客观、真实地谈及幼儿的优点和日常生活中的优异表现，之后，委婉地提出幼儿在成长中遇到的困难，如有必要，再适时出示相应的材料。

语言是交际交流的工具，是互相交流情感、传递信息、交换观念、解决矛盾的有力武器。恰当的措辞能解决问题，不当的言语则会激化矛盾。教师在沟通中一定要注意礼貌用语，这是对家长最基本的尊重。一要利用语言营造一个和谐、尊重、真诚的沟通氛围。二要用词恰当。多用褒义词，不用贬义词，述说问题尽可能用中性词。三要实事求是，对于幼儿的优点及问题，教师不能夸大其词，误导家长，要实事求是，把幼儿的本来面貌呈现给家长，让家长对幼儿有正确的判断。四要讲普通话，语言清晰明了，不拖拉冗长，将观点表述清楚。五要注重语言的感情色彩，语气以平和亲切为主。

### （三）沟通要有倾听，捕捉信息

有的家长听了老师的谈话，获知此次沟通的主题和孩子的问题后，可能会为孩子"辩护"，这是正常的心理表现。此时，教师要认真倾听家长的叙述，眼睛要正视对方，认真、专注、耐心，不要"人在而思其他"。在这个过程中，教师可以从中捕捉到孩子在家的表现，多角度了解幼儿；可以捕捉到家长的教育理念，在后续谈话中以此为素材谈论教育方

法；可以分析幼儿问题产生的根源，有针对性地进行教育。

有的家长听到孩子的问题可能会比较激动，回去后简单粗暴地教育孩子。此时，正是教师输入正确教育方法的最佳时机。教师要否定家长的这种做法，表明这样做会适得其反，造生恶果，引导家长采取正确的教育方法。

有的家长会逃避孩子的问题，心里不能接受，不承认自己的孩子存在问题。此时，教师必须呈现"佐证"材料，让家长真心接受孩子存在问题，然后才能接受解决问题的过程。

### （四）沟通要有态度，客观评价，合理建议，普及科学育儿观

针对家长所述，及时回应，家长做得好的地方要给予表扬鼓励，做得不当之处要予以委婉劝诫，并给出专业建议。

"工欲善其事，必先利其器。"要想让家长信服，教师必须有足够的专业知识为支撑，引经据典，借用《幼儿园教育指导纲要（试行）》和《3～6岁儿童学习与发展指南》，引用各类故事，都不失为良好的沟通方法。例如，利用传统故事《小蝌蚪找妈妈》，说明孩子一定要亲身体验才能深刻体会成长的过程，探寻事情的真相，在探索过程中增强自身能力；《3～6岁儿童学习与发展指南》中也提出："最大限度地支持和满足幼儿通过直接感知、实际操作和亲身体验获取经验的需要。"所以，家长一定要学会放手，给孩子自由发展的空间，允许孩子犯错，给予其纠错的时间，纠错的过程就是孩子成长的过程。教师也可讲述自己在幼儿园引导孩子的案例，让家长借鉴。

### （五）幼儿受到伤害时与家长的沟通

最让教师棘手的是幼儿在幼儿园受到伤害的事件。在事件发生以后，教师要第一时间救助幼儿，防止幼儿受到二次伤害，安抚受伤幼儿的情绪，降低其恐惧、紧张心理，并判断伤势大小，及时处理，问题严重的马上送医；同时，还要向幼儿园领导汇报，并马上联系幼儿家长，这就涉及与家长的沟通了。

#### 1. 第一轮沟通，让家长知情

事发突然，家长一定焦虑担心，此时教师也一样处在害怕、担心、焦灼的紧张期，但与家长沟通时，教师切记不要添加个人主观情绪，应客观地向家长陈述事情发生的时间、地点，以及教师和园方所采取的应急措施。这轮谈话要注意：第一，表示诚恳的歉意，幼儿为完全无行为能力的人，在园所教师监护下发生的伤害事件，无论大小，教师都有推卸不了的或大或小的责任。美国现代成人教育之父卡耐基说过："如果你错了，就要迅速而热诚地承认，这要比为自己争辩有效和有趣得多。"第二，直接叙述事件，要实事求是，简洁明了，不隐瞒或夸大事件及幼儿的伤势。第三，劝慰家长，稳定其情绪，告知家长此时孩子所处地点，让家长及时赶到。

#### 2. 第二轮沟通，初步了解家长诉求

如果幼儿伤势较轻，一般家长都能理解教师，问题容易解决。如果幼儿伤势较重，家长情绪暴躁，可能需要数次协调沟通。在这一轮沟通中，教师一定要抱着关心幼儿及家长的态度。换位思考，不使用批判性、否定性的语言，多询问，探求家长的心理，了解其意愿，不与家长发生正面冲突。如果家长的情绪较为激动，教师可以选择暂时结束谈话，让

家长冷静下来，再进行沟通。但是，对于孩子及家长的身心健康，尤其是心理层面的恢复期，教师要不断关注。

### 3. 第三轮沟通，解决问题

教师要尽量在三日内解决发生的问题。家长在孩子受伤害的刺激下，心理容易发生变化，事态容易被发酵，小事变大，越及时处理越妥当。教师可提出几种解决方案，也可让家长提出方案，协商解决。

## 二、家园沟通要点

### （一）建立共同目标——爱孩子

与家长沟通要建立在一个共同的目标上，那就是爱孩子。这是基础，也是关键。在沟通的时候，要让家长时刻体会到老师对孩子的爱及关注，这样能很快拉近教师与家长之间的距离，能够使沟通顺利进行。要让家长了解教师，双方沟通的目的是争取家长的配合，更进一步地教育好孩子。

例如，教师可以这样开始：某某家长，你好，某某小朋友以前吃饭很好，不挑食，可是最近我发现他吃饭时不吃胡萝卜、香菇和绿色蔬菜，我也给他讲过了挑食的坏处，但是效果不太好，我觉得这样下去会影响他的生长发育，我想了解一下，是不是孩子最近身体不舒服，还是家里的饮食习惯发生了什么变化？如果这样沟通，家长会立刻感觉到老师对孩子的关爱，后续的沟通应该是很顺利的。

### （二）选择合适的时间与地点

#### 1. 时间的选择

大多数情况下我们是用接送孩子的时间，这时候，我们要充分对家长进行观察，如果家长一脸急匆匆的样子，这时候我们就不要追着家长谈话，即使家长耐着面子和你说话，也达不到沟通的目的。如果不是特别着急的事情，就可以以后找时间，如果是简单的交流与沟通，比如说几分钟就能解决的，可以用这个时间，所以我们在沟通之前，自己心里要明白我们要做的事和要说的话大概需要多长时间。如果几分钟没有达成共识，那教师要先行结束谈话，可以和家长预约下次谈话的时间，在教师和家长时间都很充裕的时候，沟通起来能更从容、彻底一些，这样处理能让家长感觉到教师的体贴入微，甚至联想到教师对成人都如此体贴耐心，那对孩子就会更好了，这样对今后开展工作更有利。

#### 2. 地点的选择

如果是谈论孩子的优点，那在任何地点都可以，如果是和家长沟通要改正孩子的缺点，那地点的选择就十分重要。第一，要避开其他的家长，给家长以充分的尊重。当着其他人的面让家长难堪、尴尬，教师也会给家长留下不好的印象，以后的工作就更加难以开展了，因为有的家长会尽量避免和教师接触，如果是这样还怎么进行家园沟通达成共识呢？第二，要避开孩子，不能当着孩子的面和家长谈论孩子的缺点，避免孩子产生老师在向家长告状的误会，否则孩子会对教师产生抵触情绪，不利于维持良好的师幼关系，破坏教师在孩子心目中的美好形象，不利于教师在孩子心目中树立威信。第三，要选择一个相对安静的环境，避免不必要的干扰，有利于谈话的顺利进行。

### （三）沟通方式和内容的选择

**1. 谈话方式的选择：谈话方式要因人而异**

（1）对于不太熟悉的家长，在正式谈话开始前，为了避免紧张，可以向家长关切地询问孩子的生活情况，首先消除家长的紧张情绪，还能让家长体会到教师对孩子的关爱。

幼儿园家长日常交流注意事项

（2）对于较熟悉、性格直爽的家长，或者谦虚、诚恳的家长，可直接进入正题，指出孩子近阶段的进步与存在的问题，并互相商量对策。

（3）对于脾气急躁、虚荣心强的家长，首先应多提孩子的优点，并委婉地指出孩子的缺点，缺点不要一下子都提出来，每次提一两个，这样家长心理上能接受，其他的缺点要等下次提出，否则提出太多的缺点家长难以接受。其次安排家长参加开放日活动，用事实说话，让家长自己发现孩子的问题，在家长产生解决问题的愿望时，再与其沟通。

（4）对于一些不关心孩子的家长，应直接指出问题的严重性。

（5）对于宠爱、放任孩子的家长，应宣传科学的育儿知识，推荐一些相关的育儿杂志、书籍给家长阅读，或建议、安排家长参加有关专家讲座，以丰富家长的科学育儿知识，并详细分析孩子在集体生活中的表现，让家长明白溺爱孩子的不良后果，提高家长的认识。

**2. 谈话内容的选择**

（1）谈话内容要始终集中在孩子身上，尽量多介绍孩子在园积极正面的表现，多询问孩子在家里的情况。提及幼儿时要说："咱们的孩子如何如何，咱们班的孩子怎样怎样"，这会让家长觉得很亲切。尽可能以第一人称——我来表达要说的内容，而不要用你来提出要求。如你的孩子最近经常迟到，我担心他会错过很多非常好的活动，而不是说：别让你的孩子再迟到了，他会错过很多非常好的活动。

（2）要多倾听家长的意见和看法，不要随便打断家长说话。倾听有两个好处，一是造成平等的谈话气氛。教师越乐于倾听，家长就越愿意交流。二是便于我们从中捕捉信息。家长有时会因孩子在园的一点表现而喋喋不休，追问不停。有时我们可能会感到不耐烦，但是无论如何我们都要时刻保持亲切的笑容，去面对他们，去体谅做父母的心情，以一名教师特有的耐心去面对家长，通过换位思考去了解家长，使家长相信自己有能力、有信心把他们的孩子教育好。与此同时，还要巧妙答复与引导，如"您的意思是……""您刚才说的话我是这样理解的……，您看对吗？"等。倾听时可多用开放式的提问，如"为什么？""你觉得呢？""你觉得怎么样？"等，尽量少用封闭式的提问，如"是不是？""对不对？"等。交谈一段时间后可略作总结，以表示理解和认同，如果始终是教师为主，家长可能会厌烦。

（3）在和家长沟通前、沟通中，要注意观察家长的情绪（察言观色对谈话的影响很重要，其实这也是我们的基本功课）。当家长情绪不好时，最好不要再追着家长谈话，适时地转换话题或结束话题，等家长情绪好转时再沟通，或者绕开态度强硬、性格固执的家长，转而去找孩子家中比较通情达理的、容易沟通的人进行沟通。例如，和爷爷奶奶辈不好达成共识，那就转而找幼儿的父母沟通，再由幼儿的父母去做爷爷奶奶的思想工作。

无论采用何种方式的沟通，它的前提都是：爱孩子！要让家长体会到教师对孩子的爱！在爱的基础上进行有效沟通。

### （四）掌握非语言技巧

掌握非语言技巧就是肢体语言的恰当运用。一项关于人际沟通的研究报告提出人际交往的信息中，面部表情占55%，声调占38%，语言占7%，这说明使用与言语交流相配合的非言语交流特别重要。

（1）与家长交流要保持目光的平行交流，就是平视家长，避免用仰视、俯视的眼光或游离的眼神（目光游离说明你不自信，所以你的语言也就不具备说服力，也不要目光炯炯，不要走两个极端），眼神要和蔼可亲。

（2）用发自内心的微笑、善意的表情、点头等表示对家长的尊重，身体前倾，间或以"对！""是！"等短语回应来表示对他的话题很有兴趣（要记住，不打无准备之仗，谈话之前要做足功课），要让家长感觉到你对孩子的重视及你对解决问题的决心。

（3）注意力集中，不要边谈边做其他事情，心不在焉。要始终用温和的眼神注视着对方（要让家长感受到他存在的重要性，让他感觉到目前他及孩子身上的问题是你当前工作的重点）。

### （五）换位思考，促进共情

**1. 真诚是永远的"必杀技"**

当家长对教师的工作产生不满时，教师要认真分析家长的意见，理解家长的正当情绪发泄，接纳家长的合理化建议，就会转变家长的态度，得到家长的理解和支持。所以对待家长的不满、抱怨甚至愤怒，应真诚地与家长沟通，以得到家长的信任和理解。如果确实是教师不对，要诚恳地向家长道歉。要始终尊重家长。如果家长的情绪激动，嗓门很大，则教师越要控制好自己的情绪，讲话就越要温和，语速也要越慢。

**2. 多倾听，巧换位**

一些教师听到家长的指责和抱怨，往往会本能地为自己辩护，这样只会激化矛盾。即使你很愤怒，也要面带微笑，认真倾听，千万不要抢着说话，幼儿教师只要做到三个字：让他说！还有，要把"不可能，我绝对没有说过那种话"等辩解词换成"别着急，我查查看，让我们看看这件事该怎么解决。您放心，我一定给您满意的答复"等。让家长将不满、抱怨甚至愤怒发泄出来。如果家长的言辞带有侮辱性，则暂时找个借口回避，要面带微笑说："我还有别的事。今天就先到这里，以后再谈。"

在交流技巧上要注意向家长询问一些可以自由回答的问题，如"如果您是我，应该怎样做才好呢？"尽量不要反问，否则会让家长反感的，如"为什么别的家长没意见？为什么你要我这样做？"教师要做到换位思考，要设身处地想如果自己是家长，会如何处理，也要通过询问让家长可以设想如果自己是教师，会如何处理。

## 三、家园沟通特殊情况的处理

教师不仅要与孩子多沟通，也要与家长多沟通。除了了解每个孩子的个体情况，对于

家长的情况，幼儿教师也需要了解，这样幼儿教师收到的效果会是显著的。

沟通的目的是达成共识，人与人的沟通是很不容易的，随着时代的进步与发展，家长的自身素质和教育能力也发生了很大的变化，这就对教师做好家长工作和沟通工作提出了更高的要求。以下是对不同类型的家长采取的不同沟通方式。

### （一）故意刁难凭空想象型

这类家长大多经济条件比较好，有知识，有个性。对待这类家长要热情、真诚、主动，你越不理我，我越要接近你。例如，有位小朋友的家长接孩子时很少进班，都是在门口招呼一声就走，如果进来了，肯定是有问题要问。有一次送孩子时，这位小朋友的家长说："老师，你们是不是用凉水给孩子吃药，孩子回到家说老师用凉水给她吃药，药到水里化不开。"这位教师请家长来到保温桶前，让她看一看保温桶里的水，并对她说："我们每天都打新的开水，一些家长应该也看到过我们打开水。"家长有点儿不好意思地说："噢，那可能是孩子不爱吃药吧！"自此，这位家长渐渐地和教师的话多了，也不再给教师找问题了。

### （二）过分呵护溺爱型

某位妈妈生怕孩子在幼儿园里饿着、渴着，所以每天接孩子时总带着食物和饮料，导致孩子每天下午几乎不怎么吃饭，就等着妈妈来接，然后吃妈妈带来的食物。针对这种情况，这个班的教师及时与孩子家长进行交流，先是把幼儿园每天的食谱拿给她看，然后又找到杂志和有关资料，让她明白营养过剩和不良饮食习惯的害处，渐渐地这位家长明白了科学膳食的道理。同时，通过接触，无论是在生活上还是学习教育上，都达到了与家长沟通的目的，最重要的是用教师的爱、幼教经验、科学育儿的知识得到了家长的信任。这样在家长工作中的难题就迎刃而解，家长工作就不难做了。

### （三）焦虑性

家长送完孩子却不离开，扒着门缝偷看，从而影响了班级工作。大部分教师会反感这种家长，多采取不理睬的态度应对。遇到这种情况，要主动出击，走上前去问他："您还有什么事儿吗？如果没有其他事情就请放心把孩子交给我们吧。您这样做会影响孩子的情绪和我们的工作。感谢您的配合！"也可以将孩子的表现描述给家长听："看看他自己多棒呀，情绪很好，也和小朋友一起玩玩具了，自己的事情也都可以很好地完成了。"以此缓解家长的焦虑，让家长可以放心地离开幼儿园做自己的事。

## ★步骤二 文献检索

网络平台和图书馆都是同学们拓展自己知识面的有效途径，请同学们自选方式查找可以帮助老师更好地与家园沟通的相关知识信息检索，完成信息检索目录清单（任务单3-3-1）。

任务单3-3-1 信息检索目录清单

| 检索平台 | 检索内容 | 推荐指数（最多5颗★） |
|---|---|---|
|  |  |  |
|  |  |  |

续表

| 检索平台 | 检索内容 | 推荐指数（最多5颗★） |
|---|---|---|
|  |  |  |
|  |  |  |
|  |  |  |

## ★ 步骤三　案例分析

学生分组见表 3-3-1。

表 3-3-1　学生分组

| 班级 |  | 组号 |  | 授课教师 |  |
|---|---|---|---|---|---|
| 组长 |  | 学号 |  |  |  |
| 组员 | 姓名 | 学号 | 姓名 | 学号 |  |
|  |  |  |  |  |  |
|  |  |  |  |  |  |
|  |  |  |  |  |  |
| 任务分工 |  |  |  |  |  |

**对点案例**

小（1）班有位小朋友名字叫君君，这个孩子聪明活泼，但有打人的习惯，把小朋友打哭的情况经常发生。小（1）班的几位教师对他进行了批评教育，可是一转身的工夫，他就又忘了，遇到不合自己心意的事上手就打。这一天，在户外体育活动时，君君故意用飞盘去打旁边几个小朋友的头。悦悦老师发现后赶快制止，并大声训斥了他，而他仰着头很不服气。悦悦老师对君君的表现很生气，决定把这件事告诉他的家长，家园配合对君君进行教育。

离园时，君君爸爸排队来接他，悦悦老师当着其他排队家长的面不容分说很气愤地向他爸爸说了此事："今天君君又不乖了！上午才因为在厕所推人被批评了，下午出去玩又用飞盘打了好几个小朋友。"悦悦老师本想和君君爸爸一起找办法劝导君君，可谁知平时看起来很和气的君君爸爸突然上前对着孩子打了一耳光。悦悦老师赶紧把孩子拉到一旁，看着君君惊恐的样子，又想到他爸爸的举动，真后悔向君君爸爸"告状"，想不到家长居然在老师面前对孩子大打出手，看着孩子挨打，悦悦老师心里很不是滋味，责怪自己没把孩子照看好，也没有做好家园沟通工作。

结合所学习的家园沟通的步骤和要点，说一说悦悦老师有哪些地方做得不合适，并说说应该怎样做，完成任务单 3-3-2。

任务单 3-3-2　家园沟通案例分析

| 家园沟通的问题 | 家园沟通建议 |
| --- | --- |
|  |  |
|  |  |
|  |  |
|  |  |
|  |  |
| 其他同学给我的启示 |  |

## ★ 步骤四　方案设计

某年冬天的一天，幼儿离园半小时后，悦悦老师接到佳佳奶奶的电话："你是怎么当老师的？我们到家就发现佳佳的裤子都尿湿很长时间了，你们老师都不给换，天这么冷……"佳佳奶奶的情绪很激动，吼完便挂断了电话。佳佳在幼儿园是个乖巧听话的小朋友，自理能力也比较强，在幼儿园没有出现过尿湿裤子的情况，但在活动区域玩的时候会出现玩着玩着边跺着脚边往厕所跑的情况。从平时的观察中，老师们能发现奶奶对佳佳的管教比较严厉，一点小错误也会严厉批评，悦悦老师很心疼佳佳，但又清楚地记得离园前五分钟给佳佳检查衣服、扎裤子的时候，佳佳的裤子是干的，放学时她还将佳佳抱起来道别，摸着裤子也是干的。所以，悦悦老师赶紧联系幼儿园，申请调取放学后的监控录像。结果发现佳佳放学后在操场玩了十分钟滑滑梯，奶奶便急匆匆地牵着她离开了幼儿园……

如果你是老师，该怎样与佳佳奶奶沟通，请写出你的沟通过程，完成任务单 3-3-3。

任务单3-3-3 家园沟通方案

| 沟通过程 | |
|---|---|
| 其他同学给我的启示 | |

## ★ 步骤五 学以致用

小组对制订的家园沟通方案进行讨论优化。结合小组讨论最优化后的家园沟通方案，小组成员确定角色分工，按照优化后的方案模拟进行家园沟通，完成模拟沟通后，总结组织过程中的优点与不足，完成任务单3-3-4。

任务单3-3-4 家园沟通反思

| 优点 | 不足 |
|---|---|
|  |  |

【任务评价】

说明：
(1) 任务评价包括自我评价、小组评价和教师评价，评价时要结合相应要点。
(2) 小组评价由组长负责组织，并结合小组成员的意见。
(3) 总得分计算至小数点后第二位。
按照说明完成任务评价表（任务单3-3-5）。

### 任务单 3-3-5  任务评价表

| 班级 | | 姓名 | | 学号 | | |
|---|---|---|---|---|---|---|
| 组名 | | 验收组长 | | 年 月 日 | | |
| 文档验收清单 | | 任务单 3-3-1、任务单 3-3-2、任务单 3-3-3 | | | | |
| | | 任务单 3-3-1、包含 5 份检索文献的目录清单 | | | | |
| 评价内容 | | 评价要点 | 分值 | 自我评价（20%） | 小组评价（30%） | 教师评价（50%） |
| 专业知识（60%） | 文献检索 | 能结合家园沟通要点和步骤检索相关知识 | 10 | | | |
| | 案例问题分析和家园沟通建议 | 能结合家园沟通步骤和要点找出案例中家园沟通的问题，并提出合理建议 | 15 | | | |
| | 家园沟通方案设计 | 能根据案例并结合家园沟通步骤和要点设计家园沟通方案 | 15 | | | |
| | 模拟组织家园沟通 | 模拟班级教师和家长按照家园沟通方案进行家园沟通 | 10 | | | |
| | 总结方案和组织过程中的优点和不足 | 按照优化方案模拟组织过程，并总结组织过程中的优点与不足之处 | 10 | | | |
| 个人素养（40%） | 专业精神与学习能力 | 在学习中获得满足感，对课堂生活的认同感；积极投入专业学习；不断总结与反思 | 10 | | | |
| | 参与态度、沟通合作与表达能力 | 积极主动与教师、同学交流，相互尊重、理解、平等；与教师、同学之间能够保持多向、丰富、适宜的信息交流 | 10 | | | |
| | 问题解决能力 | 在保教配合过程中能有效融入对幼儿的随机教育，富有教育智慧 | 10 | | | |
| | 信息检索与处理能力 | 能有效利用网络、图书资源查找有用的相关信息等；能将查到的信息有效地传递到学习中 | 10 | | | |
| 总分 | | | 100 | | | |

# 模块四 班级月主题活动管理

## 模块导入

当任意走进幼儿园的一个班级时,一定会被丰富、有趣的各种主题活动元素所吸引。在这些主题元素中,有的来自全园联动的大主题,如环保月、运动月、安全月、植树节、劳动节、母亲节、读书节等;有的来自班级幼儿自己发起的小主题,如可爱的蚯蚓、瓢虫的一天、蚂蚁的家、汽车家族等。那么,幼儿园各个班级为什么要开展主题活动呢?为什么幼儿园的课程中不能缺少主题活动?主题活动又是从何而来?主题活动对幼儿的发展到底有什么作用?本着这些问题,我们从幼儿园课程中把主题活动抽调出来,从班级管理的角度来审视主题活动在幼儿园班级管理过程中的地位,以及主题活动对幼儿发展的意义和作用,进而了解幼儿园班级的主题活动在班级管理的视角下应该怎样开展。

在幼儿园里,不难发现幼儿园的环境创设和主题活动是息息相关的,幼儿的作品和主题也有一定的关联。他们的创造、他们的自信和各项能力的提升常让教师们惊讶。原来只要方式方法符合幼儿的年龄特点,尊重他们的学习方式,给他们探究的时间和一定的空间,让他们自己做主学什么、怎么学,教师们就可以不用担心幼儿怎么教也学不会了。因为他们理解了、体验了、总结了、表现了,在这个过程中幼儿建构起了自己的知识能力体系,从而不断变得强大。

## 学习目标

**1. 知识目标**

(1)掌握幼儿园班级月主题计划的基本内容、特点及其制订流程。
(2)掌握幼儿园班级主题墙的设计原则及策略。
(3)掌握幼儿班级主题背景下区角设置的调整原则及方法。

**2. 能力目标**

(1)能进行班级月主题计划的设计与制订。
(2)能根据班级月主题计划内容创设班级主题墙。
(3)能根据班级月主题活动开展需要调整班级区角设置。

**3. 素质目标**

(1)通过制订幼儿园班级月主题计划、设计主题墙,以及调整学习主题活动背景下的

**幼儿园班级管理**

班级区角设置系列知识，树立科学的幼儿教育观、幼儿活动观，以及幼儿游戏观。

（2）通过模拟班级月计划制订、主题墙设计以及区角设置，树立以幼儿为主体的专业意识。

（3）通过进行小组合作任务，培养积极主动、善于合作的人格品质。

 **知识导图**

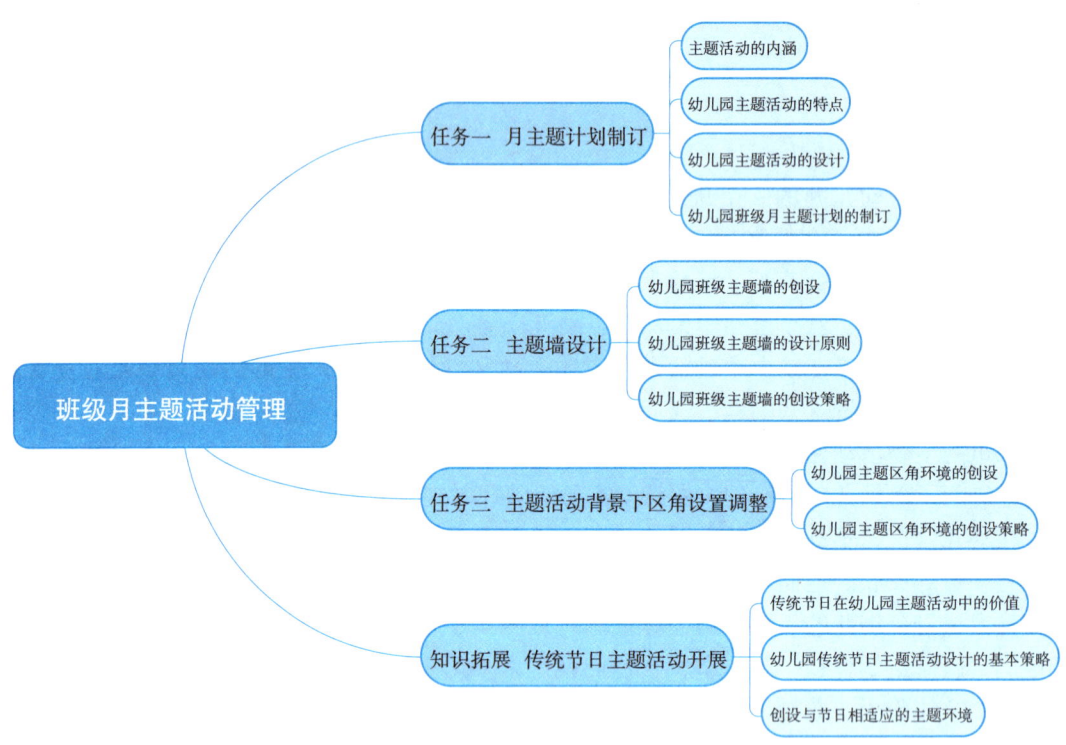

模块四 班级月主题活动管理

# 任务一 月主题计划制订

## 【任务描述】

（1）信息检索，自主拓展查阅资料，学习幼儿园班级管理中关于月主题计划制订的相关案例及知识。

（2）通过知识梳理，了解幼儿园主题活动的内涵、特点、设计与实施途径。

（3）通过知识梳理、一线观摩，以及对点案例分析，了解幼儿园班级月主题计划的基本内容及其特点，还有月主题计划的制订流程。

（4）结合以上任务内容，进一步收集资料，模拟设计班级月主题计划。

## 【任务目标】

（1）了解幼儿园主题的内涵、特点、设计与实施途径。

（2）掌握幼儿园班级月主题计划的基本内容及特点。

（3）掌握幼儿园班级月主题计划的制订流程及内在逻辑顺序。

## 【任务重点】

（1）掌握幼儿园班级月主题活动计划的基本内容及特点。

（2）掌握幼儿园班级月主题活动计划的制订流程及内在逻辑顺序。

## 【任务难点】

能基于幼儿园班级月主题计划的制订流程及内在逻辑顺序，进行班级月主题计划的模拟设计。

## 【任务准备】

（1）知识准备：幼儿园主题活动的内涵、特点、设计及实施途径；幼儿园班级月主题计划的基本内容及特点；幼儿园班级月主题计划的制订流程及内在逻辑顺序。

（2）活动准备：不同颜色的笔、笔记本、手机，幼儿园班级大、中、小班月主题计划的案例材料。

## 【任务实施】

说明：

（1）对于每一环节，各成员先自行完成，然后开展小组讨论。

（2）每一环节的讨论结束后，各成员应结合小组其他成员提出的建议，进行相应内容的修改。

### ★ 步骤一 知识梳理

一、主题活动的内涵

主题又名"主题思想"，一般指文艺作品中所蕴含的中心思想，是作品内容的主体和核心。在狭义上，是指作者在说明问题、发表主张或反映社会生活现象时，通过文章或作品的全部内容表达出来的基本观点。在广义上，是指题材概念，是社会生活或现象的某一方面，如改革主题、战争主题等。

主题活动是指在集体性活动中以一个主题为线索，围绕主题进行活动与交流。主题活动引申到社会上具有更广泛的应用价值，如主题酒店、主题餐厅、主题公园等。每当走进带有主题特色的地方时，都会给人以特别的感受。情景化、趣味化、游戏化让主题活动极具魅力。在主题活动里，人们是自由的、自主的，可以自己选择许多活动，让人们感到被尊重、有自信。

具体到幼儿教育，主题活动是幼儿园教学组织的一种形式与手段，是指引导幼儿园围绕幼儿生活中的某一个中心话题，以游戏和活动为基本形式，开展相互关联的学习活动，使幼儿获得相关经验的教育活动。主题活动因促进幼儿获得完满的学习经验和健全的人格而独具魅力。主题活动的内在目的与价值功能得到了大多数幼教人的高度认可和关注。一方面，在主题活动中，系统的学科知识已经成为主题活动的基础与前提，教师在预设主题活动时，将学科知识视为资源，配合主题情境、相关的探索活动和幼儿的学习需求进行适当安排，让学科知识进入生活，使学习内容与幼儿生活之间呈现一种有机关联的状态。另一方面，在考虑幼儿的心理发展、学习与生活状况的基础上，安排学习内容的逻辑顺序，以适应将来的生活。

## 二、幼儿园主题活动的特点

幼儿园主题活动强调以幼儿生活中具体、自然的事物为中心，让幼儿围绕中心话题进行与之相关联的学习活动，使幼儿获得整体化、综合化的新经验。

概括而言，幼儿园主题活动具有以下几方面特征：

（1）主题活动的目标关注幼儿的生活经验，常常从幼儿经历的事件中提炼并确定目标。

（2）主题活动内容确定的基点是幼儿日常生活中关注的、感兴趣的或正在探索的问题，充分尊重幼儿在活动中的主体性。

（3）主题活动过程中经验的建构是教师与幼儿在活动、交流、对话中形成的，师幼之间是合作、平等的关系。

## 三、幼儿园主题活动的设计

幼儿园主题活动是凝聚幼儿探索兴趣的核心事件。这个主题事件的选取，既可以是教师预设的，也可以是幼儿在探索活动中生成的。教师既可以选择幼儿园规定教材中的内容作为主动活动实施的内容和方向，也可以根据幼儿的兴趣，对幼儿的探索活动加以引导，从而形成生成性的主题活动。

## （一）主题活动的主题选择

### 1. 主题活动的主题类型

根据主题活动的结构化程度，可以将主题活动课程划分为三种类型，如表 4-1-1 所示。

表 4-1-1　主题活动课程类型

| 课程类型 | 具体含义 |
| --- | --- |
| 高结构、全预设性的主题活动 | 由教师或教材提供中心主题，幼儿无选择权，一般可用于小班 |
| 中结构、半生成性的主题活动 | 中心主题的选定是预设的，单主题下具体的子活动是幼儿选择的，一般可用于中班 |
| 低结构、全生成性的主题活动 | 中心主题由幼儿共同探索、共同协商而产生，主题下具体的子活动也由幼儿确定，一般可用于大班 |

在真实的幼儿园主题活动实施过程中，这三种类型的主题活动的确定方式是相互联系、相互转化的，教师可根据幼儿的年龄特点和身心发展水平，采取适宜的结构化课程。例如，有的幼儿园在主题活动的实施过程中，会根据幼儿对主题事件的熟悉程度来决定选择到底是预设主题，还是生成主题；再如，在一个主题网络下，有一半的活动是由幼儿探索生成的，而另一半是由教师预设的。

### 2. 主题活动的主题来源

主题选择的主体是教师、幼儿，或是课程的编制者。幼儿园主题活动中，主题的来源主要有以下五种途径，如表 4-1-2 所示。

表 4-1-2　主题活动来源途径

| 主题来源 | 举例 |
| --- | --- |
| 各学科领域 | 从科学领域自然知识中选取内容，形成大班主题活动"神奇的风" |
| 幼儿生活中的事件 | 每年 5—6 月，大班幼儿即将面临幼升小，可制订主题活动"我要上小学啦" |
| 幼儿共同感兴趣的热点话题 | 小班主题活动"我喜欢的玩具" |
| 幼儿共同经历的环境变化 | 入秋后，中班幼儿进行了主题活动"寻找秋天"的系列探索 |
| 重大节日或社会事件 | 中国成功申办第 24 届冬奥会（2022 年），可设计主题活动"你好，冬奥会" |

## （二）主题活动的网络编制

幼儿园主题活动通常会围绕中心主题，广泛罗列出这一主题下，幼儿所熟悉的生活事件，然后筛选出对幼儿领域能力有促进作用、有发展价值的生活事件，从而形成相对系统、完成、有层次，有内在逻辑联系的主题网络。图 4-1-1 为幼儿园小班"干净小超人"主题活动。需要注意的是，在进行主题网络图编制过程中，需要预留在该主题活动下，根据小朋友的活动兴趣，新生成的活动留白处。

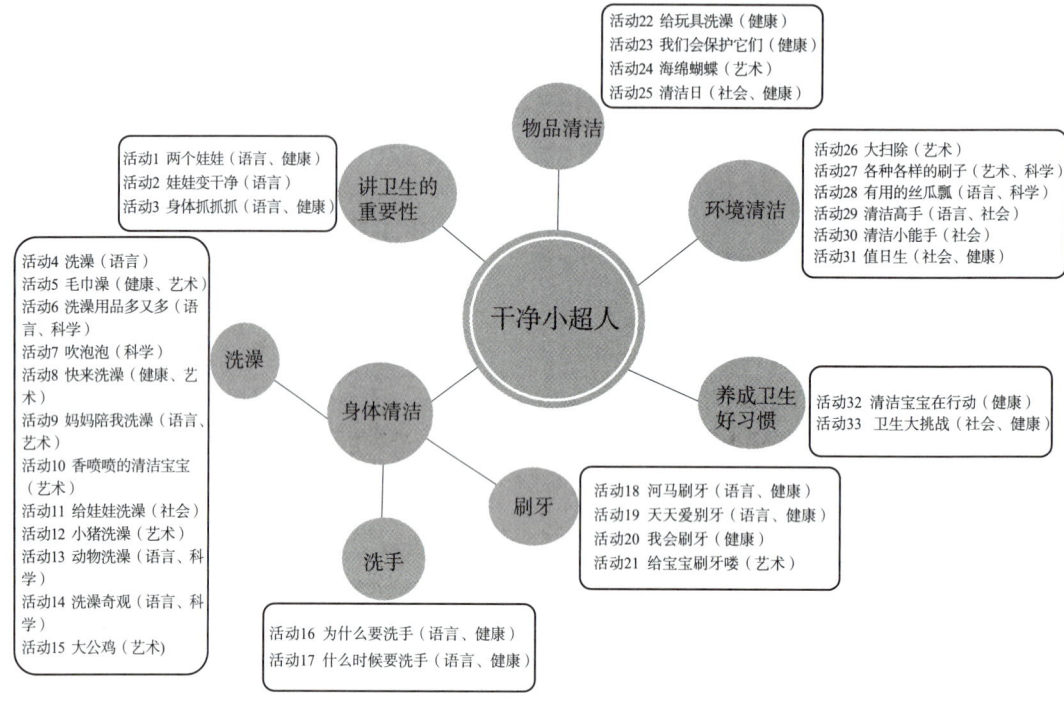

图 4-1-1　幼儿园小班"干净小超人"主题活动

## （三）主题活动的目标设计

从以上主题活动可以看出，幼儿园的主题活动具有丰富性、开放性的特点。因此，其目标的安排不是一成不变的，教师需要在预设目标的基础上紧密关注幼儿的活动，不断生成活动目标。

幼儿园常见主题
活动网络图

### 1. 制订预设目标

待主题选定后，教师可针对幼儿的年龄和心理发展特点，全面考虑幼儿的生活实际，将幼儿的经验、兴趣和长远发展有机结合起来，预设主题活动的总目标。由于主题活动的实施需要较长时间，在设计目标时要注意目标的全面性。在设计主题活动总目标的基础上，还应设计主题下系列活动的目标。

### 2. 把握生成目标

学习是教师和幼儿共同建构经验的过程，是一个不断反思和对话的过程，主题活动的目标不是僵化、固定的，而是在学习的过程中慢慢浮现出来的。教师可通过观察、判断幼儿的发展水平，决定对幼儿的哪些方面提供进一步的支持。

主题活动"玩具
总动员"目标
网络图

### 3. 兼顾个别目标

教师观察个别幼儿的言行举止，收集幼儿的作品，了解幼儿已经知道什么，可以做什么，这有助于发现幼儿的已有经验和掌握的知识与技能，对幼儿的行为信息进行整理，建立个别幼儿发展的目标，形成新的教育思路，从而促进幼儿的个性发展。

### （四）主题活动的实施途径

主题活动的中心事件是与幼儿日常生活密切相关的事件，幼儿园一日活动中的各个环节都可以有机地融合，从而促进核心主题的问题解决。其中，集体教学活动、区域活动和生活活动是幼儿园主题活动实施的重要途径。

#### 1. 通过集体教学活动实施主题活动

集体教学活动是教师在主题活动实施过程中预设的活动，其目的是帮助幼儿讨论问题，寻找方法，分享发现，推进探索进程。在主题活动的实施过程中，集教活动起到提纲挈领的作用。

首先，在主题活动实施的开始阶段，教师通过集教活动，组织幼儿进行头脑风暴式的谈话活动、竞猜活动、绘画罗列等，以了解幼儿的已有经验，梳理形成计划式的主题网络图。其次，在已经形成的主题引导下，引导幼儿进行分工，并借助成人的支持，收集资料、展开讨论、亲手实践、实地参观等，进行经验交流分享等活动。最后，还需强调的是，开展主题活动的目的是促进幼儿认知、情感、技能等方面的综合发展，这个过程具

主题活动"玩具总动员"实施一览表

有极强的生成性，为了发挥幼儿的主动性和创造性，发展和培养幼儿发现问题、解决问题的能力，主题活动过程不仅要为幼儿提供学习和活动的机会，更要设置分享交流、总结提升的环节，引导幼儿对主题活动进行全盘的回顾和反思，对获得的经验进行系统的梳理、提升，促进幼儿各领域、各方面的综合提升；同时，让幼儿体会到收获、进步的喜悦。

#### 2. 通过区域活动实施主题活动

主题活动的实施，离不开区域活动的支持。区域活动常常会构成主题活动中的各个具体的活动情境，教师要充分利用幼儿园的各种区域、家庭以及社区的资源，将其作为幼儿园开展主题活动空间，发挥不同区域空间的资源优势，支持幼儿形成更丰富的整体性学习经验，实现幼儿的主动成长。

#### 3. 通过生活活动实施主题活动

日常生活中蕴含着丰富的健康、科学、人文、社会和艺术等方面的价值，把幼儿的生活放在幼儿园教育的核心地位并加以切实关注，是幼儿园教育的基本要求。幼儿园主题活动的主题来源于幼儿生活，其实施的过程也不应脱离幼儿的日常生活。应该将主题活动的实施与幼儿的生活真实衔接起来，使其紧密渗入幼儿的一日生活中去，从而满足幼儿全面发展和健康成长的需求。

## 四、幼儿园班级月主题计划的制订

### （一）幼儿园班级课程计划的常见方式

幼儿园课程计划多种多样，可以按照不同的角度进行分类。按计划实施的实践划分，则可以分为学年计划、学期计划、月计划、周计划、日计划和具体活动计划。从幼儿园工作实践角度来看，教师一般要掌握以班级为单位的学习课程计划、月主题计划、周课程计划、一日活动计划和具体的活动计划的撰写，而且这些课程计划相互联系，共同构成了幼

儿园班级课程计划体系的不同层级。教师应结合本章节任务要求，重点讨论幼儿园班级月计划的制订。幼儿园课程计划体系如图 4-1-2 所示。

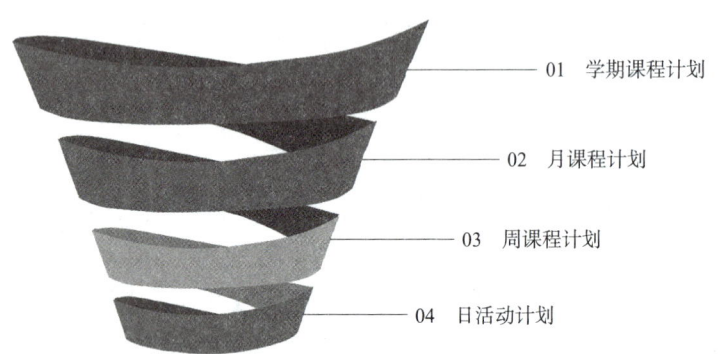

01　学期课程计划
02　月课程计划
03　周课程计划
04　日活动计划

图 4-1-2　幼儿园课程计划体系

### （二）幼儿园班级月主题计划的内容

月主题计划是由班级教师根据班级学期工作计划，结合幼儿园总体工作安排、季节特点，以及本班幼儿的实际情况等按月进行制订。

月主题计划一般根据幼儿发展的需要，拟定一两个主题，围绕主题开展相应的系列活动，以便幼儿形成关于该主题整体的学习经验。班级月主题计划通常包括主题名称、目标、主要活动安排以及相关内容、要求和措施等，是教师开展每月教育工作的主要依据。

## ★ 步骤二　文献检索

网络平台和图书馆都是同学们拓展自己知识面的有效、科学途径。请同学们自选方式进行构建幼儿园班级月主题计划制订相关知识信息检索，完成信息检索目录清单（任务单 4-1-1）。

任务单 4-1-1　信息检索目录清单

| 检索平台 | 检索内容 | 推荐指数（最多 5 颗 ★） |
| --- | --- | --- |
|  |  |  |
|  |  |  |
|  |  |  |
|  |  |  |
|  |  |  |

## ★ 步骤三　一线见习

请观察并收集一份你所在见习幼儿园班级的当月主题计划表，完成任务单 4-1-2。

**任务单 4-1-2　一线见习记录**

### ★ 步骤四　合作探究

学生分组见表 4-1-3。

表 4-1-3　学生分组

| 班级 | | 组号 | | 授课教师 | |
|---|---|---|---|---|---|
| 组长 | | 学号 | | | |
| 组员 | 姓名 | 学号 | 姓名 | | 学号 |
| | | | | | |
| | | | | | |
| | | | | | |
| 任务分工 | | | | | |

### 对点案例

请扫描下方二维码学习相关案例。

大班主题活动"春天里"

"我身边的科学"

"六个好宝贝"

（1）请同学们仔细阅读以上三个案例，结合知识梳理，以及一线见习情况，总结梳理出月主题计划的特点，完成任务单 4-1-3。

任务单 4-1-3　幼儿园班级月主题计划的特点

| 序号 | 班级月主题计划特点 |
| --- | --- |
| 特点 1 |  |
| 特点 2 |  |
| 特点 3 |  |
| 特点 4 |  |
| 其他同学给我的启示 |  |

（2）为了更好地保证幼儿学习经验的整体性和有效性，月主题计划的编写并不是零散的或杂乱无章的，而是有着内在逻辑联系的系列活动计划。请根据上述任务总结梳理出的月主题计划特点，结合三个案例材料，总结、梳理课程月计划编制的"主题演绎"的逻辑次序，完成任务单 4-1-4。

任务单 4-1-4　幼儿园班级月主题计划编制的"主题演绎"逻辑顺序

```
主题说明                    主题反思
  ↓                          ↑
[      ]                   [      ]
  ↓                          ↑
[      ]                   [      ]
  ↓                          ↑
[            ]  →  [            ]
```

## ★ 步骤五　方案设计

又到秋季，和往年一样，幼儿园的操场边，幼儿园门口的马路上，落满了金黄色的梧桐树叶，每年这个时候，孩子们总是喜欢玩一玩这些落叶。这一份来自大自然的馈赠，也是孩子们天然的玩具。因此，幼儿园计划开展以"落叶"为主题的系列活动。各年级组通过集体教研确定了与"落叶"主题活动有关的关键词，各年龄段幼儿"落叶"主题活动关键词如图 4-1-3 所示。

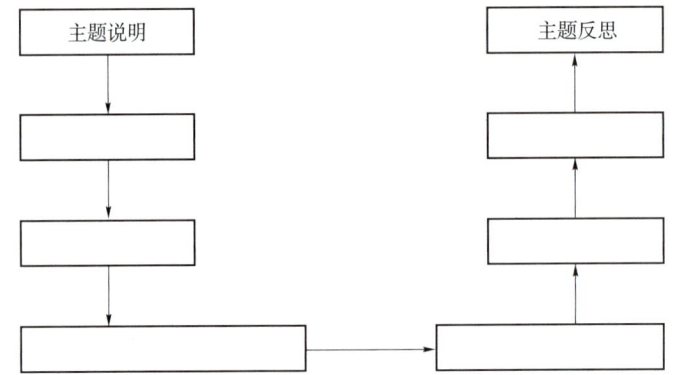

图 4-1-3　各年龄段幼儿"落叶"主题活动关键词

模块四　班级月主题活动管理

请你自行选定一个班，以班级主班教师的身份，和你的配班老师，以及保育老师（小组合作）一起讨论教研，并基于"落叶"这一主题，制订一份班级月主题计划，完成任务单 4-1-5。

任务单 4-1-5　　　班主题活动：＿＿＿＿＿＿＿＿

| 活动开展时间 | |
|---|---|
| 主题说明 | |
| 班级幼儿发展情况分析 | |
| 主题活动目标 | |
| 本月主要教育活动 | |
| 自主游戏活动目标 | |
| 安全工作目标及重点 | |
| 主题墙及环境创设 | |
| 家园互动 | |

· 185 ·

续表

| 活动开展时间 | |
|---|---|
| 主题反思 | |

注：因为班级月主题计划活动暂未实施，主题反思部分可暂不写。

【任务评价】

说明：

（1）任务评价包括自我评价、小组评价和教师评价，评价时要结合相应要点。

（2）小组评价由组长负责组织，并结合小组成员的意见。

（3）总得分计算至小数点后第二位。

按照说明完成任务评价表（任务单4-1-6）。

任务单4-1-6　任务评价表

| 班级 | | 姓名 | | 学号 | | |
|---|---|---|---|---|---|---|
| 组名 | | 验收组长 | | 年　月　日 | | |
| 文档验收清单 | | 被评价人完成的任务单4-1-3、任务单4-1-4、任务单4-1-5 | | | | |
| | | 被评价人完成的任务单4-1-1、包含5份检索文献的目录清单 | | | | |
| 评价内容 | | 评价要点 | 分值 | 自我评价（20%） | 小组评价（30%） | 教师评价（50%） |
| 专业知识（60%） | 幼儿园主题活动的内涵 | 能描述幼儿园主题活动的基本内涵及其对幼儿发展的价值 | 5 | | | |
| | 幼儿园主题活动的特点 | 能举例说明幼儿园主题活动的特点（至少3项） | 5 | | | |
| | 幼儿园主题活动的设计 | 能简要描述幼儿园主题活动的4个设计流程 | 10 | | | |
| | 幼儿园班级课程计划的6种常见形式 | 能准确说出幼儿园班级课程计划的6个常见形式 | 10 | | | |
| | 幼儿园班级月主题计划内容 | 能说出幼儿园班级月主题计划应包含的主要内容（至少6项） | 10 | | | |
| | 幼儿园班级月主题计划制订 | 能基本完成幼儿园班级月计划的详细制订（任务单4-1-5） | 20 | | | |

模块四　班级月主题活动管理

续表

| 班级 | | 姓名 | | 学号 | | |
|---|---|---|---|---|---|---|
| 个人素养（40%） | 专业精神与学习能力 | 在学习过程中获得满足感，对课堂生活的认同感；积极投入专业学习；不断总结与反思 | 10 | | | |
| | 参与态度、沟通合作与表达能力 | 积极主动与教师、同学交流，相互尊重、理解、平等；与教师、同学之间能够保持多向、丰富、适宜的信息交流 | 10 | | | |
| | 问题解决能力 | 分析问题时逻辑清晰；善于质疑，勇于创新 | 10 | | | |
| | 信息检索与处理能力 | 能有效利用网络、图书资源查找有用的相关信息等；能将查到的信息有效地传递到学习中 | 10 | | | |
| 总分 | | | 100 | | | |

# 任务二　主题墙设计

## 【任务描述】

（1）信息检索，自主拓展查阅资料，学习幼儿园班级主题墙设计的相关案例及知识。

（2）通过知识梳理、一线观摩，以及对点案例，了解幼儿园班级主题墙设计的内涵及其价值，以及幼儿园班级主题墙设计的原则及具体策略。

（3）综合运用以上内容，模拟设计班级主题墙。

## 【任务目标】

（1）了解幼儿园班级主题墙设计的内涵及其价值。

（2）掌握幼儿园班级主题墙设计的原则及具体策略。

（3）掌握幼儿园班级主题墙的设计策略。

## 【任务重点】

掌握幼儿园班级主题墙的设计策略。

## 【任务难点】

能综合运用本小节内容，掌握班级主题墙的设计策略，模拟设计班级主题墙。

## 【任务准备】

（1）知识准备：幼儿园班级主题墙设计的内涵及其价值，以及幼儿园班级主题墙设计的原则及具体策略。

（2）活动准备：彩笔、A4纸、笔记本、手机，幼儿园班级大、中、小班班级主题墙创设的案例材料。

## 【任务实施】

说明：

（1）对于每一环节，各成员先自行完成，然后开展小组讨论。

（2）每一环节的讨论结束后，各成员应结合小组其他成员提出的建议，进行相应内容的修改。

### ★步骤一　知识梳理

在班级管理中，班级环境也是十分重要的教育资源，它在幼儿的发展中起重大作用，尤其是在主题活动中，适宜的环境和材料可以有效推动幼儿的发展。主题和环境是密不可分的，主题创设环境，环境生成主题；环境激发幼儿互动，互动环境为幼儿的学习提供了非常好的资源；幼儿与环境的互动过程是教师了解幼儿的主要途径；环境也促进了家园互动。同时，环境的创设必须遵循一定原则，对环境进行科学的创设时，只有不断优化，才能达成主题活动的目标。

模块四　班级月主题活动管理

## 一、幼儿园班级主题墙的创设

主题活动中的环境创设，是把墙面环境的创设与实施的主题活动有机地结合起来，从而使主题墙动起来、活起来，真正地实现主题墙饰与幼儿之间的良性互动。有人说："当你走进一所幼儿园，不用介绍，也无须交谈，只要留意整个环境，你就能'阅读'其中蕴含着的教育信息和课程的价值取向。"幼儿是独立的、发展着的个体，他们是活动的主人，更是幼儿园环境的主人，是幼儿赋予了主题环境以生命。

著名的瑞吉欧教育模式也提出了"墙壁会说话"的观点。"墙壁会说话"是一种全新教育思想及教育方法的具体展现，它是对我们以往的环境创设的挑战；它让我们对环境创设的目标、原则、策略进行了新的审视。《幼儿园教育指导纲要（试行）》中指出：环境是重要的教育资源，应通过环境的创设和利用，有效地促进幼儿的发展。在幼儿园的教育活动中，环境作为一种"隐性课程"，对幼儿的日常教育活动起着非常重要的作用，它是教育过程中其他课程所不可替代的。而主题墙饰不仅需要给幼儿以美的感受，陶冶幼儿情操，同时应提供给幼儿主动参与、共同制作、积极探索、发挥想象和创造的良好空间，真正实现主题墙饰与幼儿的良性互动，促进幼儿身心和谐发展。

在实际环境创设中，依然存在着教师创设多，幼儿参与少，布置的内容过多重视作品的精练、美观、完整，也就是教师策划、设计、制作的现象。由于这种创设是从教师的设想和愿望出发的，认为幼儿的思维和行为依附于教师的思维和行为，没有考虑幼儿的兴趣、需要和实际的发展水平，因此失去了促进幼儿发展的教育价值。

## 二、幼儿园班级主题墙的设计原则

主题墙是幼儿园活动室的主要墙饰之一，可以帮助幼儿了解主题活动的主要内容，对主题有个概括性的认识；有利于幼儿积极地参与，表达其对主题的理解及认识，共同布置主题墙、收集资料、制作操作材料；激发幼儿的探究欲望，随着主题墙的不断丰富，幼儿对主题的认识也在不断加深。教师需要教育观念，提高对环境教育功能的认识，增强创设环境、利用环境的自觉意识，积极提高现有物质环境的利用率，在此基础上加强环境的管理，遵循一定的原则，对环境进行科学的创设，并不断优化。

### （一）主体性原则

幼儿园环境墙创设必须以幼儿为主体，创设幼儿熟悉、喜爱和积极投入的环境，让幼儿感觉到自己是环境的主人，能主动参与环境布置，并在参与过程中获得知识，从而促进认知和操作技能的发展。

### （二）效用性原则

充分利用环境设备，发挥教育效应。任何环境的创设都必须服从主题内容和需要，不能为创设而创设，要有利于幼儿观察与交流，充分发挥环境的综合功能和内在潜能，因地制宜，充分挖掘、利用已有的三维空间等条件进行构建。

### （三）动态性原则

幼儿园主题墙随着主题的生成而不断变化，布置的人不可能"一劳永逸"，它也会随着

· 189 ·

主题活动的深入不断发展，以丰富的刺激进一步诱发幼儿的主动学习。

### （四）艺术性原则

幼儿园非常注重对幼儿的审美熏陶，主题墙的布置也要体现艺术性，在内容布局、色彩运用、背景衬托上都要体现审美要素。让幼儿能够发现美，欣赏美，愿意创作美，进而达到环境育人的目标。

## 三、幼儿园班级主题墙的创设策略

### （一）根据班级月主题计划创设主题墙，赋予主题墙教育意义

主题墙的创设应根据幼儿园的主题活动形式和内容，使墙面的装饰与班级的主题活动紧密结合。幼儿园主题墙的创设有许多目的，其中最重要的是让幼儿在这个过程中得到自我提升，实现主题墙的教育意义。主题墙有助于深化有关主题活动的教育价值，帮助幼儿更好地理解主题活动。主题活动与主题墙的有机结合，还可以促使幼儿之间、师生之间、幼儿和家长之间形成良好的互动关系。同时，主题墙还可以展示相应主题活动的开展情况，见证家长和幼儿的参与过程，如图4-2-1所示。

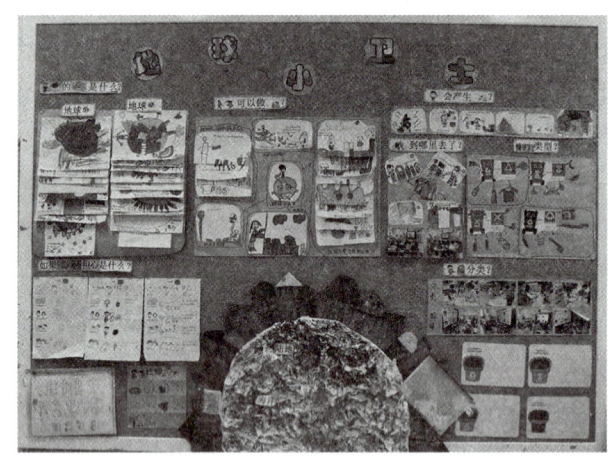

图4-2-1　"地球小卫士"主题墙展示

### （二）通过多种方式丰富主题墙内容，促进幼儿与教师之间的互动

在幼儿教育过程中，教师除了支持者的身份以外，还应充当幼儿的指引者，引导幼儿进行探索性学习，同时为幼儿努力营造有利于开展主题活动的氛围和环境，激发幼儿参与和学习的兴趣。因此，主题墙的形式和内容不能过于固定与死板，要创新展示方式和内容。鲜明的颜色更容易吸引幼儿的注意力，多样化的材料也可以将主题墙内容变得丰富立体，更容易激发幼儿的学习兴趣。

多种形式的主题墙还可以促使教师和幼儿由被动的互动转化为幼儿主动同教师一起参与主题墙创设。不同形式的主题墙饰，使师幼之间的交流能够以动态的方式展现。同时，由于主题墙饰的创设是围绕幼儿来进行的，随着与主题相关的活动不断开展，创设过程必然会促进交流与表达，增进幼儿与教师间真实的感情。

## （三）听取幼儿想法布置主题墙，提升幼儿参与度

幼儿具备独特的想象力，其思维方式与成人存在较大差别，充满了天真烂漫，主题墙应将其展示出来，既能够提高幼儿参与度，也能够使主题墙的展现形式更贴近幼儿。教师要给每位幼儿在主题墙上表现自己的机会，使其成为幼儿之间乃至整个班级进行信息互动和传递的窗口，成为幼儿尽情表达想象的空间。

例如，教师可以定期带领幼儿一起欣赏主题墙，交流感受或进行一些简单的评价，积累经验；条件允许的话，还可以带领幼儿利用散步时间到其他班级，除了增进不同班级幼儿之间的联络以外，还可以欣赏其他班级制作的主题墙饰，鼓励幼儿做出大胆的评价，并认真听取他们的想法，实现班级环境创设的全员参与。参与主题墙的创设对于幼儿来说，既是成长的脚印，也是经验的重组、情感的体验和思想的碰撞。另外，主题墙创设过程带给幼儿的收获及其对幼儿产生的教育效果都会大幅提升。

## （四）基于幼儿需要创造主题墙，激发幼儿兴趣

幼儿园主题墙

主题墙的内容应既能够衔接幼儿原有的知识经验，又能对幼儿兴趣进行相应引导。教师应本着"尊重幼儿、了解幼儿、相信幼儿"的原则来掌握本班幼儿的兴趣和需求，理论与实际相结合，构思出符合幼儿兴趣的主题墙框架。在与幼儿一起完成主题墙装饰后，教师应对幼儿进行鼓励，给予幼儿在主题墙创设中感受快乐、抒发情感、表达感受的机会，并引导幼儿发现主题墙的不足之处，一起对其进行改进，通过幼儿自身的努力取得更好的成果，提升幼儿的成就体验感。促使幼儿喜欢并积极参与主题墙创设活动，提高对相关内容的兴趣度。

综上所述，幼儿园主题墙的有效创设应遵循赋予意义、增加互动、提升参与、激发兴趣等理念，具体实施策略如表4-2-1所示。

表4-2-1 幼儿园主题墙创设实施策略

| 创设理念 | 具体实施策略 |
| --- | --- |
| 赋予意义 | 在主题墙上划分一个较为醒目的板块，利用图画等易于理解的形式向幼儿传达选择这个主题的理由、重要简介等，增加幼儿的认同感 |
| 增加互动 | 教师灵活运用时间同幼儿交谈，询问幼儿对有关主题的印象，希望用哪些有助于使班级形成主题氛围的物品来装饰墙面和环境 |
| 提升参与 | 根据幼儿给出的可行想法，引导幼儿（可适当联合家长）一起动手制作用来装饰班级墙面的物品，并鼓励幼儿分享制作过程和感受；在主题墙的装饰环节，让幼儿做些力所能及的事情，诸如将装饰物粘贴在墙面等 |
| 激发兴趣 | 完成主题墙创设后，带领幼儿观赏自己的作品，让幼儿表达自己的感受，适时提出鼓励、赞美与可改进意见的总结；在条件允许的情况下，带领幼儿一起对主题墙进行改进，让幼儿沉浸在主题墙创设过程中并产生相应的成就感，提高幼儿兴趣 |

## ★ 步骤二　文献检索

网络平台和图书馆都是同学们拓展自己知识面有效、科学的途径。请同学们自选方式

幼儿园班级管理

进行构建幼儿园班级主题墙设计的相关知识信息检索,完成信息检索目录清单(任务单4-2-1)。

任务单4-2-1　信息检索目录清单

| 检索平台 | 检索内容 | 推荐指数(最多5颗★) |
| --- | --- | --- |
|  |  |  |
|  |  |  |
|  |  |  |
|  |  |  |
|  |  |  |

## ★ 步骤三　一线见习

请观察并收集一面你所在见习幼儿园班级的主题墙,完成任务单4-2-2(可用图片+文字的形式记录)。

任务单4-2-2　一线见习记录

### 对点案例

小班月主题活动:落叶飘飘(节选部分内容)

{主题说明}

秋叶飘落的动感与幼儿跃动的心灵天然契合。丰富多样的树叶给幼儿提供了探索、发现、表达的广阔空间。摇曳飘落的、多姿多彩的树叶就是一方天地、一个世界。我们与幼儿一起进入落叶世界,去探究、去发现、去思索、去想象、去表现……

正是在这种充满兴趣的活动中,幼儿建构着自己的认知结构,发展着自己的智慧,激发起热爱自然和热爱生活的情感。正是在"落叶飘飘"主题活动中,幼儿克服了自己认知、

·192·

模块四 班级月主题活动管理

表达的局限，突破自己原有的水平，进入自觉地、积极的学习状态。

{环境创设}

① 引导幼儿完成活动材料《纸工》第×页《秋天的树》，组合成一片彩色树林，并将其布置在墙面上。

② 将幼儿捡到的落叶串接起来挂在活动室内，适时附上幼儿关于秋天的童言稚语，营造秋意浓浓的氛围。

③ 带领幼儿到附近的小区捡落叶并在教学中使用。

④ 提供有关秋天动物和植物的幼儿读物。

{家园共育}

① 周末请家长带幼儿去公园等地方采集树叶，采集的叶片或小果实带到幼儿园里，放到自然角供大家观察。

② 利用树叶与孩子玩游戏，如"小小叶片来追我""铺树叶小路"等。

③ 收集有关叶子的书籍、图片、影碟等，和幼儿一起观赏。带领幼儿去野外观看并踩踏树叶，共同感受大自然的奇妙。

④ 和幼儿一起讨论收藏叶子的办法并精心收藏叶子。

⑤ 培养幼儿自觉洗手、保管自己物品等生活自理能力。

⑥ 针对秋季干燥的特点，让幼儿注意护肤，多饮温开水。

★ 步骤四  方案设计

学生分组见表4-2-2。

表 4-2-2  学生分组

| 班级 | | 组号 | | 授课教师 | |
|---|---|---|---|---|---|
| 组长 | | 学号 | | | |
| 组员 | 姓名 | 学号 | 姓名 | 学号 |
| | | | | | |
| | | | | | |
| | | | | | |
| 任务分工 | | | | | |

请以上述案例信息为背景，重点阅读分析案例中的"环境创设"部分，以"落叶"为主题，自选大、中、小班任意一个年龄段，以小组为单位，设计一面班级主题墙，并以图文结合的方式完成任务单4-2-3和班级主题墙设计模拟草图［提示：可以根据本模块任务一中（任务单4-1-5中）的班级月主题计划内容，进行班级主题墙的设计与创设］。

· 193 ·

**任务单 4-2-3　班级主题墙内容创设计划**

| 序号 | 班级主题墙内容创设计划 |
| --- | --- |
| 1 |  |
| 2 |  |
| 3 |  |
| 4 |  |
| 5 |  |
| 6 |  |
| 7 |  |
| 8 |  |
| 9 |  |
| 10 |  |
| 11 |  |
| 12 |  |
| 13 |  |
| 14 |  |

班级主题墙设计模拟草图

模块四　班级月主题活动管理

【任务评价】

说明：
(1) 任务评价包括自我评价、小组评价和教师评价，评价时要结合相应要点。
(2) 小组评价由组长负责组织，并结合小组成员的意见。
(3) 总得分计算至小数点后第二位。
按照说明完成任务评价表（任务单 4-2-4）。

任务单 4-2-4　任务评价表

| 班级 | | 姓名 | | 学号 | | | |
|---|---|---|---|---|---|---|---|
| 组名 | | 验收组长 | | 年　月　日 | | | |
| 文档验收清单 | | 被评价人完成的任务单 4-2-2、任务单 4-2-3 | | | | | |
| | | 被评价人完成的任务单 4-2-1、包含 5 份检索文献的目录清单 | | | | | |
| | 评价内容 | 评价要点 | 分值 | 自我评价（20%） | 小组评价（30%） | 教师评价（50%） |
| 专业知识（60%） | 幼儿园班级主题墙创设的内涵 | 能描述幼儿园班级主题墙创设的基本内涵及其对幼儿发展的价值 | 10 | | | |
| | 幼儿园主题墙设计的原则 | 能举例说明幼儿园主题墙设计的基本原则（至少 3 项） | 10 | | | |
| | 幼儿园主题墙的创设策略 | 能完整描述幼儿园主题墙的创设策略 | 20 | | | |
| | 幼儿园班级主题墙的创设 | 能基本完成幼儿园班级主题墙的模拟创设（任务单 4-2-3） | 20 | | | |
| 个人素养（40%） | 专业精神与学习能力 | 在学习过程中获得满足感，对课堂生活的认同感；积极投入专业学习；不断总结与反思 | 10 | | | |
| | 参与态度、沟通合作与表达能力 | 积极主动与教师、同学交流，相互尊重、理解、平等；与教师、同学之间能够保持多向、丰富、适宜的信息交流 | 10 | | | |
| | 问题解决能力 | 分析问题逻辑清晰；善于质疑，勇于创新 | 10 | | | |
| | 信息检索与处理能力 | 能有效利用网络、图书资源查找有用的相关信息等；能将查到的信息有效地传递到学习中 | 10 | | | |
| | 总分 | | 100 | | | |

· 195 ·

# 任务三　主题活动背景下区角设置调整

## 【任务描述】

（1）信息检索，自主拓展查阅资料，学习幼儿园班级区角环境设置的相关案例及知识。

（2）通过知识梳理、一线观摩，以及对点案例，了解幼儿园班级主题活动背景下的区角设置与调整。

（3）综合运用以上内容，能对班级区角设置进行适当的调整，以更好地契合和支持班级主题活动的开展。

## 【任务目标】

（1）了解幼儿园班级主题活动背景下区角环境设置的内涵及价值。

（2）掌握幼儿园班级主题活动背景下区角环境的创设策略。

## 【任务重点】

掌握幼儿园班级主题活动背景下区角环境的创设策略。

## 【任务难点】

能综合运用本小节内容，掌握班级主题墙的设计策略，对班级已有区角设置进行适当的调整。

## 【任务准备】

（1）知识准备：幼儿园班级主题活动背景下区角环境设置的内涵及其价值，以及区角环境的具体创设策略。

（2）活动准备：彩笔、笔记本、手机。

## 【任务实施】

说明：

（1）对于每一环节，各成员先自行完成，然后开展小组讨论。

（2）每一环节的讨论结束后，各成员应结合小组其他成员提出的建议，进行相应内容的修改。

### ★步骤一　知识梳理

区角活动又称区域活动，它不同于幼儿园的其他活动那样有明显的教师设计与组织的痕迹，区角活动主要是由幼儿自己开展的活动，自己进行游戏。因此，在区角活动中，教师并不是活动的具体设计者，而是为幼儿区角活动的开展进行环境创设、材料投放，为幼儿创设出有价值的活动区域；通过创设适宜的区角活动环境来影响幼儿的活动，促进幼儿的发展与成长。

模块四 班级月主题活动管理

## 一、幼儿园主题区角环境的创设

幼儿园区角格局要依据宽泛的活动内容而安排。封闭区域和开放区域相结合，独立区域和组合区域相结合，各区角设置要自然流畅、丰富生动。如图书区和数学活动区通常呈封闭状态，让幼儿有相对安静和独立思考的活动空间；运动区、表演区则设置在相对开放、空旷并远离安静区域的场地，同时，同类或相似且容易组合的区域通常安排于相邻的位置，以便材料资源和游戏成果的沟通与共享。如美工区和建筑区这类关系比较密切的区域通常要安排在一起，在游戏过程中会自然而然地将美工区制造的房子、车子等作品放置在建筑区的主题游戏中。

为推动幼儿游戏的发展和区域间的组合，首先，教师可以有意识地调整或取消区域间的隔离栏，暗示和鼓励幼儿在区域之间的流动和组合，这样做不仅可以深化游戏内容，还可以促进幼儿间的交流和沟通。其次，改变以往活动区桌子、椅子、柜子、围栏等单一而平面式的摆放格局，将桌面、地面、墙面、悬挂等组合为全方位的立体空间形式，呈现高低有别、错落有致的游戏场景。再次，各活动区角始终呈开放的状态，并提供适宜丰富的区角操作材料，内设操作区、材料存放区、作品展示区，既满足幼儿对活动空间和操作材料的需要，还可通过作品展示鼓励幼儿的活动积极性和完成作品的任务意识。

## 二、幼儿园主题区角环境的创设策略

### （一）围绕班级主题活动目标创设区域环境

教师可根据班级主题活动目标，依据当前幼儿的兴趣和需要、幼儿生活中的矛盾和冲突、幼儿身边的人和事、社会热点话题等来进行选材，生成课程的内容，创设环境。区域环境创设的目标应该与幼儿园班级主题活动的教育目标相一致，并为实现教育目标服务。

区角游戏，玩转端午

### （二）从幼儿视角出发，鼓励幼儿参与主题活动的区域环境创设

教师应放手让孩子们大胆地参加区域活动设置，通过观察、倾听和询问幼儿的兴趣和关注点，不断融入有价值的内容，引发幼儿积极、主动、有效地学习。区域同伴之间应共同学习，共同操作，共同探索，积累经验，从而得到发展和提高。此外，还应结合区域活动，为幼儿创设利于他们操作和展示的空间环境，当幼儿把自己折的、用废旧材料做的动物和植物摆放在区域环境中时，他们体验到的是成功的喜悦和创作的快乐，同时也进一步激发了幼儿创作的兴趣。

### （三）注重主题内容整合性，变静态环境为动态环境

材料的动态性是指材料的添加、组合、回归。例如：餐厅在端午节主题活动下，就会增加投放包粽子的材料（图4-3-1），在元宵节的主题活动中，就会增加投放做汤圆的材料；美工区的手工材料KT板的边角余料，会因为在"我是职业小达人"主题活动中新开设的麦当劳餐厅区角的需要而变成"麦当劳的薯条"。为此，要依据幼儿游戏中的需要及时增加。随着主题的深入，区角环境创设也应随着班级主题活动的开展而不断进行调整和变

· 197 ·

化，也可变静态环境为动态环境。有些环境信息要随着幼儿的兴趣活动能力、活动内容、季节、节日及主题活动的发展变化，不断提供适宜的材料，让班级的区角环境随时得到更新、调整和完善，使区角环境永远保持新鲜感，对幼儿具有极大的吸引力，使幼儿与环境产生积极的互动，经常能从环境中获得新知识、新经验、新发展。

图 4-3-1　餐厅区域游戏端午包粽子

### （四）区角创设要考虑幼儿的年龄差异

#### 1. 小班

要注重家庭性、情景性、真实性的东西。在角色中进行，以娃娃家为主线，知道自己是什么角色，有时要做爸爸、妈妈、哥哥、姐姐等，在游戏中要有标志，并养成好习惯。准备半成品操作材料，促进幼儿感知觉、小肌肉动作发展。可准备自我服务的内容，如穿衣服、袜子配对、整理衣物等，使现成材料和环境互动起来。在为幼儿创设活动环境中，应尽可能地融入幼儿经历过的生活素材，尽可能将材料设置在背景之中。例如，为自己喜爱的娃娃梳妆打扮、给爸爸妈妈分鞋、找找老师的两张照片有什么区别、在娃娃家的厨房中分辨调味品、在超市为家人购置合适的物品等。

#### 2. 中班

在投放活动区的材料时，必须考虑材料与幼儿生理、心理成熟度之间的距离，即材料内容的深浅程度既要符合幼儿原有水平和基础，又能促进幼儿在原有基础上的发展，包含纵向维度和横向维度。纵向指材料投放既要符合不同年龄段的层次差异，同时要考虑同一年龄段的层次差异。不仅要清晰地体现出大、中、小班之间的差异，还要关注同一年龄班幼儿的个体发展差异。横向维度指材料的投放不仅要注重幼儿普遍的兴趣需要和生活经验，还要兼顾个体幼儿心理发展的特殊性，以满足和推进幼儿个性健康地发展。以内容点来划分区域，点与点连接起来。主题性相对而言比小班凸显一点，以装扮性游戏为主，还要有探究性的游戏出现。如主题背景下"伞的世界"中，幼儿可对伞的开启方式或对不同类型的伞进行探究，还可增加制作降落伞、彩绘伞等内容。

#### 3. 大班

一般来说，高结构的材料规范、精致、目标明确，使幼儿在操作过程中容易达到和检验自己的游戏成果；但指向明确的操作程序可能束缚幼儿的想象和创意。大班的区角材料

模块四 班级月主题活动管理

要符合低结构特点，孩子、家长共同收集生活中种种原本可能丢弃的材料，将那些看似毫无价值的东西摆到游戏的材料库中，摆在游戏的特定环境中，供幼儿创意制作。有的还可成为替代品，以探究、认知、科学方面的游戏为主线，自主结伴，自己选择内容场地、材料。例如，让幼儿自己制订游戏规则并监督执行，幼儿会把生活中了解到的规则加入游戏中，从而在自我认知冲突中成长。

## ★ 步骤二　文献检索

网络平台和图书馆都是同学们拓展自己知识面的有效途径，请同学们自选方式进行关于幼儿园班级主题活动背景下区角设置调整相关知识信息检索，完成信息检索目录清单（任务单4-3-1）。

任务单4-3-1　信息检索目录清单

| 检索平台 | 检索内容 | 推荐指数（最多5颗★） |
|---|---|---|
|  |  |  |
|  |  |  |
|  |  |  |
|  |  |  |
|  |  |  |

## ★ 步骤三　一线见习

请观察并收集你所在见习幼儿园班级的区角设置情况，重点可从班级本月主题活动名称、班级各区角名称、区角材料投放、区角背景创设等方面进行观察记录，完成任务单4-3-2（可用图片+文字的形式进行记录）。

任务单4-3-2　一线见习记录

小班"落叶飘飘"月主题活动计划一览表见表4-3-1。

表 4-3-1　小班"落叶飘飘"月主题活动计划一览表

| 活动名称 | 活动目标 | 主要活动内容 |
| --- | --- | --- |
| 树叶的旅行 | 1. 结合具体情景，认识"上"和"下"的方位<br>2. 发挥想象，运用方位词描述树叶的行踪 | 1. 听故事《小狗散步》和《树叶的旅行》<br>2. 体育游戏："我和树叶去旅行"<br>3. 绘画：树叶到过的地方 |
| 树叶鸟 | 1. 大胆想象，尝试把树叶添画成小鸟<br>2. 学习用语言表达与树叶鸟的简单对话 | 1. 树叶添画<br>2. 讲述《树叶鸟的理想》<br>3. 体育游戏："放飞树叶鸟"<br>4. 学唱歌曲：《树叶鸟》 |
| 小树叶和树妈妈 | 1. 认识、区别绿色、黄色，能一一对应找到相同的颜色<br>2. 体验妈妈和孩子之间的亲情 | 1. 学唱歌曲《小树叶》<br>2. 游戏："小树叶找妈妈"<br>3. 体育游戏："大风来了" |
| 会响的小路 | 1. 大胆想象并尝试表达小动物和风儿经过会响的小路的情境<br>2. 享受聆听树叶发出声音的乐趣，萌发热爱大自然的情感 | 1. 学故事：《会响的小路》<br>2. 游戏："寻找会响的小路"<br>3. 听说游戏："猜猜谁来了" |
| 收藏树叶 | 1. 能积极参与收藏树叶的讨论<br>2. 感受收藏和发现的乐趣 | 1. 讨论：怎样收藏树叶<br>2. 游戏："夹起来的树叶"<br>3. 游戏："晒晒我的收藏" |
| 树叶宝盒 | 1. 学习按 ABAB 模式排列树叶<br>2. 体验用树叶装饰物品的美感 | 1. 参观树叶宝盒中树叶的排列形式<br>2. 装饰树叶宝盒<br>3. 用树叶宝盒装饰教室 |
| 飘落的树叶 | 1. 幼儿自主探索物体下落的特性<br>2. 了解落叶树 | 1. 探索活动：物体下落的秘密<br>2. 游戏："寻找落叶树" |
| 落叶节 | 1. 感受秋天带来的快乐和幸福<br>2. 树叶创意作品展览 | 1. 落叶化妆舞会<br>2. 亲子落叶作品展览会 |

## ★ 步骤四　方案设计

学生分组见表 4-3-2。

表 4-3-2　学生分组

| 班级 | | 组号 | | 授课教师 | |
| --- | --- | --- | --- | --- | --- |
| 组长 | | | 学号 | | |
| 组员 | 姓名 | | 学号 | 姓名 | 学号 |
| | | | | | |
| | | | | | |
| | | | | | |
| 任务分工 | | | | | |

模块四 班级月主题活动管理

请根据上述"对点案例"中的相关主题信息，对班级的区角设置进行调整，具体内容详见任务单 4-3-3。

任务单 4-3-3　班级的区角设置调整方案

| 班级目前已有区角设置 | 该区角是否保留 | 班级区角设置调整方案 |||
|---|---|---|---|---|
| ^ | ^ | 增设主题游戏 | 提供材料 | 主要游戏内容 |
| 娃娃家 | 例：保留 | 娃娃的新家 | 不同形状、颜色的落叶装饰物 | 供幼儿重新装扮娃娃家，与班级本月主题环境相呼应 |
| 科学区 | | | | |
| 语言区 | | | | |
| 表演区 | | | | |
| 美工区 | | | | |
| 数学区 | | | | |
| | | | | |
| | | | | |
| | | | | |

备注：如有新增其他区角，可补充写在表格空白处。

·201·

【任务评价】

说明：

(1) 任务评价包括自我评价、小组评价和教师评价，评价时要结合相应要点。

(2) 小组评价由组长负责组织，并结合小组成员的意见。

(3) 总得分计算至小数点后第二位。

按照说明完成任务评价表（任务单4-3-4）。

任务单4-3-4　任务评价表

| 班级 | | 姓名 | | 学号 | | |
|---|---|---|---|---|---|---|
| 组名 | | 验收组长 | | 年　月　日 | | |
| 文档验收清单 | | 被评价人完成的任务单4-3-2、任务单4-3-3 | | | | |
| | | 被评价人完成的任务单4-3-1、包含5份检索文献的目录清单 | | | | |
| 评价内容 | | 评价要点 | 分值 | 自我评价（20%） | 小组评价（30%） | 教师评价（50%） |
| 专业知识（60%） | 幼儿园班级主题区角创设的内涵 | 能描述幼儿园班级主题区角创设的基本内涵及其价值 | 10 | | | |
| | 幼儿园班级主题区角创设的策略 | 能举例说明幼儿园班级主题区角创设的策略（至少3项） | 20 | | | |
| | 幼儿园班级主题区角创设中的年龄特点 | 能简要描述幼儿园班级主题区角创设中应考虑的年龄特点（至少能描述其中一个年龄段） | 10 | | | |
| | 幼儿园班级主题背景下区角的调整 | 能基本完成幼儿园班级主题背景下班级区角设置的调整（任务单4-3-3） | 20 | | | |
| 个人素养（40%） | 专业精神与学习能力 | 在学习过程中获得满足感，对课堂生活的认同感；积极投入专业学习；不断总结与反思 | 10 | | | |
| | 参与态度、沟通合作与表达能力 | 积极主动与教师、同学交流，相互尊重、理解、平等；与教师、同学之间能够保持多向、丰富、适宜的信息交流 | 10 | | | |
| | 问题解决能力 | 分析问题逻辑清晰；善于质疑、勇于创新 | 10 | | | |
| | 信息检索与处理能力 | 能有效利用网络、图书资源查找有用的相关信息等；能将查到的信息有效地传递到学习中 | 10 | | | |
| 总分 | | | 100 | | | |

模块四 班级月主题活动管理

# 知识拓展　传统节日主题活动开展

【任务描述】

（1）信息检索，自主拓展查阅资料，学习幼儿园传统节日主题活动开展的相关案例及相关知识。

（2）通过知识梳理，了解幼儿园传统节日主题活动开展的价值。

（3）通过知识梳理、对点案例分析，了解幼儿园传统节日主题活动开展的基本策略及环境创设。

（4）进一步收集资料，模拟设计班级传统节日主题活动的环境创设及主要活动设计。

【任务目标】

（1）了解幼儿园传统节日主题活动开展的价值。

（2）掌握幼儿园传统节日主题活动开展的基本策略。

（3）掌握幼儿园传统节日主题活动开展中的环境创设策略。

【任务重点】

（1）掌握幼儿园传统节日主题活动开展的基本策略。

（2）掌握幼儿园传统节日主题活动开展中的环境创设方法。

【任务难点】

能进行班级传统节日主题活动的设计及模拟环境创设。

【任务准备】

（1）知识准备：我国传统节日的名称、习俗、内涵；幼儿园节庆主题活动的特点；传统节庆主题活动设计及实施路径。

（2）活动准备：彩笔、笔记本、手机。

【任务实施】

说明：

（1）对于每一环节，各成员先自行完成，然后开展小组讨论。

（2）每一环节的讨论结束后，各成员应结合小组其他成员提出的建议，进行相应内容的修改。

## ★ 步骤一　知识梳理

传统节日是中国传统文化的历史积淀，是人们几千年来生活的动态表象，更是中华民族传统文化的重要组成部分。在岁月的洗礼中，形成了极具代表性与典型性的传统民族象征。传统节日所反映出的社会观念，蕴含着深厚的文化底蕴，体现了"立德树人"的思想。传统节日与增强民族意识、增进社会关系和畅想美好未来有密切联系。幼儿园主题活动是实施传统节日教育的最佳路径。幼儿教师要深入挖掘这一文化宝藏，运用主题活动开展传统节日教育,将二者结合既有利于传承和发扬优秀中华传统文化,也有利于培养幼儿民族认同与家国情怀,落实幼儿园立德树人的教育目标。

## 一、传统节日在幼儿园主题活动中的价值

### (一)传承和发展传统节日文化

传统节日是中华民族几千年来生活的动态表象,寄托着中国人民几千年来的历史情感。在时间的沉淀与过滤中,传统节日集聚了文化习俗、祭祖敬长等中华民族的优良传统。经过幼儿教师专业科学地筛选,引导幼儿学习传统节日的精华,去除传统节日中的封建糟粕等。将传统节日与现代生活的发展结合并进行创新,巧妙地将传统节日文化知识传递给幼儿。幼儿教师在将传统节日传承给幼儿的过程中,还要注重对文化的创新。教师精准把握传统节日与现代文化的契合点,为幼儿添加生活气息的节日文化等。实施传统节日主题活动,有利于传统节日文化的传承和发展。

### (二)培养和提升幼儿的文化素养

传统节日具有丰富的文化内涵,节日的仪式感是我们日常生活中的调味剂。对幼儿进行传统节日教育,有利于增强幼儿的国家认同感。通过传统节日主题活动的实施,有利于从学前教育阶段弘扬传统文化,引发幼儿对传统节日的喜爱之情。传统节日中蕴含的中华人民风俗习惯、社会气息,使学习过程中幼儿的社会交往能力得到锻炼,提升幼儿的情感认知。多元传统节日蕴含的文化底蕴不同,例如,端午节意在培养幼儿的爱国之情;中秋节与春节可以培养幼儿的爱家团圆情感;清明节与重阳节培养的是幼儿祭祖、敬长的情感等。这样,幼儿就可以在多样的传统节日文化中培养与提升自身的文化素养,如图4-4-1所示。

图4-4-1 幼儿园重阳节主题活动的开展

### (三)丰富和完善幼儿园教学资源

幼儿园教学资源不应仅局限于幼儿园本身,而应家、园、社三方共同努力,进行教学

资源的丰富与完善。传统节日主题活动在实施的过程中，三种资源的整合使得教育效果会更佳。幼儿园的环境创设是一种隐性教学，在园所环境中创设与传统节日相关的教育内容，幼儿教师在一日活动中的碎片时间可以间接引导幼儿学习其蕴含的教育价值。在家庭中，家长应承担起自身的教育责任，增强教育意识，善于发现和抓住传统节日的教育契机，促进幼儿学习和观察节日中所渗透的社会情感。要善于利用社区与家长的力量。在传统节日主题活动实施的过程中，多种教材教具的使用与制作，多方合作的创意与想法，都将是呈现给幼儿的教育机会。在三方共同促进幼儿发展的教育环境下，幼儿园教学资源得到最大化的丰富与完善，有助于促进幼儿身心健康的发展。

## 二、幼儿园传统节日主题活动设计的基本策略

### （一）确定活动目标

活动目标是对教育宗旨和教育目的的反映，是对活动固有价值在某种程度上的表现，是活动任务直白的表现形式。对于主题活动来说，其目标分为两个层次：主题活动的总目标和活动的具体目标。本模块主要着眼点在于整个传统节日主题活动，完整、具体的活动目标一般是在主题进行过程中不断调整和完善才呈现出来的。节日主题活动总目标的设计一般根据社会领域的目标制订，中间渗透着其他领域的目标。其完成的主要任务是促进幼儿社会性的发展，具体来说，就是培养幼儿对民族文化的认同感，尊重和友好地对待其他种族的文化与人，在活动的多样性中学习知识，在动手创作中感受文化的熏陶，并发展动手操作能力。

对于不同年龄的幼儿，由于其身心发展规律不同，设定目标时应该有所侧重，如小班幼儿可以侧重于节日氛围和典型活动的参与、感知；中班幼儿可以侧重于节日内涵的体验与理解；大班幼儿就可以侧重于幼儿对节日的展现和创造。各年龄段的幼儿基本走向应该是：感知—理解—创造。

### （二）精心设计活动内容

活动内容的选择是活动设计中最重要的部分，设计幼儿园传统节日主题活动的内容，可以从以下四个方面进行。

#### 1. 确定主题的核心价值

每个主题都有核心价值，也称组织中心。不同的主题核心价值会产生不同的主题内容、主题规模，影响主题开展的广度和深度。对于传统节日主题来说，每个传统节日都有其教育倾向性，比如说有的以情感教育为主，有的以认知教育为主。作为教师，该如何挖掘节日主题的核心价值，把握住节日主题的设计方向呢？总的来说，就是要找到各节日最典型的习俗，结合节日的整体基调，与幼儿社会性的发展需要相结合，然后加以提炼、概括。例如，元宵节最典型的活动是挂红灯、闹花灯，结合节日洋溢的欢庆气氛，提炼的核心意蕴可以为"光明""红火"；清明节是缅怀逝者的节日，又是万物生发的节气，其核心意蕴就可以提炼为"纪念""生命"；重阳节最有名的活动是登高，又是老人节，其核心意蕴就可以为"向上""敬老"等。循着这样的思路，其他节日也会被理解

和提炼得更好。

### 2. 围绕核心价值，选择活动内容

教师在选择活动内容时，要注意从幼儿的需要、兴趣出发，关注幼儿社会性的发展。全部活动应该自传统节日内涵"取意"，以幼儿的需要和兴趣"创意"利用传统节日的典型习俗（活动），从幼儿的视角层层展现不同活动中对于核心意蕴的理解。例如，如果将春节的核心意蕴定为喜庆、祝福、迎新、团聚，围绕"喜庆"这个意蕴，我们就可以利用春节中"抛愁帽"的习俗设计系列活动。"抛愁帽"这一习俗的本意是送穷、迎福。从幼儿的方式理解就可以将活动设计为：游戏"抛愁帽"——抛帽与困难——愁帽与责任——游戏"接喜帽"。再如，重阳节"向上"的意蕴，从登高这一典型习俗切入，就可以设计为：实践活动"登高望远"——故事"井底之蛙"——环境创设"成长阶梯"——游戏"插菜英"。这样围绕核心价值层层展开设计活动内容，既体现了传统节日的内涵，又与幼儿现实的发展相结合，使节日真正成为"幼儿自己的活动，为了幼儿的活动"。

### 3. 设计多种多样的活动形式

幼儿园中经常使用的活动形式包括生活活动、游戏和活动、课题教学活动（即上课）。其中游戏是幼儿园的基本活动。这些活动的组织形式，根据参与活动的人数还可以分成全班集体的、小组的和个别的活动；根据教师对活动的控制、干预程度可以分成幼儿的自由活动与教师预先建构的活动、集体活动与区角活动等。所以，在设计节日主题活动时，只有根据活动的目标、内容，根据幼儿发展的个别差异，把整体形式与具体内容相结合，综合运用多种活动形式，才能有效地完成节日主题活动。例如，"红彤彤的年"这个主题活动，既可以开展诸如"年的传说""红红的对联""年画欣赏"等集体活动，又可以进行剪窗花、舞龙狮等小组活动，也可以让幼儿在区角活动中独立活动，感受年的氛围，幼儿还可以和家长一起包饺子、做游戏。总之，活动的组织形式并非一成不变的，要根据目标、内容灵活选择，有效地完成活动。

### 4. 灵活运用多种活动手段

活动手段主要包括集体活动（阅读、讲述、谈话、讨论、体验、操作等）、生活（参观）、游戏、娱乐（表演）等。各种活动手段交替使用，有益于幼儿对活动保持持久的兴趣，乐于参加活动，促进身心全面发展。以国庆节为例，首先，从情感方面入手，运用参观、讨论、看历史图片资料等多种手段，激发幼儿了解祖国妈妈的兴趣，增强作为中国人的自豪感，从而调动幼儿学习的积极性。其次，在知识的传授方面，通过听国歌、制作国旗，感受中国立体地形图，欣赏京剧、国画，在区角活动里通过运用探索、体验等手段，让幼儿了解祖国的风貌、国歌、国旗、国徽，初步认识中国的行政区域、地形、民族等。最后，在能力方面，让幼儿通过绘画、小制作、娱乐表演等多种形式表现自己对祖国妈妈生日的献礼，发展幼儿的动手能力和创作能力。

## 三、创设与节日相适应的主题环境

《幼儿园教育指导纲要（试行）》中指出："环境是重要的教育资源，环境的创设和利用，有效地促进幼儿的发展。"具体来说，表现在以下两个方面。

模块四　班级月主题活动管理

## （一）创设有准备的环境

创设与节日相适应的幼儿园及班级环境，可以让幼儿在浓郁的节日氛围中，耳濡目染地受到熏陶，感受不同节日的特点及其传递出来的文化魅力。教师在创设环境时主要注意以下两点。

**1. 要创设能满足幼儿情感、游戏需求的真实的生活情境**

节日就是人实实在在的生活。我们要培养幼儿成为怎样的人就要给他什么样的生活。同样，我们如果要让幼儿感受春节是喜庆、团圆的日子，那么我们就要布置一个相应的节日环境，包括区角设置、墙饰布置等，根据主题活动的内容，在区角的设置中，美术区应该包括能展现出具有中国年味儿和民族特色的物品（春联、年画、舞狮、中国结、窗花等）；语言区应该布置一些有关年俗的小故事等。

在布置班级环境时，教师要注意幼儿的兴趣、需要，应与幼儿一起规划、设计、收集资料、布置、美化、调整、管理，比如清明节，教师和幼儿共同布置大型壁饰"放风筝"，教师做大风筝，幼儿做小风筝，在共同参与中，既让幼儿了解了有关的节日习俗，又提升了幼儿的动手能力，还让幼儿体会到了布置环境、亲手创作的成就感。

**2. 要创设能帮助幼儿积累多方面经验的丰富的操作环境**

这种操作环境的提供，不仅包括某个集体活动中的材料丰富，还包括区域活动中材料的充足。以传统节日为例，节日活动中涉及的很多内容都与民俗民艺有关，如风筝、花灯、剪纸作品等。而对于幼儿来说，这些民俗民艺就是动手、动脑、动身的艺术，民间艺术就是与提取一定的生活经验联系在一起的艺术。从这个意义上来说，在活动中，提供操作丰富的材料比呈现民间成品更重要。比如，对于"元宵节做花灯"这个活动，教师不仅要为幼儿呈现出漂亮的花灯，而且要为幼儿提供丰富的做花灯的材料（各种彩纸、废旧的小盒子、小灯泡、装饰用品等），尽可能地激发幼儿的创作欲望，并满足幼儿这种欲望，既保证幼儿可以自由选择材料制作花灯，同时，在区域活动区中，教师也要放置相应的材料，因为，在有限的集体活动里，要让每位幼儿的探索欲望得到充分的满足是不可能的。而区域活动区的活动恰好可以弥补这个不足，让发展速度不同和认知水平不同的幼儿根据自己的兴趣、需要和能力自由探索，使他们的能力得到更充分的发展。

## （二）利用现有的环境资源

利用现有的环境资源，主要是指挖掘来自生活、社会中的节日教育资源。可以从以下两点入手。

**1. 走出去——到自然、社区中去**

很多传统节日活动的内容都来自我们周围的自然环境，例如，在我们的传统节气活动中，老师就可以带领幼儿到自然中，观察公园里花草树木的变化，帮助幼儿直观地理解节气与植物生长变化之间的关系。

丰富多彩的社区环境，可以让幼儿在开阔视野的同时，丰富早期社会经验，体验不同的社会角色情感，促进幼儿社会性的全面发展，如过春节时，大红灯笼高高挂，烟花爆竹啪啪响，年画春联处处飘，家家户户喜洋洋，孩子们穿新衣、放鞭炮、贺岁等，这些可以让幼儿在社会中感受节日的氛围，可以给幼儿留下深刻的社会体验。

· 207 ·

### 2. 请进来——让社区人员到幼儿中间来

在幼儿园的传统节日主题活动中，教师以及幼儿园都要充分挖掘家长及幼儿园所在社区中的资源，这些资源往往可以给幼儿园的活动带来不少亮眼之处。例如，重阳节时，幼儿园可以组织幼儿到社区所辖的敬老院开展爱老、敬老的系列活动。此外，幼儿的爸爸妈妈、爷爷奶奶、外公外婆都是很好的资源。例如，在制作一些传统节日美食时，就可以邀请擅长制作这一类美食的家长来园，带领幼儿一同制作节日美食；这样不仅可以让家长直观地了解到幼儿在园时的情况，也可以更好地促进家园工作的顺利开展。

我国是一个具有悠久历史和丰富节日文化的泱泱大国，许多传统的节日都凝聚着古老民族文化的精华，也承载着博大精深的中华文化。每个节日都有历史的渊源、美妙的传说、独特的情趣，是后人取之不尽的宝贵财富，它独有的内涵对于道德素养和理想人格的培养具有重要价值，对于幼儿人文素养的培育有着不可替代的优势。要将中国传统节日渗透在幼儿园的主题教学活动中，在节日主题活动中可及早注入民族传统文化，让幼儿从小就知道自己的民族文化，让中国博大精深的民族文化在幼儿们的心中发芽、结果，为树立民族精神打下坚实的基础。

## ★ 步骤二　文献检索

网络平台和图书馆都是同学们拓展自己知识面的有效途径。请大家自选方式进行幼儿园传统节日主题活动相关知识信息检索，完成信息检索目录清单（完成任务单4-4-1）。

任务单4-4-1　信息检索目录清单

| 检索平台 | 检索内容 | 推荐指数（最多5颗★） |
| --- | --- | --- |
|  |  |  |
|  |  |  |
|  |  |  |
|  |  |  |
|  |  |  |

### 对点案例

请扫描下方二维码学习对点案例。

幼儿园中秋节主题活动

幼儿园端午节主题活动

幼儿园元旦节主题活动

幼儿园重阳节主题活动

幼儿园冬至节主题活动

幼儿园元宵节主题活动

## ★ 步骤三　方案设计

学生分组见表4-4-1。

模块四　班级月主题活动管理

表 4-4-1　学生分组

| 班级 |  |  | 组号 |  | 授课教师 |  |
|---|---|---|---|---|---|---|
| 组长 |  |  | 学号 |  |  |  |
| 组员 | 姓名 |  | 学号 |  | 姓名 | 学号 |
|  |  |  |  |  |  |  |
|  |  |  |  |  |  |  |
|  |  |  |  |  |  |  |
| 任务分工 |  |  |  |  |  |  |

请以小组为单位，根据下列主题活动背景信息，进行主题环境创设及主题活动设计。

中班主题活动"快乐端午节"

{主题说明}

端午节历史悠久，是中华民族的传统节日之一。两千多年来，通过包粽子、吃粽子、赛龙舟等活动寄予了人们对先贤的追思。在天气日趋炎热、易患湿热疾病的时候，驱五毒、做香袋、插艾草、挂菖蒲等，寄予了人们对生活朴素而美好的愿望。传统节日到底应该给孩子提供哪些信息呢？只是品尝粽子，学习包粽子吗？还是当观众看看赛龙舟呢？传统节日文化应该怎样浸入幼儿心灵呢？我们通过听故事、学歌曲、亲自体验、动手操作等形式，让幼儿了解端午的来历、习俗知识，并发动家长共同营造完整丰富的环境，与幼儿一起包粽子，编鸭蛋网，购买艾叶、菖蒲，感受中国传统节日特有的韵味，感受中国传统文化的魅力。

{主题目标}

（1）了解端午节的名称、来历和有关习俗，知道端午节是中华民族传统节日。

（2）能积极参与做香囊、绘彩蛋、编鸭蛋网、包粽子、赛龙舟等端午传统活动。

（3）愿意通过展览、表演、制作等方式表达自己在端午节中的感受。

（4）体验端午节特有的传统民俗，激发幼儿参与传统活动的兴趣，从而增强他们对中国传统文化的认同感。

{环境创设}

制作"端午节"班级主题环境创设计划表，完成任务单 4-4-2。

任务单 4-4-2　"端午节"班级主题环境创设计划表

| 序号 | 班级主题环境创设计划 |
|---|---|
| 1 |  |
| 2 |  |
| 3 |  |

· 209 ·

续表

| 序号 | 班级主题环境创设计划 |
|---|---|
| 4 |  |
| 5 |  |
| 6 |  |
| 7 |  |
| 8 |  |
| 9 |  |
| 10 |  |
| 11 |  |
| 12 |  |

{主题活动设计}

制作"端午节"班级主题活动设计一览表,完成任务单4-4-3。

任务单4-4-3 "端午节"班级主题活动设计一览表

| 活动名称 | 活动目标 | 主要活动内容 |
|---|---|---|
|  |  |  |
|  |  |  |
|  |  |  |

模块四 班级月主题活动管理

续表

| 活动名称 | 活动目标 | 主要活动内容 |
|---|---|---|
|  |  |  |
|  |  |  |
|  |  |  |
|  |  |  |
|  |  |  |

## ★ 步骤四　展示赏学

推荐两组同学分别对任务单4-4-2和任务单4-4-3进行小组最优方案汇报。其他组同学认真观摩并点评，个人结合小组展示情况，反思总结自己的方案设计，完成任务单4-4-4。

任务单4-4-4　幼儿园"端午节"主题活动设计展示赏学反思总结

| 反思 | 总结 |
|---|---|
|  |  |

## 【任务评价】

说明：

（1）任务评价包括自我评价、小组评价和教师评价，评价时要结合相应要点。

（2）小组评价由组长负责组织，并结合小组成员的意见。

(3) 总得分计算至小数点后第二位。

按照说明完成任务评价表（任务单4-4-5）。

### 任务单4-4-5 任务评价表

| 班级 | | 姓名 | | 学号 | | |
|---|---|---|---|---|---|---|
| 组名 | | 验收组长 | | 年 月 日 | | |
| 文档验收清单 | | 被评价人完成的任务单4-4-2、任务单4-4-3 | | | | |
| | | 被评价人完成的任务单4-4-1、包含5份检索文献的目录清单 | | | | |
| 评价内容 | | 评价要点 | 分值 | 自我评价（20%） | 小组评价（30%） | 教师评价（50%） |
| 专业知识（60%） | 幼儿园开展传统节日主题活动的价值 | 能简要分析说明幼儿园开展传统节日主题活动的价值（不少于3项） | 10 | | | |
| | 幼儿园传统节日主题活动的目标确定 | 能举例说明幼儿园传统节日主题活动目标确定的原则 | 10 | | | |
| | 幼儿园传统节日主题活动设计基本策略 | 能完整描述幼儿园传统节日主题活动设计基本策略（不少于4项） | 10 | | | |
| | 幼儿园传统节日主题活动中的环境创设 | 能简要说明幼儿园传统节日主题活动中环境创设的常用策略（不少于3项） | 10 | | | |
| | 幼儿园传统节日主题活动设计 | 能进行幼儿园班级传统节日主题活动的模拟设计（任务单4-4-2、任务单4-4-3） | 20 | | | |
| 个人素养（40%） | 专业精神与学习能力 | 在学习过程中获得满足感，对课堂生活的认同感；积极投入专业学习；不断总结与反思 | 10 | | | |
| | 参与态度、沟通合作与表达能力 | 积极主动与教师、同学交流，相互尊重、理解、平等；与教师、同学之间能够保持多向、丰富、适宜的信息交流 | 10 | | | |
| | 问题解决能力 | 分析问题逻辑清晰；善于质疑，勇于创新 | 10 | | | |
| | 信息检索与处理能力 | 能有效利用网络、图书资源查找有用的相关信息等；能将查到的信息有效地传递到学习中 | 10 | | | |
| 总分 | | | 100 | | | |

# 模块五　班级学期统筹管理

## 模块导入

统筹管理是管理者利用资源，统一全面规划，从而有效实现全局最优的管理方法。凡事预则立，不预则废，这句话高度概括了班级学期统筹管理的重要性。在幼儿教师进行班级管理时，班主任需要做到心中有蓝图，运用统筹管理的方法进行班级管理，使班级三位保教人员都能全面掌握班级情况，明确班级幼儿发展的目标，明确任务要求，统一步调，协调配合，保证教养任务顺利完成，从而提高保教质量和工作效率。

## 学习目标

**1. 知识目标**

（1）掌握制订学期工作计划与总结的要点和基本要素。

（2）掌握幼儿成长档案的设计内容与方法。

（3）掌握合理规划布局班级区域的策略和各区域规划具体实施要求。

（4）掌握幼儿园班级家长工作管理的指导组织流程及实施要点。

**2. 能力目标**

（1）能根据幼儿年龄特点，有针对性地制订一份合理的学期工作计划。

（2）能根据幼儿自身的特点，设计出合理的幼儿成长档案。

（3）能对观摩幼儿园班级区域规划给出正确的分析及修改方案。

（4）能综合运用班级物质环境管理要点和策略，图文并茂进行班级物质环境创设方案制订。

（5）能梳理家长会和亲子活动工作组织流程实施要点，撰写活动方案。

**3. 素质目标**

（1）通过班级计划制订、区域规划方案设计树立良好的统筹管理意识。

（2）通过观摩幼儿园班级区域规划，运用本模块专业知识给出正确的分析及修改方案，树立正确的幼儿观。

（3）通过组建共学小组，树立团队合作意识，提升人际交往能力与沟通能力。

（4）通过对幼儿园班级家长工作管理体系知识的学习，树立家园共育意识。

## 知识导图

班级学期统筹管理
- 项目一 班级资料管理
  - 任务一 学期工作计划与总结的制订
    - 学期工作计划的制订
    - 幼儿园学期工作总结的制订
  - 任务二 幼儿成长档案的设计
    - 幼儿成长档案的定义与功能
    - 幼儿成长档案的内容
    - 制作成长档案的注意事项
  - 知识拓展 班级其他资料管理
    - 班级资料管理的意义
    - 班级资料管理的方法
    - 班级工作资料管理要注重实效性
    - 班级主要常见资料管理内容
- 项目二 班级环境创设管理
  - 任务一 班级区域规划
    - 合理规划布局班级区域的意义
    - 合理规划布局班级区域的策略
    - 班级各区域规划具体实施要求
  - 任务二 班级物质环境创设
    - 幼儿园班级物质环境创设内涵
    - 幼儿园班级物质环境创设的内容与管理要求
    - 创设优质班级物质环境的策略
  - 知识拓展 班级良好精神环境创设
    - 师幼关系管理
    - 幼儿同伴关系管理
    - 教师同事关系管理
    - 教师家长关系管理
- 项目三 班级家长工作管理
  - 任务一 家长会策划方案制订
    - 家长会的认知
    - 家长会的类型及组织形式
    - 家长会的组织流程
  - 任务二 亲子活动策划方案制订
    - 亲子活动的认知
    - 亲子活动的组织实施
  - 知识拓展 家庭教育指导
    - 家庭教育法的认知
    - 家庭教育指导的基本原则
    - 家庭教育指导师的能力要求
    - 家庭教育指导师的职业前景

# 项目一　班级资料管理

## 任务一　学期工作计划与总结的制订

**【任务描述】**

（1）信息检索，自主拓展查阅资料，学习幼儿园班级资料管理相关专业知识。

（2）根据要求，尝试制订一份合理的小班学期工作计划。

（3）根据要求，尝试制订一份小班学期工作总结。

**【任务目标】**

（1）理解制订学期工作计划与总结的内涵和特点。

（2）掌握制订学期工作计划与总结的要点和基本要素。

（3）清楚制订学期工作计划与总结应注意的问题。

**【任务重点】**

根据学期工作计划的制订要点，正确并合理制订班级学期工作计划。

**【任务难点】**

根据幼儿园小班特点，有针对性地制订一份合理的学期工作计划。

**【任务准备】**

（1）知识准备：制订学期工作计划与总结的内涵和特点，制订学期工作计划与总结的要点和基本要素，制订学期工作计划与总结应注意的问题。

（2）活动准备：A4纸、笔记本、笔、手机、幼儿园班级学期计划与总结示范案例。

**【任务实施】**

说明：

（1）对于每一环节，各成员先自行完成，然后开展小组讨论。

（2）每一环节的讨论结束后，各成员应结合小组其他成员提出的建议，进行相应内容的修改。

### ★步骤一　知识梳理

#### 一、学期工作计划的制订

学期工作计划是指结合本班幼儿的情况制订本学期的工作重点和具体的工作措施。学期工作计划是指导一个学期班级各项工作全面、有效开展的依据，除了班级情况分析、保教目标、各阶段的目标和措施外，班级学期工作计划中还可以包括家长工作、环境创设、游戏活动等内容，教师可以根据园所的要求和实际情况进行撰写。教师制订的学期工作计划应符合实际，具体安排应具有可操作性，能对实际工作起到指导作用。

### （一）学期工作计划的特点

学期工作计划是由主班教师组织本班保教人员共同分析班级幼儿发展、家长情况和本班工作状况等，并在认真学习相关教育法律法规、明确幼儿园工作目标和任务的基础上，共同讨论制订的，因此，必须符合本班工作实际和本班幼儿的发展特点。学期工作计划具有价值的明确性、方向的正确性、目标的针对性、内容的全面性等特点。"价值的明确性、方向的正确性"是指班务工作计划要体现国家的教育方针和正确的教育思想，体现保教结合，"以游戏为基本活动"，体现"直接感知、实际操作、亲身体验"等教育理念。而"目标的针对性、内容的全面性"是指班务工作计划要包括幼儿园五大领域，以及一日活动各方面的内容；同时，在分析本班幼儿具体情况的基础上，提出符合幼儿年龄特点和实际需要的目标。

### （二）制订班级学期计划的依据

制订一份目标明确、措施具体的计划，不可能凭空想象，需要有一定的事实依据。从学校管理学的理论和幼儿园工作的实践来看，制订班级工作计划的主要依据如下：

**1. 我国幼儿园教育目标**

我国幼儿园教育目标是实行保育与教育相结合的原则，对幼儿实施德、智、体、美、劳诸方面全面发展的教育，促进其身心和谐发展。这一目标是确定幼儿园教育任务、评估幼儿园教育质量的根本依据，国家通过这一目标对全国幼儿园教育进行领导和调控。因此，幼儿教师必须以我国幼儿园教育目标为依据，在其指导下制订相适应的幼儿园班级工作计划。

**2. 幼儿园园务工作计划**

幼儿园园务工作计划是在结合本园实际情况的基础上制订出来的，既保证了幼儿园工作的方向，还执行了上级教育行政部门的指导，又体现了该幼儿园的特点，对幼儿园班级工作的开展、幼儿园班级工作月计划、班级工作周计划都具有直接的指导意义。园务工作计划中的目标、任务是对全园每个班而言的。因此，在制订班级工作计划的目标和内容时，要与之保持一致。幼儿园班级管理工作计划的层次如图 5-1-1-1 所示。

**3. 班级的实际情况**

班级的实际情况可以分为上一学期班级工作计划的落实情况和班级幼儿的具体情况。上一学期班级工作计划的落实情况，是指上一学期班级工作计划执行的结果，即在上一学期，这个班级采取了哪些措施促进班级建设和幼儿发展，其预定目标达到了什么程度，有哪些优点和不足。这些情况一般都应反映在班级工作总结中。因此，上一学期的班级工作总结应是制订下一学期班级工作计划的依据。幼儿期是人一生中发展快速的时期之一，班级幼儿的状况是随时发生变化的，需要教师运用专业知识和实践经验分析、归纳和总结本班幼儿发展的最新特点。

### （三）班级工作计划的制订步骤

班级工作计划一般是每学期制订一次，往往是在开学前或开学初进行。虽然这段时间

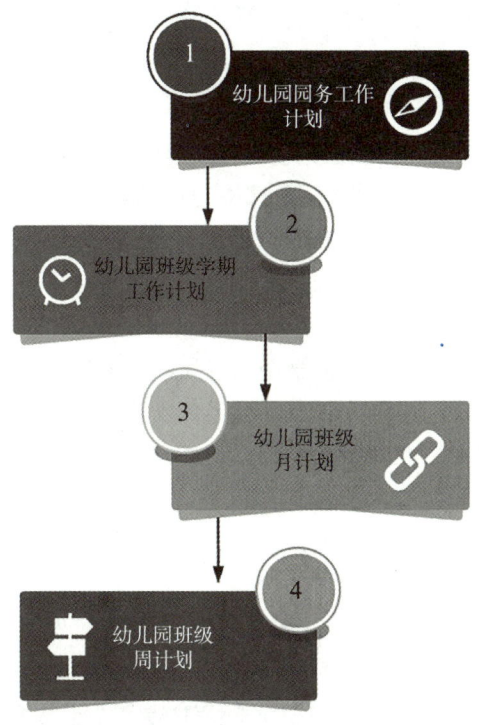

图 5-1-1-1　幼儿园班级管理工作计划的层次

是幼儿教师班级工作最为繁忙的时间,但对制订班级工作计划也一定要认真对待,不可草率行事。制订班级工作计划的步骤如下:

(1) 班级情况分析。

班级情况分析应写在班级工作计划的前面,介绍本班保教人员情况、幼儿组成情况、幼儿生活学习活动情况、现阶段发展不足等。它的作用是引出下文并说明制订此次班级工作计划的依据。

(2) 班级工作的主要目标任务分析。

班级工作的主要目标任务可以分为幼儿生活管理、教育管理、家长工作和其他工作管理等各项目标任务。每一部分的任务目标没有必要面面俱到,教师可根据本班的实际情况有选择性、有重点地制订。

(3) 班级工作措施分析。

因为幼儿的发展是一个长期、连续的过程,所以在班级工作计划的内容中有的是与上学期内容相延续的,这学期只要坚持教育的一致性即可。但更多的是本学期现有的目标和任务,这就要求班级老师在制订计划时,对完成每一个任务提出具体的要求和措施。

(4) 重要工作安排。

重要工作安排是班级一学期内最重要的活动安排,主要包括两个方面:一是根据上学期总结得出的幼儿发展不足而设计的相应活动;二是本学期内幼儿园主要的节庆活动安排,如幼儿园成立周年庆、儿童节、国庆节等。

## （四）学期工作计划的写作要点和基本要素

### 1. 学期工作计划的写作要点

（1）现状分析。

这一步要明确"为什么做"，这是制订学期工作计划的依据。磨刀不误砍柴工，在制订学期工作计划之前，首先要分析班级幼儿的现状，如幼儿各个方面的发展水平怎么样、优势是什么、不足有哪些、重点需要加强的方面是什么等。只有充分明确幼儿的发展现状，才能制订出切实可行的计划。

如何进行现状分析？可以从以下三个方面进行：

① 对照上学期的总结，分析幼儿上学期的发展状况和教育目标完成的情况。

② 先对整体情况进行分析，再按领域和项目依次进行分析。

③ 为了保证分析的真实、准确，既要兼顾整体又要兼顾个体。此外，新生班级可以结合幼儿的年龄特点和教师以往的经验进行分析。

**某幼儿园中班现状分析**

某幼儿园本学期本班幼儿共30名，其中老生26名，插班生4名。经过中班上学期的学习，幼儿在各方面都有改变，具体总结如下：①幼儿在生活自理能力、学习习惯方面都有了较大进步，特别是在体能、语言表达、社会交往、逻辑思维能力等方面表现得较为突出。②他们的身体状况与小班时相比有了明显不同，精力旺盛，爆发力强，对体育活动充满兴趣。③他们喜爱游戏，游戏活动的水平更高了。④他们好学多问，初步形成了个性并表现出明显的个体差异。⑤他们大都为独生子女，拥有充分的爱抚与关怀，比较优裕的物质生活条件，缺乏兄弟姐妹之间的交往和亲情交流，有的幼儿缺乏社会互动意识，不合群，有独占的习惯，比较缺乏同情心和责任感。

（2）制订学期工作目标。

这一步要明确"做什么"。根据现状分析，教师要制订整个学期的工作任务，以及应该达到的工作指标。教师可以先定下大的目标，再制订具体的策略。

制订学期工作目标时，教师要考虑每个领域的关键经验、幼儿的年龄及发展特点、本班幼儿的实际水平，从而确定班级本学期各项重点目标。教师在制订学期工作目标时，可以按领域或项目依次进行撰写。

**幼儿园中班第一学期科学领域的教育目标**

① 幼儿乐于提出问题，能够围绕简单和感兴趣的问题及身边的科学现象（如光、电、运动、摩擦等）主动进行探究，体验猜想、验证、记录的过程。

② 幼儿初步认识秋、冬季的明显特征，体会秋天丰收的乐趣，了解人和动植物的过冬方式。

③ 幼儿能够用简单的符号记录天气变化，尝试用语言和操作材料表达自己对天气的感受和认识，感知风、霜、雪、雾等天气的明显特征。

④ 幼儿能够知道声音有噪声和乐声之分，了解噪声的危害。

⑤ 幼儿能够运用简单的材料、工具进行制作活动。

（3）明确具体措施。

这一步要明确"怎么做"。教师可以结合园、所班级，以月份或内容为线索，明确工作的方法和步骤，采取相应措施，保证目标和具体事项的完成。

具体措施是教师实现教育目标的手段、途径、形式，需要根据具体内容进行具体分析。如教师在培养幼儿"数认知"的能力时，可以用集体教学、区角活动等方式，对于这部分内容，教师可以不用详细写入学期计划，而是在周计划或日计划中详细描述。为了使这部分内容更清晰，建议教师用表格或列表的形式呈现。

值得注意的是，教师应把握"措施"与"目标"之间的不完全对应性和关联性，即一个目标可能需要用多种措施实现，而一种措施可能会实现多个目标。

**2. 制订班级学期工作计划的基本要素**

（1）项目名称。

（2）基本情况分析。

（3）本学期工作目标。

（4）主要工作任务及措施。

（5）各月主要活动安排。

（6）班主任教师签字确认。

**（五）制订班级学期工作计划的注意事项**

（1）制订班级学期工作计划的时候，教师可以根据对幼儿的了解，幼儿的年龄特点、兴趣需要，设计尽可能丰富的措施。

（2）班级学期工作计划的落实需要具体内容，不过，具体内容不一定要列在班级学期工作计划中，其既可以写在月计划中，又可以提纲挈领地在班级学期工作计划中写出主题框架或与目标和措施相对应的各种具体活动。

幼儿园中班秋季学期计划范例

（3）教师可以根据对目标的理解、以往的工作经验、现有的参考教材等选择确定具体内容。不过，需要注意的是，计划不是一成不变的，需要在实践中修订和完善。

## 二、幼儿园学期工作总结的制订

### （一）幼儿园学期工作总结的内涵与特点

制订计划、组织实施、检查指导、总结评价是管理工作的四个基本环节。班级管理也是如此，不仅事先要有计划，事后还应该进行总结。总结是管理过程的终结，它对班务工作计划的执行情况全面检查与评估，发现优点和不足，总结经验和教训。总结的过程也是对以往班级工作进行全面检查、分析和研究的过程。

### （二）幼儿园学期工作总结的要点和基本要素

对于幼儿园学期工作总结，幼儿教师和管理者要掌握以下要点。

**1. 学期工作总结的要点**

学期工作总结的要点主要应体现以下几个方面。

（1）梳理班级计划的完成情况。这是评价班级计划质量的重要依据。一份好的学期工

作计划，应该能在计划时间内完成或基本完成。如果在规定时间内还没有完成，就要实事求是地分析、寻找原因，总结教训。是因为工作量太大？难度太高？还是三位保教人员不够努力？或者大家的工作效率不高？这可以为以后制订工作计划提供参考，也有利于教师客观公正地评估自己的工作能力，帮助教师认识自己的优势与不足。

（2）评估班级保教的工作质量。质量是幼儿园的生命。班级工作的质量，主要在于班级保教工作的质量。班级工作的质量包括：一是幼儿健康状况，包括幼儿逐日和全年的出勤、发病以及身高、体重、血色素的达标情况。二是教育工作状况，包括幼儿文明行为习惯的培养状况和各科教学计划完成的情况。

（3）家长工作。家长工作包括与家长的配合情况、家长的来访次数、家长会、家长反映的问题以及家长学校和家长开放日的质量等。

（4）其他内容。班级工作人员的劳动纪律、敬业精神、团结协作的情况；班级的卫生保健、清洁卫生情况；班级参加各类比赛评选的情况等。

**2. 学期工作总结的基本要素**

学期工作总结的写作格式和要求与其他总结的一般格式相同，包括标题、正文（前言部分、主体部分）落款和附件等几个部分，其内容与园务工作总结相似，包括班级各方面工作中的经验体会、成绩问题、思考等。

幼儿园小（1）班班务工作总结

### （三）学期工作总结应注意的问题

**1. 学期工作总结应注意总结经验和教训**

学期工作总结是对班级工作的评价过程，应注重以目标、计划为依据，对照工作结果，判断工作的成绩与差距，总结经验与教训。

**2. 学期工作总结应注意探讨规律**

学期工作总结要以平时的阶段小结为基础，凭材料和事实说话。切忌流水账式单纯罗列现象。要注意分析、探讨规律，将实践中的感性知识提升到理性水平，对于成功的经验，可以继续运用；对于不足之处，力求改进，以指导今后的实践，提高班级工作质量。

**3. 学期工作总结是一种班级集体行为**

在进行学期工作总结时，班级全体人员需要对工作全过程进行回顾。通过总结，班级全体成员可以增强信心，从而明确今后努力的方向。

## ★ 步骤二　文献检索

网络平台和图书馆都是同学们拓展自己知识面的有效途径。请大家自选方式进行学期工作计划和总结相关知识信息检索，完成信息检索目录清单（任务单5-1-1-1）。

任务单5-1-1-1　信息检索目录清单

| 检索平台 | 检索内容 | 推荐指数（最多5颗★） |
| --- | --- | --- |
|  |  |  |
|  |  |  |
|  |  |  |

## ★ 步骤三　学以致用

学生分组见表 5-1-1-1。

表 5-1-1-1　学生分组

| 班级 |  |  | 组号 |  | 授课教师 |  |
|---|---|---|---|---|---|---|
| 组长 |  |  | 学号 |  |  |  |
| 组员 | 姓名 | 学号 |  | 姓名 |  | 学号 |
|  |  |  |  |  |  |  |
|  |  |  |  |  |  |  |
|  |  |  |  |  |  |  |
| 任务分工 |  |  |  |  |  |  |

（1）如果你是小（1）班的主班教师，请尝试制订一份合理的班级学期工作计划，要求包括五大领域目标和具体的工作措施，完成任务单 5-1-1-2。（可打印粘贴在任务单）

任务单 5-1-1-2　班级学期工作计划的制订

| 班级学期工作计划 |  |
|---|---|
| 其他同学给我的启示 |  |

（2）如果你是小（1）班的主班教师，请制订一份合理的班级学期工作总结，完成任务单 5-1-1-3（可打印并粘贴在任务单上）。

任务单 5-1-1-3　班级学期工作总结的制订

| | |
|---|---|
| 小班班级学期工作总结 | |
| 其他同学给我的启示 | |

## ★ 步骤四　展示赏学

推荐两组同学分别对任务单 5-1-1-2 和任务单 5-1-1-3 进行小组展示。其他组同学认真观摩并点评，个人结合小组展示情况，反思总结自己的方案设计，完成任务单 5-1-1-4。

任务单 5-1-1-4　学期工作计划与总结赏学反思总结

| 反思 | 总结 |
|---|---|
| | |

【任务评价】

说明：

（1）任务评价包括自我评价、小组评价和教师评价，评价时要结合相应要点。

（2）小组评价由组长负责组织，并结合小组成员的意见。

（3）总得分计算至小数点后第二位。

按照说明完成任务评价表（任务单 5-1-1-5）。

## 任务单 5-1-1-5  任务评价表

| 班级 | | 姓名 | | 学号 | | |
|---|---|---|---|---|---|---|
| 组名 | | 验收组长 | | | 年　月　日 | |
| 文档验收清单 | | 被评价人完成的任务单 5-1-1-2、任务单 5-1-1-3、任务单 5-1-1-4 | | | | |
| | | 被评价人完成的任务单 5-1-1-5、包含 5 份检索文献的目录清单 | | | | |
| 评价内容 | | 评价要点 | 分值 | 自我评价（20%） | 小组评价（30%） | 教师评价（50%） |
| 专业知识（60%） | 学期工作计划的内涵与特点 | 能概括说出学期工作计划的内涵与特点 | 5 | | | |
| | 学期工作计划的要点与基本要素 | 能罗列出学期工作计划的要点与基本要素 | 5 | | | |
| | 学期工作总结的内涵与特点 | 能说出学期工作总结的内涵与特点 | 5 | | | |
| | 学期工作总结的要点与基本要素 | 能罗列出学期工作总结的要点与基本要素 | 5 | | | |
| | 学期工作计划的方案制订 | 能按照要求合理制订出学期工作计划的方案 | 20 | | | |
| | 学期工作总结的方案制订 | 能按照要求合理制订出学期工作总结的方案 | 20 | | | |
| 个人素养（40%） | 专业精神与学习能力 | 在学习过程中获得满足感，对课堂生活的认同感；积极投入专业学习；不断总结与反思 | 10 | | | |
| | 参与态度、沟通合作与表达能力 | 积极主动与教师、同学交流，相互尊重、理解、平等；与教师、同学之间能够保持多向、丰富、适宜的信息交流 | 10 | | | |
| | 问题解决能力 | 分析问题逻辑清晰；善于质疑，勇于创新 | 10 | | | |
| | 信息检索与处理能力 | 能有效利用网络、图书资源查找有用的相关信息等；能将查到的信息有效地传递到学习中 | 10 | | | |
| 总分 | | | 100 | | | |

# 任务二　幼儿成长档案的设计

【任务描述】
(1) 信息检索，自主拓展查阅资料，学习幼儿成长档案的设计相关专业知识。
(2) 以学生自己的成长历程为例，设计成长档案模板，收集整理图文资料。
(3) 以学生自己的成长历程为例，设计制作全面合理的成长档案。

【任务目标】
(1) 理解幼儿成长档案的定义与功能。
(2) 掌握幼儿成长档案的设计内容与方法。
(3) 清楚幼儿成长档案设计的注意事项。

【任务重点】
掌握幼儿成长档案的设计内容与方法。

【任务难点】
学生以自己的成长历程为例，设计制作全面合理的成长档案。

【任务准备】
(1) 知识准备：幼儿成长档案的定义与功能，幼儿成长档案的设计内容与方法，幼儿成长档案设计的注意事项。
(2) 活动准备：收集整理幼儿成长档案；不同颜色的笔、笔记本、手机，模拟幼儿园班级实训室。

【任务实施】
说明：
(1) 对于每一环节，各成员先自行完成，然后开展小组讨论。
(2) 每一环节的讨论结束后，各成员应结合小组其他成员提出的建议进行相应内容的修改。

## ★ 步骤一　知识梳理

### 一、幼儿成长档案的定义与功能

#### （一）幼儿成长档案的定义

幼儿成长档案是对幼儿成长过程的记录，包含幼儿在幼儿园生活、学习、游戏过程中的照片、观察记录、本人作品、教师评语、家长信息反馈和语音、视频等材料。幼儿的成长档案能及时地反映幼儿的兴趣特长、爱好、参与活动的态度及状态，以及活动的完成情况、发展状况、成长情况。成长档案的时效性、发展性、过程性符合发展性评价的理念，将评价过程与结果融为一体，通过观察、谈话、作品分析、追踪记录等，实时、全面、真

实记录幼儿成长的过程。在收集整理幼儿成长档案时，调动家长的积极性，积极、主动地参与到幼儿成长资料的收集中，对教师观察记录、活动情况、教师评语做出积极的回应，并及时提供幼儿回家以后的活动材料及有趣的、特别的成长故事，丰富幼儿成长档案的内容，一起分享幼儿成长的点点滴滴，为幼儿留下一份美好的回忆。

### （二）幼儿成长档案的功能

**1. 帮助家长了解幼儿发展，认识幼儿教育，建立经常性家园联系的有效途径**

幼儿成长档案可以作为家园交流工作的重要材料，家园达成教育的共识，紧密配合。而幼儿成长档案中的材料，在连续不断地制作、添加的过程中，不但促进了教师与幼儿的交往，也促进了教师与家长的合作与沟通。教师可以用幼儿成长档案来生动地描绘幼儿在园的努力、发展和成就。家长可以通过幼儿档案来了解自己的孩子在幼儿园的表现和进步，并以此为依据指导幼儿在家庭中的生活。家长通过参与幼儿档案的制作和补充，可以进一步了解和关心幼儿园的教育教学工作，促进家长对幼儿教育和幼儿成长的关注。成长档案形象地描述了幼儿成长与发展的过程，成长档案中保存的是幼儿不同时期的作品、教师的观察记录、幼儿的成长足迹等，这些资料都为教师和家长提供了有关幼儿成长与发展的丰富信息。

**2. 可以动态评估幼儿的发展水平**

幼儿在各个领域的发展水平有没有提高？是否达到了规定或预期的发展目标？存在的优势与不足到底有哪些？这些都需要用科学、合理的方式来评估。

传统的评估方法多使用测验的方式，尽管使用起来较方便，但它们只重结果而忽略过程，而成长档案的使用可以将幼儿的各种作品和相关资料收集和积累起来，为幼儿发展水平的提高提供全面、丰富、生动的信息。教师通过成长档案在一段时间里积累的各种作品来评估幼儿的发展水平，使终结性评价与形成性评价结合起来，也保证了评估的准确性。

**3. 增进教师对幼儿的了解，进一步促进幼儿的发展**

通过收集幼儿的作品，以及与幼儿相互交谈，教师可以发现每个幼儿身心发展的特点，了解幼儿独特的兴趣、能力和需求，教师可依此重塑自己的方法与组织形式，使活动更符合幼儿发展的需求，使每个幼儿的不同能力都得到相应的提高。

总之，通过建立幼儿成长档案，教师能及时调整教学策略，从而有效地进行个别指导；成长档案也能使家长及时、客观地了解幼儿园的教育和孩子各方面的发展；成长档案也能进一步促进幼儿自我认识与自我评价能力的提高。

## 二、幼儿成长档案的内容

成长档案是幼儿成长过程的记录，其目的在于有意收集幼儿作品及相关资料来反映幼儿的兴趣、态度以及在特定领域中的努力、进步与成就。

成长档案应该全面反映幼儿的发展情况，其包含和涉及的内容、材料应是全面而丰富的；同时，这些材料的来源也是多方面的，成长档案至少应包括以下内容。

### （一）反映幼儿智力发展的材料

这部分材料主要反映幼儿智能的发展水平，它是对幼儿进行的各种智力测验的记录。需要说明的是，这些材料应来自专门的、标准化的智力测验。

### （二）反映幼儿操作能力的材料

在教师组织的各种活动中，要求幼儿动手操作的活动最多，因此，成长档案中的这部分材料是最容易收集的。教师可以把幼儿不同时期的操作活动（如插塑、积塑、小型积木、自制玩具等）的作品有选择地进行拍照，然后归入每个幼儿的"档案"。

### （三）反映幼儿语言发展的材料

由于口语具有即时性，对于幼儿说出的话，如果不能有效地记录下来，就很难对不同时期的口语发展做出正确比较和评价。教师可以利用录音磁带，记录幼儿的讲述、背诵、与同伴交谈以及对问题的回答等一切能够反映幼儿语言发展的资料。

### （四）反映幼儿认知发展的材料

涉及幼儿认知发展的材料非常多，教师在这方面的选择也就更容易一些。着重选择一些具有代表性的资料，如幼儿对数、物体形状、时间和空间关系的认知，幼儿户外的自然探究活动等可以代表幼儿科学认知的资料；体现幼儿值日、同伴之间合作、互助与协商的活动等可以代表幼儿的社会性和社会认知发展的资料。

### （五）反映幼儿艺术活动的材料

这方面的材料比较具体，主要包括幼儿在不同时期的美工活动作品，如绘画纸工、泥工等作品；歌唱、跳舞以及对幼儿文学作品的再现活动的材料等。例如，可以设计出"我的小档案""健康宝宝""成长点滴""精彩瞬间"等新颖独特、富有童趣的几个栏目，再由三方（教师、家长和幼儿）共同参与档案资料的搜集和积累，为幼儿设计个性化的幼儿档案。教师可以把幼儿每天在园的表现、进步情况以及对幼儿鼓励的话语等写在成长档案里；家长可以将幼儿在家的情况、性格特点和成长经历写在成长档案里。这样幼儿成长档案加强了教师与家长之间的联系，使他们能够共同关注幼儿生活的每一天，从而促进幼儿的健康成长。

总之，幼儿的成长档案内容应该尽量全面，这些材料内容既可以来自幼儿活动的作品，也可以来自教师对幼儿的观察记录，还可以来自家长和各种反馈信息。同时，所有资料都应该放在幼儿易于接近且安全的地方，让他们可以随时翻阅。这些资料也应该向家长开放，便于家长随时翻阅，了解自己的孩子在园的情况和表现。

### 对点案例

大、中、小班幼儿成长档案对点案例

## 三、制作成长档案的注意事项

教师在给幼儿制作成长档案时，要特别注意以下几个方面。

模块五 班级学期统筹管理

### （一）每一次记录都要有确切的时间和地点

幼儿的进步是不知不觉的，也许他昨天还不会拉拉链，今天可能就会了；也许他昨天还不懂什么是"相亲相爱"，可因为他今天听了《三只蝴蝶》的故事，就理解或感悟了"相亲相爱就是快快乐乐地在一起，永远不分开"。所以，教师要时刻关注孩子的点滴变化和发展，并及时做好记录。

### （二）每一张照片都要有文字阐述

成长档案中的照片记录了孩子成长中的每个精彩瞬间。在每张照片下用文字阐述来再现当时的情境，可以通过图文结合，让一张照片成为一个故事。

### （三）每一件事记录后都要有评价

评价让我们可以客观地看到事情的本质。比如中班的"聆听真心话"，先进行事件阐述，再由教师进行评价，这样的记录方式可以使内容更为完整。

### （四）每一份成长档案都要由孩子、家长、教师共同来完成

成长档案是幼儿的精神财富，也珍藏着幼儿、家长和教师所有美好的记忆。幼儿用自己稚嫩的小手表现对这个世界的看法，家长用美丽的心情抒发对孩子的爱，教师用心去书写孩子的成长过程，只有这样的成长档案才会更加多姿多彩。

### （五）每一份成长档案都应是真实和具有特色的

成长档案的内容应该是孩子真实经历过程的记录，应符合每个幼儿现实发展的表现。同时，每个幼儿都是独立的个体，有其特殊的个性。因此，成长档案要注重特色性。

愿我们的成长档案能成为：别具一格的成长档案/记录幼儿成长的轨迹/教师引领幼儿的历程/幼儿和家长共同走过的时光/有成功的快乐/有成长的阵痛/这是美好的记忆/更是孩子一生值得珍藏的财富。

## ★ 步骤二 文献检索

网络平台和图书馆都是同学们拓展自己知识面的有效途径。请大家自选方式对幼儿成长档案相关知识进行信息检索，完成信息检索目录清单（任务单 5-1-2-1）。

任务单 5-1-2-1 信息检索目录清单

| 检索平台 | 检索内容 | 推荐指数（最多 5 颗★） |
| --- | --- | --- |
|  |  |  |
|  |  |  |
|  |  |  |
|  |  |  |
|  |  |  |
|  |  |  |

## ★ 步骤三 合作探究

学生分组见表 5-1-2-1。

· 227 ·

表 5-1-2-1　学生分组

| 班级 | | | 组号 | | 授课教师 | |
|---|---|---|---|---|---|---|
| 组长 | | | 学号 | | | |
| 组员 | 姓名 | 学号 | | 姓名 | | 学号 |
| | | | | | | |
| | | | | | | |
| | | | | | | |
| 任务分工 | | | | | | |

请同学们分小组收集整理并分析小、中、大班幼儿成长档案的案例，完成任务单 5-1-2-2。

任务单 5-1-2-2　幼儿成长档案的案例收集

| 班级 | 成长档案主题 | 子栏目及主要内容 | 特色亮点 | 不足 | 备注 |
|---|---|---|---|---|---|
| 小班 | | | | | |
| 中班 | | | | | |
| 大班 | | | | | |

## ★ 步骤四　方案设计

以小组为单位进行讨论，设计一份完整的幼儿成长档案，记录在幼儿园一个学期的学习生活。为了方便操作完成，可以以自己小时候的成长经历为案例来完成成长档案的制作，最后成果以 PPT 的形式展示（任务单 5-1-2-3）（可打印、粘贴）。

模块五　班级学期统筹管理

**任务单 5-1-2-3　幼儿成长档案方案设计**

| | |
|---|---|
| 成长档案的封面主题 | |
| 幼儿园/教师寄语 | |
| 班级信息（图文结合） | |
| 个人信息（图文结合） | |
| 学习生活中的趣事（图文结合） | |
| 各方面发展的具体情况描述（智力、动作、语言、社会性、艺术等图文结合） | |
| 作品集（图文结合） | |
| 老师的评价 | |

续表

| 成长档案的封面主题 | |
|---|---|
| 其他补充内容 | |
| 其他同学给我的启示 | |

## ★ 步骤五　展示赏学

推荐两组同学分别对任务单 5-1-2-3 以 PPT 的形式进行小组展示。小组成员按照优化后的幼儿成长档案设计方案进行展示。同学们认真观摩，反思总结，完成任务单 5-1-2-4。

任务单 5-1-2-4　幼儿成长档案设计方案展示赏学反思总结

| 反思 | 总结 |
|---|---|
|  |  |

【任务评价】

说明：

（1）任务评价包括自我评价、小组评价和教师评价，评价时要结合相应要点。

（2）小组评价由组长负责组织，并结合小组成员的意见。

（3）总得分计算至小数点后第二位。

按照说明完成任务评价表（任务单 5-1-2-5）。

模块五　班级学期统筹管理

### 任务单 5-1-2-5　任务评价表

| 班级 | | 姓名 | | 学号 | | |
|---|---|---|---|---|---|---|
| 组名 | | 验收组长 | | | 年　月　日 | |
| 文档验收清单 | | 被评价人完成的任务单 5-1-2-2、任务单 5-1-2-3、任务单 5-1-2-4 | | | | |
| | | 被评价人完成的任务单 5-1-2-1、包含 5 份检索文献的目录清单 | | | | |
| 评价内容 | | 评价要点 | 分值 | 自我评价（20%） | 小组评价（30%） | 教师评价（50%） |
| 专业知识（60%） | 幼儿成长档案的定义 | 能概括说出幼儿成长档案的定义 | 5 | | | |
| | 幼儿成长档案的功能 | 能说出幼儿成长档案的功能（不少于 3 点） | 5 | | | |
| | 设计幼儿成长档案的内容及注意事项 | 能说出设计幼儿成长档案应包括的内容和设计幼儿成长档案的注意事项 | 10 | | | |
| | 幼儿成长档案的设计方案 | 能合理完整制订出幼儿成长档案的方案，并图文并茂用 PPT 制作进行展示 | 40 | | | |
| 个人素养（40%） | 专业精神与学习能力 | 在学习过程中获得满足感，对课堂生活的认同感；积极投入专业学习；不断总结与反思 | 10 | | | |
| | 参与态度、沟通合作与表达能力 | 积极主动与教师、同学交流，相互尊重、理解、平等；与教师、同学之间能够保持多向、丰富、适宜的信息交流 | 10 | | | |
| | 问题解决能力 | 分析问题逻辑清晰；善于质疑，勇于创新 | 10 | | | |
| | 信息检索与处理能力 | 能有效利用网络、图书资源查找有用的相关信息等；能将查到的信息有效地传递到学习中 | 10 | | | |
| 总分 | | | 100 | | | |

# 知识拓展　班级其他资料管理

## 【任务描述】

按照班级资料管理的方法一（分门别类，形成体系），将幼儿园班级工作所有资料进行分类梳理，并以思维导图的形式呈现出来。

## 【任务目标】

（1）了解班级资料管理的意义。

（2）掌握班级资料管理的方法。

（3）掌握班级主要常见资料管理内容。

## 【任务重点】

掌握班级工作资料整理的方法。

## 【任务难点】

按照班级资料管理的方法一（分门别类，形成体系），将幼儿园班级工作所有资料进行分类梳理，并以思维导图的形式呈现出来。

## 【任务准备】

（1）知识准备：班级资料管理的意义，班级资料管理的方法，班级主要常见资料管理内容。

（2）活动准备：不同颜色的笔、笔记本、平板电脑、思维导图模板。

## 【任务实施】

说明：

（1）对于每一环节，各成员先自行完成，然后开展小组讨论。

（2）每一环节的讨论结束后，各成员应结合小组其他成员提出的建议，进行相应内容的修改。

### ★ 步骤一　知识梳理

#### 一、班级资料管理的意义

教师对班级学期、学年工作或课题资料的归类整理和加工处理，即梳理和提炼的工作。它能触联平时点点滴滴的工作，将平时教师所做的各项具体工作，如班级生活常规工作、教育教学工作、家长工作以及各类开放观摩活动等具体的、独立的、点滴的工作汇总串联起来，形成一个整体。它能展示直观、真实的全程工作，通过各种可供查阅的各阶段实实在在的资料来直观真实而全面地反映教师平时的工作，让人真切地了解和感受教师工作的付出，有利于展示工作的亮点；它能提供互相学习借鉴的机会，使教师借助各种工作资料相互启迪思维、拓展思路、相互模仿，有利于教师们共同进步和提高；它能发挥班级资源

共享的作用，使工作资料成为一笔宝贵的教育资源，大家可以共享利用。不仅使宝贵的材料在班级的不同阶段内得以良性地循环运用，同时还使材料在不同年级、不同班级间得以改造利用，从而发挥出更大的作用，为今后的工作节省大量的时间和精力；它还能促进教师综合能力的提高，在对工作资料进行梳理和提炼的过程中，其实也是教师各方面能力的锻炼过程，它能锻炼教师细致、有条理、有效率的做事能力，分析、归纳、概括的逻辑思维能力，将先进教育思想融入资料，并在材料中反映先进思想的理论运用能力，与他人分工合作整理资料的协调能力，口头汇报、书面汇报的语言表达能力，展示个人专长和教育理念的能力等。因此，梳理和提炼工作资料是一项重要的工作，应引起教师足够重视。

## 二、班级资料管理的方法

在重视工作资料管理的前提下，要讲究具体操作的方式和方法，可从以下几方面考虑。

### （一）分门别类，形成体系

将工作资料分成几个类别，从而将各种零散的材料组成一个整体，成为系列。此环节的处理重点是理清思路，找准角度，划分好门类，根据一定的门类将各种资料进行归属整理。如将学期工作资料划分为班级常规管理、教育教学工作、家长工作三大类，班级常规管理又分为物品管理、生活习惯、活动常规等类，教育教学工作分为主题活动、领域活动、游戏活动区域活动等类，家长工作分为家园联系、家园同乐、家长学校等类，然后将各种资料按这些类别进行整理。此外，也可将学期工作资料划分为计划资料、实施资料、总结资料等类，计划资料再细分为教育计划、家长工作计划等类，实施资料细分为主题、游戏、区角、家园配合等类，总结资料细分为专题总结、分项总结、全面总结等类，对于课题资料，则可按研究内容或研究进程进行归类。

### （二）典型鲜明，突出重点

选取典型鲜明的资料，并将之作为一个主干和大类，摆放在显眼的位置上，突出其重点。整理资料是个去粗取精的过程，在回顾和整理一个阶段或一个学期工作资料的过程中，必然要注意突显典型的资料，删减次要的资料，表现出资料和工作的重点。

### （三）标签标号，设置目录

每一类别的内容有张封面，给予一个标签名称和号码，并设置一张内容清单或目录表。要使整理的资料类别清晰、层次分明、便于查找翻阅，需要做好此环节的工作，要给各种材料设置标签、标号和目录。

### （四）前言后语，完整贯通

每类资料或整体资料前面都有引言，概要介绍资料的内容特点，后面还应有结束语，对资料做出简要的总结或反思，使资料完整、连贯，尤其是对于调查和测试资料，更需要有前言后语的说明，每类资料前面和后面有一段简短而必要的文字注释，能使人在查阅和借鉴资料时对资料所体现的活动意图有更明确的认识，有助于更好地发挥资料的作用。

### （五）规格统一，载体互换

所选用的记录资料规格一致，并将多种资料载体进行相互转换，使之整齐、统一。在平时的工作中，教师所使用的资料记载方式各种各样，有不同纸质的，有不同电子文稿的，有不同尺寸的，等等。这样的记录资料规格不一，载体不一，给整理归类工作带来了极大的麻烦和不便。因此，在平时的工作中要注意资料记载方式的格式要统一，在整理资料时要注意互换记录载体，使之统一，如材质、尺寸、格式要统一；电子文稿、书写稿与图片、作品、广告资料要相互统一。可以考虑按类别统一规格，允许不同材质的资料整合到一起，或按材质统一规格，如按同一纸质来整理资料，需将照片、作品、宣传画、通知单等转化为统一的纸质资料。或按电子文稿的形式来整理，就要将各种资料转化为电子文稿的格式。

## 三、班级工作资料管理要注重实效性

无论从何种角度看，从何种类别来整理资料，也无论工作资料梳理得多么富有条理，都不能忽略资料的提炼和利用问题。缺乏对资料的可利用和实用价值发挥问题的思考，一切工作就显得枉费心血，意义不大。为此，教师要追求工作的实效性，使梳理和提炼资料过程成为促进资料有效利用和价值发挥的过程。

### （一）放大一点，专题总结

由于幼儿园的教育工作具体琐碎，教师所积累的资料往往繁多杂乱，为了突显资料的亮点和重点，传递资料的中心意图，给予他人深刻的印象和启发，在提炼资料时要避免贪多求全，即要以不同的专题来汇总资料，或将资料的某一方面内容独立出来形成专题，并进行专门的提炼总结。比如，幼小衔接是大班下学期的一项重要而具体的工作，在整理和提炼资料时就可将之放大。使之相对独立和突显出来，进行"幼小衔接中幼儿学习习惯培养""幼小衔接中幼儿入学心理准备""幼小衔接中家园配合工作"等专题性的汇总和提炼。这样就更突出工作重点，使工作更具有实效性，使资料对自身和他人均具有启示和借鉴价值，值得保存、推广和深入研究。

### （二）找准一点，体现特色

如果资料中都是人云亦云，大众化、普及化的内容，没有教师、班级和园所的不同特点，那么资料就犹如一潭死水，毫无灵动、鲜活的生命气息，怎能吸引和感染他人？怎能具有可资借鉴的价值？因此，要瞄准某一方面的内容，针对个人所独有的，具有特殊意义的资料进行提炼，使之能充分体现个人的教学专长和特色，独具匠心，充满个人色彩和魅力。例如，某班注重幼儿数学操作材料的探究，可以选择"别具匠心的幼儿数学操作材料"这一专题进行提炼。这样具有自身特色的资料新颖别致，具有极大的影响力，值得大家学习和参考。

### （三）立足一点，深入挖掘

对某一资料浅尝辄止、蜻蜓点水般的思考和提炼，都会造成资料固有价值的损失，犹如半途而废导致收效甚微或一无所获一般。对资料整理和提炼的实效追求要讲究资料内容的深刻性，要抓住某一方面的内容作为一个专题，并对此进行层层剖析，深入分析和探讨，融入先进教育思想，使之形成有思考深度、令人信服的资料。注重资料的深入挖掘，也意味着对资料的价值评判、筛选和剖析，这意味着全程回顾和全面反思反映出的是对教师专业水平的挑战和提升，是一个有意义的过程。

模块五 班级学期统筹管理

### （四）围绕一点，全面铺开

在提炼和分析资料时，应尽量体现角度和层面的多样性，使之能全方位地揭示资料的价值，这就需要围绕某一方面的内容，既提炼出重要的观点和线索，又全面铺开，旁征博引，结合实践活动、亲身经验和先进理论对资料的观点、结论和作用进行充分的阐述和论证，使资料变得立体丰满，具有吸引力，发挥其重要价值，就事论事，使人不屑一顾，如围绕"幼儿音乐活动的设计"这一方面的内容进行提炼，就应从"音乐活动设计"这点铺展开来设计，依据"目标定位""特点把握""活动程序"等角度和层面进行资料的汇总和提炼，并力求引用先进教育理论，贯彻《幼儿园教育指导纲要（试行）》的精神，融合具体的实践案例进行分析，使资料丰富深刻、具有吸引力和说服力，能让人深受启发，获益匪浅。

### （五）展示一点，积累成效

在对资料整体系统的整理中，教师要敏锐地捕捉其中最有价值、最有特色、最用心思考、最精彩的某方面内容来展示，通过一点点的展示，逐渐体现成熟的思考，逐渐体现平日工作的成效，逐渐积累工作成绩；同时，也要通过每一阶段工作成效的积累，逐步提高教师分析和思考的能力，逐步提升教育教学的质量，如班级工作管理中必须通过"幼儿生活常规的落实""幼儿生活习惯的养成""幼儿行为习惯的养成"等每一点工作的完成才能实现其有效管理，这样才能说明班级工作做得到位，班级工作富有成效。为此，教师要注重日常工作的点滴积累，要勤于思考、善于总结，以踏实的心态做好每一项具体的工作，相信通过不断的积累，平凡的工作资料将会发出绚丽的光彩，从而射出价值的内涵。

## 四、班级主要常见资料管理内容

### （一）保育笔记

幼儿教育的特征就是保教结合，因此，保育是非常重要的方面。保育员在进行保育的时候，会遇到各种各样的问题，并对自己的保育经验进行记录。保育笔记是保育员进行反思的重要依据，也是保育员专业化的见证。

### （二）教育笔记

在每天的工作当中可能遇到各种各样的问题，教师可以随时记录发生的教育事件和教育问题。教育笔记是教师总结、积累教育经验，探索教育规律，增强职业情感，提升教育智慧的有效途径，这也是教师专业发展的实物见证。

### （三）读书笔记

为提高自己的专业素养，教师要养成阅读专业书籍和报纸、杂志的习惯。在阅读过程中，教师可以用专门的笔记本记录下各种文章中自己感兴趣的观点和实用的内容，也可以简单写下自己的阅读感受。

### （四）观察记录

观察记录是指教师根据一定的教育目标，对幼儿在日常生活、游戏和学习活动中的行为进行较为细致的观察和记录，并将其作为分析幼儿个性特点和发展情况的重要依据。幼儿在学习、生活和游戏等活动中的表现各有不同，是因为他们的生活经验、学习能力、个

性和习惯存在差异。观察记录能成为"教师解读幼儿的一把钥匙",能够帮助教师因材施教和个别化教育。

### (五) 会议记录、听课记录

根据工作需要,幼儿园会定期召开教师会议,开展园本教研、听课评课等活动。教师要按照幼儿园的统一要求,认真记好笔记。会议记录要写清楚会议召开的时间、地点、主持人及主讲人姓名、会议主题和基本内容。听课笔记要写清楚听课的时间、地点、执教教师、所执教班级、活动主题、活动过程、活动评析(或意见和建议)等。

### (六) 个案分析

个案分析是指教师通过记录,回味和讨论幼儿生活、学习过程中的典型案例,借此来解读幼儿行为,以及对幼儿的学习与发展状况进行评价,从而找到有利于幼儿成长的最佳途径的一种重要方式,它简便有效且易于实施。

### (七) 家园联系手册

家园联系手册是幼儿园与家长进行联系,向他们报告幼儿各方面的发展情况,征求他们的意见、见解,并共同探讨与分享育儿方法、经验的文本性材料。教师可以在联系手册中介绍最近一周的幼儿园活动内容和幼儿的动态,并为家长普及科学的育儿观、教育观等,同时,也能够调查幼儿在家庭中某一方面的行为变化;家长则可以与教师谈谈育儿心得,向教师咨询幼儿在园的表现,提出对班级管理的一些意见等。

### (八) 家长学校工作手册

家园配合工作是幼儿园工作的重头戏。幼儿园一般会成立家长学校,开展定期授课和其他形式的家园配合活动。教师要认真填写家长学校工作手册,实事求是地描述班级的家园配合情况,包括活动开展、好书好文推荐、网络平台互动等。

## ★ 步骤二 文献检索

网络平台和图书馆都是同学们拓展自己知识面的有效途径。请大家自选方式进行过渡环节管理相关知识信息检索,完成信息检索目录清单(任务单 5-1-3-1)。

任务单 5-1-3-1 信息检索目录清单

| 检索平台 | 检索内容 | 推荐指数(最多 5 颗 ★) |
| --- | --- | --- |
|  |  |  |
|  |  |  |
|  |  |  |
|  |  |  |
|  |  |  |

## ★ 步骤三 归纳梳理

学生分组见表 5-1-3-1。

模块五　班级学期统筹管理

表 5-1-3-1　学生分组

| 班级 | | | 组号 | | 授课教师 | |
|---|---|---|---|---|---|---|
| 组长 | | | 学号 | | | |
| 组员 | 姓名 | 学号 | | 姓名 | | 学号 |
| | | | | | | |
| | | | | | | |
| | | | | | | |
| 任务分工 | | | | | | |

请按照班级资料管理的方法（一）(分门别类，形成体系)将幼儿园班级工作所有资料进行分类梳理，并以思维导图的形式呈现出来（任务单 5-1-3-2）（可电脑制作，打印、粘贴）。

任务单 5-1-3-2　班级工作资料管理思维导图

| 班级资料管理方法思维导图 | |
|---|---|
| 其他同学给我的启示 | |

## ★ 步骤四　展示赏学

推荐两组同学分别对任务单 5-1-3-2 进行小组最优方案汇报。其他组同学认真观摩并点评，个人结合小组展示情况，反思总结自己的方案设计，完成任务单 5-1-3-3。

任务单 5-1-3-3　展示赏学反思总结

| 反思 | 总结 |
|---|---|
| | |

【任务评价】

说明：

（1）任务评价包括自我评价、小组评价和教师评价，评价时要结合相应要点。

（2）小组评价由组长负责组织，并结合小组成员的意见。

（3）总得分计算至小数点后第二位。

按照说明完成任务评价表（任务单5-1-3-4）。

任务单5-1-3-4　任务评价表

| 班级 | | 姓名 | | 学号 | | |
|---|---|---|---|---|---|---|
| 组名 | | 验收组长 | | 年　月　日 | | |
| 文档验收清单 | | 被评价人完成的任务单5-1-3-2、任务单5-1-3-3、任务单5-1-3-4 | | | | |
| | | 被评价人完成的任务单5-1-3-1、包含5份检索文献的目录清单 | | | | |
| 评价内容 | | 评价要点 | 分值 | 自我评价（20%） | 小组评价（30%） | 教师评价（50%） |
| 专业知识（60%） | 班级资料管理的意义 | 能简单描述班级资料管理的意义 | 10 | | | |
| | 班级资料管理的方法 | 能按照班级资料管理的方法一（分门别类，形成体系），将幼儿园班级工作所有资料进行分类梳理，并以思维导图的形式呈现出来 | 20 | | | |
| | 班级工作资料管理的实效性 | 能理解班级工作资料管理的实效性，简单说出实效性的5点建议 | 10 | | | |
| | 班级工作资料管理要注重实效性 | 能简要说出班级工作资料管理要注重实效性（不少于4点） | 10 | | | |
| | 班级主要常见资料管理内容 | 能说出至少6项班级常见资料管理内容 | 10 | | | |
| 个人素养（40%） | 专业精神与学习能力 | 在学习过程中获得满足感，对课堂生活的认同感；积极投入专业学习；不断总结与反思 | 10 | | | |
| | 参与态度、沟通合作与表达能力 | 积极主动与教师、同学交流，相互尊重、理解、平等；与教师、同学之间能够保持多向、丰富、适宜的信息交流 | 10 | | | |
| | 问题解决能力 | 分析问题逻辑清晰；善于质疑，勇于创新 | 10 | | | |
| | 信息检索与处理能力 | 能有效利用网络、图书资源查找有用的相关信息等；能将查到的信息有效地传递到学习中 | 10 | | | |
| 总分 | | | 100 | | | |

# 项目二　班级环境创设管理

## 任务一　班级区域规划

【任务描述】

（1）信息检索，自主拓展查阅资料，学习幼儿园班级区域规划的相关知识。

（2）参观幼儿园，选择一个班级进行观察，绘制该班级的区域环境布局图。

（3）对所观察幼儿园班级区域规划进行分析，提出合理化建议；针对该班级实际情况绘制调整后的班级区域规划图。

【任务目标】

（1）理解合理规划布局班级区域的意义。

（2）掌握合理规划布局班级区域的策略。

（3）掌握班级各区域规划具体实施要求。

（4）能对观摩幼儿园班级区域规划给出正确的分析并提出修改方案。

【任务重点】

掌握合理规划布局班级区域的策略和班级各区域规划具体实施要求。

【任务难点】

能对观摩幼儿园班级区域规划给出正确的分析及修改方案。

【任务准备】

（1）知识准备：理解合理规划布局班级区域的意义，掌握合理规划布局班级区域的策略，掌握班级各区域规划具体实施要求。

（2）活动准备：不同颜色的笔、笔记本、手机，幼儿园一线观摩，幼儿园班级区域环境照片或图片。

【任务实施】

说明：

（1）对于每一环节，各成员先自行完成，然后开展小组讨论。

（2）每一环节的讨论结束后，各成员应结合小组其他成员提出的建议，进行相应内容的修改。

★ 步骤一　知识梳理

良好的班级区域环境有利于幼儿根据自己的兴趣和发展水平自主选择区域、材料和伙伴，主动、积极地自由自主预约，创造性地进行游戏活动、探索活动和交往活动，获得全面发展。

班级区域环境规划是进行区域活动的前提，合理的区域规划、宽松的活动氛围，能满足幼儿自主发展的需要。班级区域规划布局需要根据教室实际、活动特点、幼儿特征等合理布局，要注意界限明确、大小有别、动静分开、按需布置、适度拓展。

## 一、合理规划布局班级区域的意义

有一次，某幼儿园安排某教师中途接手一个班级，起初该教师发现自己每天大部分时间都花在维持秩序和纠正幼儿行为上。于是，该教师仔细观察和研究班上幼儿的各种不良行为：在地毯上搭积木的幼儿的作品常会被经过的幼儿踢倒；幼儿经常藏身在衣帽柜或寝具室里，将衣物丢得满地都是；在教室中间三排桌子上活动的幼儿常遭穿越此处的人干扰；幼儿常绕着桌子追逐打闹；各区域的材料、教具交错混杂，幼儿难以取舍和归整。该教师进一步观察和思考后发现班级不合理的区域布局是使幼儿产生种种不良行为的症结所在，主要表现在：班级各区域划分不明确，幼儿不知道该在何处活动；各区域间全无屏障，幼儿四处游荡；三排桌子横在中央，不但使幼儿行动受阻，也造成许多不必要的碰撞。接下来，该教师手绘了班级区域和家具摆放位置的缩略图，希望通过调整区域布局改变幼儿的这些不良行为。经过一个星期的区域调整实验，该教师发现幼儿的行为真的发生了明显改变，不仅安静有序，还既能自主探索，又能友好合作。

## 二、合理规划布局班级区域的策略

### （一）综合考虑，全面规划

班级区域环境规划是班级区域建设的根基。教师应以"全人教育"为原则，有目的、合理、整体地规划区域活动环境。综合考虑班级面积大小、格局、形状、幼儿的年龄段、人数、兴趣爱好等客观条件。例如：小班，30人，长15 m、宽5 m、面积75 $m^2$ 的横向狭长形活动室，区域数量在8个左右，包括角色性游戏区和学习性活动区，可设置3个娃娃家、阅读区、美工区、益智区、建构区（扮演区，一区两用）、科学区及1个特色区域。平均每个区域3~4人，区域面积不宜过大或者过小，过大幼儿容易出现大动作，过小容易产生矛盾。但有些特殊区域除外，如建构区需要根据幼儿的发展水平适当扩大。班级区域环境是幼儿的环境，应考虑和询问幼儿的感受和想法。综合以上因素及各区域的性质考虑，教师需因地制宜地绘制班级区域环境规划，如图5-2-1-1所示。

### （二）分界清晰，均衡布局

班级区域布局是教师的一项重要的区域设计能力，合理的布局能促使幼儿积极地参与活动，提高活动的质量。一线教师在绘制班级区域规划图时往往会存在随意性和主观性。那么如何合理均衡布局呢？

**1. 固定特征，有效利用**

活动室的采光、水源、门窗、电源插座等都属于活动室的固定特征，教师在进行区域

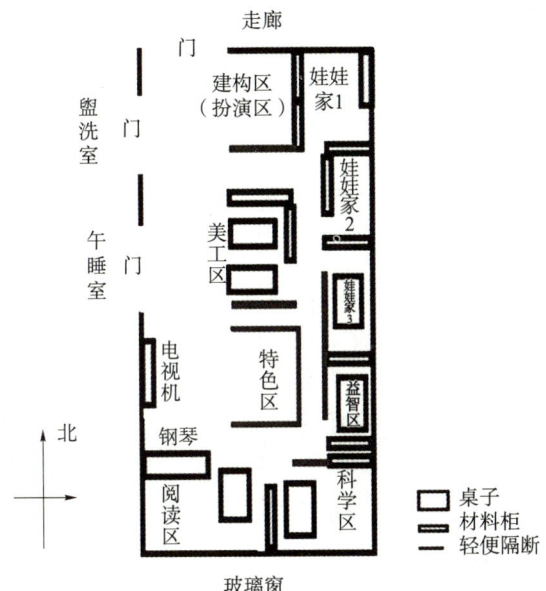

图 5-2-1-1 幼儿园班级区域环境规划

布局时要充分考虑。科学区、阅读区对采光有一定的要求，因此，将这两个区域设置在南面靠窗区域。电源插座可以满足阅读区有声故事的播放、科学区实验操作等。而将美工区设置在离水源较近的地方，便于幼儿取水、清洗。另外，不同的区域对环境的要求也各不相同，应观察活动室周围隐性的环境并一一罗列出来，并与本班的实际情况相结合，充分利用资源，合理布局。

### 2. 特色区域，全面发展

教师在进行区域布局时往往思维定式，以活动室四周为区域设置点，忽略了对中间集体活动场地的利用。导致中间一块空地幼儿自由穿梭，大空间的出现必定会伴随幼儿大动作的出现，如打闹、奔跑、追逐等。可用垫子、KT 板、带万能转向轮的柜子等轻便的材料来设置特色区域，收拾取放快速便捷，如外卖摊、游泳池、缝纫区等，并且到一天中的某个时间再摆放出来；同时，也可以用于摆放公共材料柜。教师要最大化利用活动室的每一块场地，给幼儿创设尽可能多的、各种性质的区域活动体验。

### 3. 动静分区，减少干扰

根据区域动静的性质进行有效分区，可以保证幼儿活动的投入和专注。阅读区、益智区等属于安静的学习性区域，而扮演区、建构区属于创造性区域，往往需要交流和沟通。因此，将安静的、探究的学习性区域设置在活动室的里面最受保护的地方，而动态的、创造的游戏性区域分区则设置在门口一带。其主要考虑的是人员进出门口和厕所减少对学习性区域的影响，保证幼儿活动的专注问题。有策略地分区、清晰的区域分界可以有效地减少干扰，还可以减少争吵、大声说话等情况的发生，从而营造良好的区域活动环境。

### 4. 区域融合，丰富活动

另外，教师也要考虑区域之间的融合性，如有些区域可以同时使用，增加游戏的丰富性，可将其安排在相邻位置，如美工区、娃娃家、扮演区、建构区四个区域中，美工区属

· 241 ·

于中心区域，它可以给娃娃家、扮演区、建构区提供材料或者成品，供幼儿游戏使用，所以将美工区设置在这三个区域的中间，上接建构区（扮演区），左接水源、右接娃娃家，相互融合，丰富活动。

### （三）多元隔断，有效分界

各区域之间的分界要清楚，一般使用玩具柜进行隔断分界；同时，作为游戏材料的摆放场所。若四面都以玩具柜作为隔断，略显笨重且占空间。若隔断过多，显得封闭；隔断过少，相互干扰，隔断的开放和封闭的程度把握不准确。根据区域的性质进行有目的的隔断，如阅读区、益智区等学习性区域和过于动态的扮演区等的隔断可以适当多一些，以减少外界干扰和干扰外界的可能。可使用低矮的玩具柜、家具等较固定的材料进行隔断。可折叠或者拉伸的网片、镂空屏风都是很好的隔断物，既可以看到幼儿的情况又能有效地隔断；同时，还可以作为作品、图谱、操作图的展示场所。不同的区域使用不同材质、不同性质的隔断物可以进行有效分界，从而提高幼儿的活动质量。

### （四）创设入口，良好对接

各区域的入口设计要有目的性，一个精心创设的入口应具有以下特点：

首先，便于幼儿进出区域；其次，避免矛盾和拥堵的功能；最后，使幼儿的互动和活动空间更有效。入口设计要避免过于聚焦，起到枢纽作用的美工区，在入口开设时要充分考虑到相邻区域、互通区域的入口，既不能拥挤又不能太封闭，因此，使用断开的 U 形创设入口较合适。西面与建构区（扮演区）入口一致，东临两个娃娃家，且入口位置要适当错开，便于幼儿进出区域，但不拥堵，使幼儿之间、区域之间的联通和对接更有效。

### （五）通道连贯，有序互动

通道，顾名思义就是通行之道，首要特点是畅通无阻，它也是整个活动室的动脉，其次应考虑室内活动，避免出现让幼儿奔跑的过长或者环形通道。如怀特所说，儿童是从周围环境中获得提示的。在进行班级区域环境规划时，要考虑幼儿如何活动，既不能受阻碍也不能太复杂。以南北为主干道形成错开的"丰"字形通道，能凭借此道到达每一个区域，犹如人体的大动脉，加强互动。同时，还减少了十字路口的出现与入口设计的整体考虑，从而避免了受阻和堵塞情况的发生。

## 三、班级各区域规划具体实施要求

### （一）图书区

#### 1. 空间选择

在为图书角选择空间时要注重科学性，认真考虑空间的位置和大小。也就是说，教师应将图书角设置在墙角、走廊较隐蔽的地方，避免和喧闹的积木区及表演区相邻，并且保证其有充足的光源。另外，根据幼儿的年龄和人数决定图书角的大小。如果幼儿年龄较小，班级人数较少，空间也就小；反之，空间则大。

#### 2. 规划要点

教师应该为幼儿营造一个安全、美观的图书区，如图 5-2-1-2 所示。在创设图书角的

区角游戏材料分类
与投放的原则

环境时，教师应尽量不使用那些带有安全隐患的材料和工具，以最大限度地保护幼儿的安全，这也是保证幼儿阅读活动顺利开展的首要前提。

考虑到幼儿需求，应及时更新、创新图书角的材料。为了更好地保持幼儿对图书区的兴趣，教师需要根据幼儿阅读能力与兴趣的变化，坚持定期更换新图书。

图 5-2-1-2　幼儿园班级图书区

## （二）美工区

### 1. 空间选择

美工区是一个以操作为主的区角，需要设置在有充足光线的地方；另外，美工活动中常常有许多作品要展示，故应安排在容易清洗又有墙饰的地方；活动中经常会用水，因此也应接近水源，便于幼儿在活动中使用。美工区是一个相对安静的区角，适宜与语言图书阅读区相邻，如图 5-2-1-3 所示。

图 5-2-1-3　幼儿园班级美工区

### 2. 规划要点

材料投放要具有丰富性：种类丰富多样，每一种类的数量都应充足。投放材料要有层次性，能满足不同阶段的教育目标和不同水平幼儿的需要。投放的材料要具有动态性，能够符合课程需要、幼儿兴趣及生成活动的需要。

### （三）建构区

**1. 空间选择**

搭建类互动区可以充分利用教室空间，设置在教室的边角区域，以充分满足幼儿的各种活动需求。建构区空间要相对较大，方便幼儿搬运、拿取材料。例如，建构区相对属于动态，规划时需要与静态区域区分，如图5-2-1-4所示。

图5-2-1-4　幼儿园班级建构区

**2. 规划要点**

幼儿有着无穷的想象力，只有为幼儿提供丰富多样的创造材料，才能开发他们的想象力和创造力。教师应根据幼儿的年龄、性别与爱好为他们提供多种多样的创造材料。

### （四）科学区

**1. 空间选择**

幼儿在科学区进行探究活动，空间环境会间接影响幼儿的游戏。因此教师需要考虑空间的大小，既要保证区域游戏容纳一定的幼儿数量，又要满足不同能力幼儿进行差异化游戏的需求，应充分利用桌面、柜面、地面等空间，如图5-2-1-5所示。

图5-2-1-5　幼儿园班级科学区

#### 2. 规划要点

要巧妙利用班级的周边资源，不局限在教室里。科学区提供的材料在数量上应是丰富的，在类别上应是多样的，要符合幼儿的兴趣和认知水平。科学区应围绕近期教学的主题进行材料投放和更新，且实验类活动要有相应的工具和书籍，要给工具添加标识并标明使用方法。

### （五）角色扮演区

#### 1. 空间选择

角色扮演区在活动室的区域布局中应该占用一片较大的区域。幼儿在进行角色游戏时，常会走来走去、大声交谈，发出的声响较大，因而角色扮演区应该脱离比较安静的益智区和阅读区。同时，由于角色游戏和建构游戏之间经常发生联系，建构区的声音也比较嘈杂，因此，可将角色扮演区尽量靠近建构区。

#### 2. 规划要点

角色游戏涉及的主题很多，如娃娃家、小吃店、理发店、医院、超市等都深受幼儿喜爱。此外，还要有根据幼儿生活经验随机产生的若干主题区域，因此，教师可以根据本班活动室的空间情况，在一段时间内，选择性地安排在 1～4 个主题区域供幼儿活动，如图 5-2-1-6 所示。

另外，还要为幼儿提供可操作性强的游戏材料：活动材料的可选择性及自选程度，直接影响幼儿游戏的针对性和积极性。教师要提供丰富的材料，根据情况及时更换或更新材料。

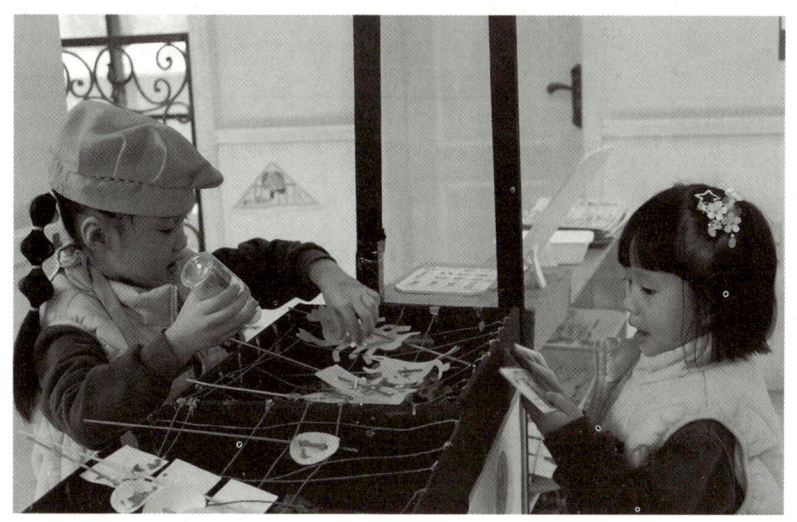

图 5-2-1-6　幼儿园班级角色游戏区

## ★ 步骤二　文献检索

网络平台和图书馆都是同学们拓展自己知识面的有效途径。请大家自选方式进行班级区域规划的相关知识信息检索，完成信息检索目录清单（任务单 5-2-1-1）。

任务单 5-2-1-1 信息检索目录清单

| 检索平台 | 检索内容 | 推荐指数（最多5颗★） |
|---|---|---|
|  |  |  |
|  |  |  |
|  |  |  |
|  |  |  |
|  |  |  |

## ★ 步骤三　学以致用

学生分组见表 5-2-1-1。

表 5-2-1-1　学生分组

| 班级 |  | 组号 |  | 授课教师 |  |
|---|---|---|---|---|---|
| 组长 |  | 学号 |  |  |  |
| 组员 | 姓名 | 学号 | 姓名 | 学号 |
|  |  |  |  |  |
|  |  |  |  |  |
|  |  |  |  |  |
| 任务分工 |  |  |  |  |

（1）以小组为单位参观幼儿园，选择一个班级进行观察，绘制该班级区域环境布局，完成任务单 5-2-1-2。

任务单 5-2-1-2　绘制观摩班级区域布局

| 观摩园所名称 |  | 观摩班级 |  |
|---|---|---|---|
| 请绘制该班级区域布局 |  |  |  |

· 246 ·

（2）运用班级区域规划策略和班级各区域规划具体实施要求，对所观察幼儿园班级区域规划进行分析，再开展小组讨论，提出合理化建议，制作调整区域规划，完成任务单5-2-1-3。

任务单5-2-1-3　绘制调整区域规划

| | |
|---|---|
| 该班级区域规划合理的地方 | |
| 对该班级区域规划布局的建议 | |
| 建议调整后的班级区域规划 | |
| 其他同学给我的启示 | |

· 247 ·

## ★ 步骤四　展示赏学

推荐两组同学分别对任务单 5-2-1-2 和任务单 5-2-1-3 进行小组最优方案汇报。其他组同学认真观摩并点评，个人结合小组展示情况，反思总结自己的方案设计，完成任务单 5-2-1-4。

任务单 5-2-1-4　班级区域规划展示赏学反思总结

| 反思 | 总结 |
|---|---|
|  |  |

## 【任务评价】

说明：

（1）任务评价包括自我评价、小组评价和教师评价，评价时要结合相应要点。

（2）小组评价由组长负责组织，并结合小组成员的意见。

（3）总得分计算至小数点后第二位。

按照说明完成任务评价表（任务单 5-2-1-5）。

任务单 5-2-1-5　任务评价表

| 班级 |  | 姓名 |  | 学号 |  |  |
|---|---|---|---|---|---|---|
| 组名 |  | 验收组长 |  | 年　月　日 |  |  |
| 文档验收清单 |  | 被评价人完成的任务单 5-2-1-2、任务单 5-2-1-3、任务单 5-2-1-4 |  |  |  |  |
|  |  | 被评价人完成的任务单 5-2-1-1、包含 5 份检索文献的目录清单 |  |  |  |  |
| 评价内容 |  | 评价要点 | 分值 | 自我评价（20%） | 小组评价（30%） | 教师评价（50%） |
| 专业知识（60%） | 合理规划布局班级区域的意义 | 能说出合理规划布局班级区域的意义（不少于 3 点） | 5 |  |  |  |
|  | 合理规划布局班级区域的策略 | 能说出合理规划布局班级区域的策略（不少于 5 点） | 10 |  |  |  |
|  | 班级各区域规划具体实施要求 | 能说出班级各区域规划具体实施要求（不少于 3 个区域） | 10 |  |  |  |

续表

| 班级 | | 姓名 | | 学号 | | | |
|---|---|---|---|---|---|---|---|
| 专业知识（60%） | 观摩班级区域规划分析 | 能对观摩班级区域布局进行分析，指出该班级区域布局合理与存在的问题之处，并提出改进的方法 | 15 | | | | |
| | 区域规划调整方案制订及区域规划布局图绘制 | 能针对该班级实际情况，进行班级区域规划调整并绘制调整后的班级区域规划图 | 20 | | | | |
| 个人素养（40%） | 专业精神与学习能力 | 在学习过程中获得满足感，对课堂生活的认同感；积极投入专业学习；不断总结与反思 | 10 | | | | |
| | 参与态度、沟通合作与表达能力 | 积极主动与教师、同学交流，相互尊重、理解、平等；与教师、同学之间能够保持多向、丰富、适宜的信息交流 | 10 | | | | |
| | 问题解决能力 | 分析问题逻辑清晰；善于质疑，勇于创新 | 10 | | | | |
| | 信息检索与处理能力 | 能有效利用网络、图书资源查找有用的相关信息等；能将查到的信息有效地传递到学习中 | 10 | | | | |
| | | 总分 | 100 | | | | |

# 任务二 班级物质环境创设

## 【任务描述】

（1）信息检索，自主拓展查阅资料，学习幼儿园班级物质环境创设管理专业知识。

（2）分析小班幼儿年龄特点，综合运用班级物质环境管理要点和策略，要求图文并茂，对小（1）班进行班级物质环境创设方案制订。

## 【任务目标】

（1）理解幼儿园班级物质环境创设的内涵。

（2）掌握幼儿园班级物质环境创设的内容与管理要求。

（3）掌握幼儿园班级物质环境创设的策略。

## 【任务重点】

分析小班幼儿年龄特点，综合运用班级物质环境管理要点和策略，图文并茂对小（1）班进行班级物质环境创设方案制订。

## 【任务难点】

分析各年龄段幼儿特点，有针对性地制订班级物质环境创设方案。

## 【任务准备】

（1）知识准备：班级物质环境创设的内涵，班级物质环境创设的内容与管理要求，班级物质环境创设的策略。

（2）活动准备：不同颜色的笔、笔记本、手机、幼儿园班级环境照片、幼儿园班级活动视频、模拟幼儿园班级实训室。

## 【任务实施】

说明：

（1）对于每一环节，各成员先自行完成，然后开展小组讨论。

（2）每一环节的讨论结束后，各成员应结合小组其他成员提出的建议，进行相应内容的修改。

## ★ 步骤一　知识梳理

### 一、幼儿园班级物质环境创设内涵

幼儿园班级环境是指在幼儿园中，以班级为单位，对幼儿身心发展产生影响的物质与心理要素的总和，包括班级物质环境和班级心理环境两方面。

《幼儿园教育指导纲要（试行）》指出："环境是重要的教育资源，应通过环境的创设和利用，有效地促进幼儿发展。"《幼儿园教育指导纲要（试行）》将环境的教育价值摆在了重要位置，科学地进行幼儿园班级环境创设在幼儿园的日常教育活动中至关重要。班级

环境创设也是幼儿园班级管理的重要一环。建立并维持安全健康的班级环境，是幼儿园班级管理的重要任务，也是保障幼儿园教育教学活动顺利开展的必要前提。

幼儿园班级物质环境是指影响幼儿发展的与班级物理环境相关的客观因素，包含室内空间布局、家具设备、游戏材料的投放、墙面布置与幼儿作品展示、幼儿所能观察到的班级内其他的环境，如卫生间、盥洗室内的环境等，目的是通过环境的创设更好地影响幼儿的活动，使环境产生积极的、有价值的作用。幼儿园班级物质环境创设是指幼儿教师在一定的班级环境目标的指引下，有目的、有计划地通过布置班级物质环境来创设良好的班级环境的过程。幼儿园班级物质环境创设一般包括室内设备与材料、活动区、主题墙、寝室、盥洗室、楼道、走廊等场所等方面的创设。

## 二、幼儿园班级物质环境创设的内容与管理要求

### （一）室内设备与材料的配备

**1. 室内设备与材料**

室内设备主要包括基本设备、玩具和教具。基本设备是建园所需具备的普通用具，包括桌、椅、床、小柜等。玩具与游戏材料的投放，应满足幼儿活动的需求，符合幼儿的年龄特点，支持每个幼儿开展有效的探索性学习活动。玩具或游戏材料的摆放位置应一目了然，便于自由取放。

**2. 室内设备与材料的管理要求**

（1）安全性要求。室内设备配备应保证幼儿安全，宜采用无锐边利角、无毒、易保持清洁、可洗、可消毒，并与幼儿的安全常识相符的设备。同时，设备应易于保养修护。幼儿玩具、教具、桌椅等，由于使用频繁容易损坏，应尽量购置结构简单、结实耐用的。

（2）教育性要求。室内环境的布置不仅仅是给幼儿提供丰富的物资设备，更重要的是把室内环境作为促进幼儿全面发展的重要途径。故室内环境的布置应富于教育性，应配合目前的教育任务或主题教育活动的内容，统筹安排，合理布置并经常更新；环境布置要符合本班幼儿的年龄特征和知识经验水平，富有启发性。

（3）主体性要求。幼儿园班级环境的布置应有利于幼儿自主、自由地活动，让幼儿成为环境的主人。在布置班级环境时，教师要充分相信幼儿的能力，放手让幼儿参与环境的布置，满足幼儿自主、自由活动的需求，给幼儿提供动手、动脑、自由交往、自我发现的机会。

（4）美观性要求。设备的外形与色彩应注意协调、美观。一般来说，颜色鲜艳、造型别致的玩教具易引起幼儿的注意和活动兴趣，设备的美观也有利于幼儿美感的培养。

### （二）活动区创设与管理

**1. 活动区创设的内容**

活动区也称作区角，是指教师根据教育目标和幼儿发展水平，将活动室划分出一些区域，如科学区、益智区、建构区、角色区、美工区等，有目的、有计划地投放各种材料，创设活动环境，让幼儿在宽松和谐的环境中按照自己的意愿和能力，自主选择学习内容和活动伙伴，主动进行操作、探索和交往的活动场所。

（1）确定各活动区的空间位置。教师要根据本班活动室的面积和结构，依据活动区的设置原则，为每个活动区安排一个最理想的位置。

（2）布置各活动区。按规划好的空间，利用玩具柜、椅子、桌子、大型积木等将各区相对隔开，然后开始逐一布置。

**2. 活动区管理要求**

（1）数量适宜。活动区的设置应考虑幼儿活动的实际需要与效果。活动区所容纳的幼儿人数以不超过 5 人为宜。应当根据活动室的面积、幼儿人数以及教学活动的客观需要来设置活动区。

（2）隔断明显。为了使活动区能被清楚地识别，它们之间应有明确的分隔物，可以利用各种玩具柜、书架、地毯等现有设备当作区域屏障或分界线，如图 5-2-2-1 所示。对于高度和间隔，应尽量以不阻碍成年人的视线为原则。

图 5-2-2-1　运用网格进行区域隔断

（3）开放自主。活动区是为了满足幼儿活动兴趣和发展需要，加强幼儿的相互交往而设置的。一个主题游戏可以在几个活动区域混合进行。如幼儿从娃娃家出来"买菜"和"带孩子""看病"等。这是为了便于幼儿从一个活动区转移到另一个活动区。

（4）布局合理。根据每个区的特点和本班实际情况进行具体安排。（具体方法可参看模块五项目二任务一班级区域规划）

（5）规则清晰。每个活动区要有清晰的进区规则或者活动规则，根据幼儿的不同年龄采取不同的方法。

### （三）墙面创设与管理

**1. 主题墙创设与管理**

主题墙是指幼儿园各班教室环境中的墙壁或展板等，它主要根据各班所开展的主题活动内容而设计和布置。（具体方法可参看模块四任务二主题墙设计）

**2. 区角墙面创设与管理**

（1）区角墙面创设的内容。区角墙面是配合班级美术区、阅读区、表演区、建构区、数学区、益智区等区角设置而布置的墙面。布置区角墙面可以帮助幼儿更好地开展区角游戏。

（2）区角墙面的管理要求。

① 突出主题和区角的功能，配合主题活动并结合区角特点布置墙面，突出幼儿在区角活动中的体验和感受，形成知识版块。

② 区角墙面的设计要以幼儿为主，并根据各年龄段幼儿的不同心理特点来设计墙面，突出主题和幼儿实际生活，并以图文并茂的方式呈现幼儿进区的规则。

③ 区角墙面的创设要具有知识性，根据不同年龄段的幼儿表现出不同的情况，让幼儿有一定的发挥空间。

#### 3. 家园联系栏墙面创设与管理

家园联系栏是目前幼儿园最常见、较为传统的教育环境载体，是一种书面家园交流的形式。它既是幼儿教师班级管理的常规工作内容，又是家园沟通的重要渠道，在传递教师的教育理念和转变家长的教育理念等方面发挥着重要作用。（具体方法可参看模块三任务二家园联系栏设计与更新）

### （四）寝室环境创设与管理

#### 1. 寝室创设的内容

寝室是幼儿休息的地方，也是幼儿在园的重要物质环境，需要教师精心布置。根据睡眠室面积的大小和幼儿人数的多少，合理安排床位，并且最好把每个幼儿安排在固定的床位，不仅方便值班人员准确清点人数，也便于幼儿衣服等物品的管理，如有特殊情况，可以进行适当的床位调整。

#### 2. 寝室的管理要求

（1）床上用品要经常清洗。尤其是枕头套，由于幼儿睡觉时特别容易出汗，汗湿的枕头套如果不及时清洗，容易滋生细菌，不利于健康。

（2）保障环境卫生。每天开窗通风和清洁睡眠室内的卫生，以保持室内空气的新鲜和环境的舒适干净，以确保幼儿身体健康。

（3）合理组织睡前活动。在幼儿午睡前，应该组织一些安静的活动，不要使幼儿的情绪太兴奋。幼儿进睡眠室前值班人员要做很多细致的工作，如检查幼儿有没有带异物上床，以及提醒幼儿睡前如厕以免尿床。

### （五）盥洗室环境创设与管理

#### 1. 盥洗室创设的内容

盥洗室配备有男女幼儿卫生间和洗手池，教师需要对盥洗室的物质环境进行精心设计。如在饮水处、洗手池等容易拥挤的地方，地面上画上小脚印，要求幼儿按照脚印排队，能够培养幼儿良好的一日生活常规。墙面上还可以通过文字和图画宣传节约用水等，培养幼儿的环保意识。在墙上贴上小动物洗手顺序的图片，来引导幼儿掌握洗手的方法；针对幼儿浪费水的现象在墙面上贴上水龙头哭的图片，以提醒幼儿及时关水龙头，节约用水。

#### 2. 盥洗室的管理要求

盥洗室相对于活动室来讲，一般面积较小，当幼儿集中使用时会显得很拥挤，是班级管理容易出安全事故的多发地，需要保教配合进行管理。（具体方法可参看模块二项目一任务一盥洗活动管理）

## 三、创设优质班级物质环境的策略

幼儿园班级物质环境对幼儿的发展起着不可忽视的作用，创设优质的班级物质环境是保障幼儿健康发展的重要途径。

### （一）树立正确的幼儿园班级物质环境创设理念

首先要明确，创设目的不仅是美观，更重要的是让幼儿更好地成长和发展，合理规划和利用班级物质环境，使其发挥应有的教育功能。

**1. 发挥幼儿在班级物质环境创设中的主体意识**

幼儿与环境相互作用的影响是环境创设的价值所在，幼儿是活动的主体，他们有必要参与到物质环境创设当中。能够促使幼儿形成对班级、对教师的爱，可以更好地促进创设优质的班级物质环境。

**2. 重视幼儿园班级物质环境创设的教育性**

班级环境创设一定不要脱离服务于幼儿教育这一根本目的，班级物质环境创设应与课程相呼应。同时，班级环境创设要注重流变性，创设内容应不断变化，如活动区内容、墙面布置、幼儿游戏材料投放等方面都需要经常进行改动，以适应不同阶段幼儿的发展。

### （二）提升幼儿教师班级物质环境创设的能力

**1. 提升幼儿教师的统筹规划能力**

有效的、科学的班级物质环境创设不是零散的，也并非由很多不同的内容拼凑而成，而是要有主题的贯穿。在班级物质环境创设过程中，提升幼儿教师的统筹规划能力，让班级物质环境既丰富，又具有整体性和完整性。

**2. 提高幼儿教师的审美能力**

幼儿教师只有在班级物质环境创设中用审美的眼光来设计，才能保证班级物质环境创设的顺利开展和发挥其应有的价值，还要不断提高自己的审美能力，才能创设出美观而又实用的班级物质环境。

**3. 提高幼儿教师的动手操作能力**

手工操作是幼儿教师学习必不可少的内容，它在幼儿教师进行班级物质环境创设上发挥着重要作用。较强的动手操作能力能够帮助幼儿教师更好地进行班级物质环境创设。

### （三）提高家长在幼儿园班级物质环境创设中的参与度

家长在班级物质环境创设中发挥着不可替代的作用。幼儿园班级物质环境创设往往忽视了家长在其中的作用，让家长走入班级，参与幼儿园班级物质环境创设，必然会对幼儿的身心发展产生积极的作用。

## ★步骤二 文献检索

网络平台和图书馆都是同学们拓展自己知识面的有效途径。请同学们自选方式进行班级物质环境创设管理相关知识信息检索，完成信息检索目录清单（任务单 5-2-2-1）。

模块五　班级学期统筹管理

**任务单 5-2-2-1　信息检索目录清单**

| 检索平台 | 检索内容 | 推荐指数（最多 5 颗★） |
|---|---|---|
|  |  |  |
|  |  |  |
|  |  |  |
|  |  |  |
|  |  |  |
|  |  |  |

## ★ 步骤三　案例分析

学生分组见表 5-2-2-1。

表 5-2-2-1　学生分组

| 班级 |  |  | 组号 |  | 授课教师 |  |
|---|---|---|---|---|---|---|
| 组长 |  |  | 学号 |  |  |  |
| 组员 | 姓名 | 学号 |  | 姓名 |  | 学号 |
|  |  |  |  |  |  |  |
|  |  |  |  |  |  |  |
|  |  |  |  |  |  |  |
| 任务分工 |  |  |  |  |  |  |

请同学们对以下班级环境创设案例进行分析，谈谈自己的看法，完成任务单 5-2-2-2。

**任务单 5-2-2-2　班级环境创设案例分析**

| 对点案例 | 大（1）班的 A 教师和大（2）班的 B 教师在进行活动室布置时，分别采取了以下做法：A 教师在大班活动室的天花板上悬挂了许多自己制作的各种颜色和形状的糖果型装饰，看上去五彩缤纷，十分美观。B 教师让每一位幼儿自制一张写有自己姓名、年龄以及兴趣爱好等相关资料的身份证卡片，将其悬挂在大班活动室的天花板上 |
|---|---|
| 你觉得哪位教师的做法比较合理？为什么？ |  |

· 255 ·

## ★ 步骤四 方案设计

新学期到了，幼儿园园长请新开班的小班教师根据小班幼儿年龄特点提前准备班级物质环境创设方案，做好新学期的开学准备。小班的物质环境创设与中大班有什么区别？小班物质环境创设具有怎样的特点呢？请同学们以小组为单位图文并茂对小（1）班进行班级物质环境创设方案制订，完成任务单 5-2-2-3。

任务单 5-2-2-3 小（1）班物质环境创设方案

| 小班物质环境创设特点分析 | |
|---|---|
| 设计区域 | 设计内容（文字描述+草图设计） |
| 活动区 | |
| 主题墙 | |
| 盥洗间 | |

续表

| | |
|---|---|
| 寝室 | |
| 其他同学给我的启示 | |

## ★ 步骤五  展示赏学

讨论方案，并形成最优方案。推荐两组同学对任务单 5-2-2-3 进行小组最优方案汇报。其他组同学认真观摩并点评，个人结合小组展示情况，反思总结自己的方案设计，完成任务单 5-2-2-4。

任务单 5-2-2-4  班级物质环境设计展示赏学反思总结

| 反思 | 总结 |
|---|---|
| | |

【任务评价】

说明：

（1）任务评价包括自我评价、小组评价和教师评价，评价时要结合相应要点。

（2）小组评价由组长负责组织，并结合小组成员的意见。

（3）总得分计算至小数点后第二位。

按照说明完成任务评价表(任务单5-2-2-5)。

**任务单5-2-2-5　任务评价表**

| 班级 | | 姓名 | | 学号 | | |
|---|---|---|---|---|---|---|
| 组名 | | 验收组长 | | 年　月　日 | | |
| 文档验收清单 | | 被评价人完成的任务单5-2-2-2、任务单5-2-2-3、任务单5-2-2-4 | | | | |
| | | 被评价人完成的任务单5-2-2-1、包含5份检索文献的目录清单 | | | | |
| 评价内容 | | 评价要点 | 分值 | 自我评价（20%） | 小组评价（30%） | 教师评价（50%） |
| 专业知识（60%） | 班级物质环境创设内涵 | 能说出班级物质环境创设的意义 | 5 | | | |
| | 班级物质环境创设内容 | 能说出班级物质环境创设管理的内容（不少于5点） | 5 | | | |
| | 班级物质环境管理要点 | 能说出班级物质环境创设各区域管理的要点（不少于3个区域） | 10 | | | |
| | 创设优质班级物质环境策略 | 能说出班级物质环境创设管理策略（不少于3点） | 10 | | | |
| | 班级物质环境创设方案制订 | 能针对小班幼儿年龄特点，图文并茂对班级物质环境创设方案进行制订 | 30 | | | |
| 个人素养（40%） | 专业精神与学习能力 | 在学习过程中获得满足感，对课堂生活的认同感；积极投入专业学习；不断总结与反思 | 10 | | | |
| | 参与态度、沟通合作与表达能力 | 积极主动与教师、同学交流，相互尊重、理解、平等；与教师、同学之间能够保持多向、丰富、适宜的信息交流 | 10 | | | |
| | 问题解决能力 | 分析问题逻辑清晰；善于质疑，勇于创新 | 10 | | | |
| | 信息检索与处理能力 | 能有效利用网络、图书资源查找有用的相关信息等；能将查到的信息有效地传递到学习中 | 10 | | | |
| 总分 | | | 100 | | | |

# 知识拓展　班级良好精神环境创设

【任务描述】

对情境案例进行分析，帮助梅梅老师与明明小朋友建立良好的师幼关系的策略。

【任务目标】

（1）了解班级良好精神环境创设内容。

（2）掌握建立良好师幼关系、教师同事关系、教师家长关系和帮助幼儿建立良好同伴关系的方法。

【任务重点】

掌握建立良好师幼关系的方法。

【任务难点】

能分析不同幼儿的性格类型，找到与其建立良好师幼关系的方法。

【任务准备】

（1）知识准备：精神环境创设内容，建立良好师幼关系、同事关系、家长关系和帮助幼儿建立良好同伴关系的方法。

（2）活动准备：不同颜色的笔、笔记本、手机、班级模拟实训室、教学视频。

【任务实施】

说明：

（1）对于每一环节，各成员先自行完成，然后开展小组讨论。

（2）每一环节的讨论结束后，各成员应结合小组其他成员提出的建议，进行相应内容的修改。

## ★步骤一　知识梳理

班级精神环境主要表现在班级的氛围和人际关系等方面，也体现在师幼关系、幼儿同伴关系、教师同事关系、教师家长关系等关系中。班级精神环境不仅影响幼儿在园生活的质量，而且直接影响幼儿身心各方面的发展。良好的精神环境，能促使幼儿积极向上，推动幼儿发展；压抑的精神环境，会导致幼儿形成不良性格，制约幼儿发展。那么，该如何创设和谐良好的班级精神环境，促进幼儿快乐、健康地成长呢？

### 一、师幼关系管理

师幼关系是贯穿幼儿日常生活中最核心的人际关系，是幼儿园教育的重要组成部分。良好的师幼关系能最大限度地调动教师与幼儿参与日常教学活动的积极性、主动性，有利于幼儿的个性化发展。

### （一）师幼关系的基本类型

#### 1. 专制型
教师有很强的教学责任心，但教育方法简单，不讲究教学方式，幼儿对教师只能听从和服从，师幼之间缺乏情感沟通，易发生冲突。

#### 2. 放任型
教师对工作不负责，对幼儿也缺乏感情，采取放任自流的态度，幼儿对教师持无所谓的态度，消极对待教师的要求。师幼之间的交流甚少，关系冷漠，无明显的冲突和对抗。

#### 3. 民主型
教师热爱、关心、尊重和信任幼儿，善于同幼儿交流，尊重幼儿的意见；幼儿尊敬教师，师幼之间呈现积极地双向交流，师幼关系和谐。

### （二）建立良好师幼关系的方法

#### 1. 帮助幼儿适应环境变化，消除分离焦虑
幼儿入园适应过程中最常见的问题就是分离焦虑和不适应集体生活。教师的关心、爱护会使幼儿有安全感，从而获得情感上的满足，把教师当作在陌生环境中可以依赖的保护者，从而为良好师幼关系的形成奠定最初的基础。

#### 2. 积极、主动地与幼儿交往
教师首先应以亲切、平等、尊重的态度，积极、主动地与幼儿交流，密切师幼关系与情感。教师在与幼儿交往的过程中，要真诚地接纳每名幼儿，不偏爱、不忽略任何一名幼儿，让每一个幼儿都能感受到教师的关注。

#### 3. 对幼儿和幼儿的活动真正关注并感兴趣
关注和感兴趣是一种发自内心的情感和态度，当教师真正关注幼儿和幼儿的活动时，就会有意识地观察与了解幼儿的需要和愿望、幼儿的情绪情感状态以及幼儿感兴趣的活动与话题，就能够做到不仅身体在场，而且心灵也能贴近幼儿。

#### 4. 理解并宽容地对待幼儿的错误
教师如果对幼儿所犯错误处理不当会对和谐师幼关系的建立产生消极的影响。因此，用理解、宽容的心态对待幼儿的错误，教师就能心平气和地帮助幼儿分析错误产生的原因，幼儿也就能心悦诚服地接受教师的批评。

#### 5. 帮助幼儿形成良好的同伴关系
幼儿之间良好的同伴关系可以在班级中营造温暖的心理环境，有利于幼儿形成主动与教师交往的心理氛围，从而使幼儿出现更多积极的交往动机和行为，幼儿与教师之间的关系也会变得更加和谐。

## 二、幼儿同伴关系管理

良好的同伴关系在幼儿成长中有着独特的价值，它能促进幼儿的认知发展和社会技能的提升，对幼儿的性格、个性品质、行为都会带来很大的影响。

### （一）同伴互动的基本类型

#### 1. 受欢迎型
受欢迎型幼儿的情绪稳定、反应敏捷，在与他人的交流中积极主动。这些幼儿喜欢与

人交流，而且经常表现出友好、积极的交往行为，因此受到大多数同伴的喜爱。

**2. 被拒绝型**

被拒绝型的幼儿情绪不稳定，爱冲动，比较外向，注意力易分散，韧性差，经常采取不友好的交流方式，如抢玩具、推打小朋友等，因此常常被同伴排斥、拒绝。

**3. 被忽视型**

被忽视型的幼儿不太喜欢与他人交往，他们平时很安静，常常独自活动。这类幼儿通常比较听话，在平时的生活与交往中暴露的问题不明显，不容易引起教师和其他小朋友的注意，往往也成为被教师忽视的群体。

**4. 一般型**

一般型的幼儿在群体中处于中间的位置，同伴大多不是特别喜爱、接纳他们，也不会特别拒绝、忽视他们。这类幼儿能够与同伴交流、游戏，但表现得不是很突出。

### （二）帮助幼儿建立良好同伴关系的方法

**1. 关注被忽视的幼儿**

教师要采用适宜的策略进行支持，引导被忽视的幼儿和其他幼儿良好互动，满足幼儿对爱与归属的需求。

**2. 营造轻松的氛围**

教师要给幼儿营造一种温暖的环境和氛围，这样可以在很大程度上缓解不良情绪。

**3. 教给幼儿人际交往的技巧**

教师要利用好教育契机，引导幼儿遵循规则，教给幼儿一些人际交往技巧，如怎样与同伴一起玩、做了错事该怎么办、商量怎样玩玩具，以及和同伴一起游戏时要遵守游戏规则等。

**4. 为幼儿创造交往机会**

教师应多给幼儿创设相互交往的平台，让不同能力水平、不同性格类型的幼儿交流，在同伴中树立榜样，帮助幼儿建立良好的同伴关系。

## 三、教师同事关系管理

幼儿园多数实行"两教一保"的班级配班制度，即每班配备三名保教人员。三位教师和睦相处，可以形成有效的班级团队管理力量。建设一个宽松、和谐的班集体，不仅能为幼儿营造一种宽容、理解、尊重、合作的良好人文环境，促进幼儿身心健康发展，还能让教师从中得到积极的情绪，从而迅速进入工作状态，有利于顺利开展班级管理工作。

### （一）教师同事冲突及其成因

**1. 教育理念的差异**

由于幼儿教师彼此之间教育理念不能协调一致，通常会存在着多种形式的分歧或对立，从而导致冲突的产生。

### 2. 教育行为的差异

由于幼儿教师的教育行为是在其自身教育理念的支配和指导下进行的，因此教育理念的差异性必然导致他们在教育行为上出现分歧和冲突。

### 3. 性格、气质的差异

由于幼儿教师之间存在着一定的性格差异，如果任由自己的性格行事，不顾他人的感受，也会产生冲突。

### 4. 年龄和教学经验的差异

幼儿教师之间年龄和教学经验上的差异性也是产生冲突的重要原因。另外，由于对人、对事的态度、观点和理念不同，以及沟通机制不完善，教师们之间常常有沟通障碍，这也是引发冲突的主要原因。

## （二）建立和谐同事关系的方法

### 1. 承担并完成自己应有的工作

教师应树立团队的整体观念，每个人都要承担起自己在班级中的一份责任，既要分工明确，又要配合默契，形成一定的秩序，以避免不必要的紊乱而导致工作无序。

### 2. 尊重幼儿园内的每一位同事

在与同事有观点冲突时，要耐心倾听同事的想法，特别是与自己所在班级的搭班教师和保育员，更要诚恳、主动地与他们沟通，尊重他人意见。

### 3. 与同事沟通时要注意方式、方法

无论是什么内容的沟通，都需要注意与同事的沟通方式。一方面，要用恰当的方式和语言表达自己的观点以及处理与同事的分歧，尽量避免挫伤同事的感情；另一方面，要换位思考，理解同事。

### 4. 善于发现同事的优点

三人行，必有我师。要善于发现同事的优点和长处，虚心向同事学习。以诚待人，取他人之长补己之短，共同进步，共同发展。

## 四、教师家长关系管理

幼儿园的各项教育工作始终离不开家长的配合；同样，要建立良好的班级精神环境也离不开家长的支持和帮助。教师要经常和家长交流，互相学习、取长补短，共同教育好幼儿。如果教师和家长的关系不好，则会直接影响到教师和幼儿的关系。

## （一）教师与家长沟通的原则

### 1. 平等性与主导性相结合的原则

教师在与家长沟通时，既要保证人格及社会地位的平等，还要在指导家长科学育儿和配合幼儿园教育中发挥主导作用。

### 2. 经常性与及时性相结合的原则

教师要经常关注幼儿的成长状况，及时发现幼儿成长中的问题，注重与家长经常沟通，并对个别事件进行及时沟通。

**3. 专业性与情感性相结合的原则**

教师与家长的交流既要体现教师职业的专业性，又要体现人际关系的情感性，做到以理服人、以情动人。

## （二）教师与家长沟通的方法

**1. 倾听在前，反思在后**

教师的聆听会让家长感受到对自己的尊重，是了解家长育儿观念及幼儿在家表现的重要途径，教师可以从中寻找教育的话题和契机，使家庭教育的指导更有针对性。

有时，家长会给教师提出一些建议，教师需要反思自己的班级管理行为，从而改善之前使用的方式、方法。

**2. 基于需求，分类沟通**

家长是一个复杂、多元的群体，他们的性格、职业及对教育的期望等方面均存在诸多差异，教师应了解、分析不同家长的需求及特点，从而进行分类沟通。

**3. 服务在前，要求在后**

教师在向家长布置任务时，要注意与家长沟通的技巧，如可以先介绍自己做了哪些工作，使家长了解到教师是为了幼儿的发展着想，再对家长提出一些要求，这样家长就能够比较容易接受，不至于产生抵触情绪。

**4. 锲而不舍，态度积极**

有时，教师与家长的沟通不是一次就能解决问题的，可能需要进行多次持续沟通。这就需要教师有锲而不舍的积极态度，在不断互动中，让家长感受到教师对幼儿成长的关爱与对家庭教育指导的用心，从而达成教育理念上的共识与教育行为上的一致。

## ★ 步骤二　文献检索

网络平台和图书馆都是同学们拓展自己知识面的有效途径。请大家自选方式进行良好班级精神环境创设相关知识信息检索，完成信息检索目录清单（任务单 5-2-3-1）。

任务单 5-2-3-1　信息检索目录清单

| 检索平台 | 检索内容 | 推荐指数（最多 5 颗 ★） |
|---|---|---|
|  |  |  |
|  |  |  |
|  |  |  |
|  |  |  |
|  |  |  |
|  |  |  |

## ★ 步骤三　学以致用

学生分组见表 5-2-3-1。

表 5-2-3-1 学生分组

| 班级 |  | 组号 |  | 授课教师 |  |
|---|---|---|---|---|---|
| 组长 |  | 学号 |  |  |  |
| 组员 | 姓名 | 学号 | 姓名 | 学号 |
|  |  |  |  |  |
|  |  |  |  |  |
|  |  |  |  |  |
| 任务分工 |  |  |  |  |  |

请对以下情境案例进行分析,帮助梅梅老师与明明小朋友之间建立良好的师幼关系,完成任务单 5-2-3-2。

任务单 5-2-3-2 案例分析

| 对点案例 | 新的一天开始了,梅梅老师站在教室门口,热情地接待小朋友。这时,明明的妈妈领着明明走向班级,梅梅老师微笑着向前迎接:"明明,早上好!"明明一看是梅梅老师,一把抱住妈妈,大喊:"我不要梅梅老师,我不喜欢她!"同班的悦悦老师听到明明的叫喊,赶紧出来解围。奇怪的是,悦悦老师一出来,明明就高高兴兴地跟悦悦老师问好,然后走进教室。梅梅老师一脸尴尬,心里觉得特别委屈 |
|---|---|
| 针对明明这种情况,你能帮梅梅老师和明明建立良好的师幼关系吗 |  |
| 其他同学给我的启示 |  |

## ★步骤四 展示赏学

推荐两组同学对任务单 5-2-3-2 进行小组最优策略汇报。其他组同学认真观摩并点评,个人结合小组展示情况,反思总结自己的方案设计,完成任务单 5-2-3-3。

任务单 5-2-3-3　建立良好师幼关系策略展示赏学反思总结

| 反思 | 总结 |
|---|---|
|  |  |

## 【任务评价】

说明：

（1）任务评价包括自我评价、小组评价和教师评价，评价时要结合相应要点。

（2）小组评价由组长负责组织，并结合小组成员的意见。

（3）总得分计算至小数点后第二位。

按照说明完成任务评价表（任务单 5-2-3-4）。

任务单 5-2-3-4　任务评价表

| 班级 | | 姓名 | | 学号 | | |
|---|---|---|---|---|---|---|
| 组名 | | 验收组长 | | 年　月　日 | | |
| 文档验收清单 | | 被评价人完成的任务单 5-2-3-2、任务单 5-2-3-3 | | | | |
| | | 被评价人完成的任务单 5-2-3-1、包含 5 份检索文献的目录清单 | | | | |
| 评价内容 | | 评价要点 | 分值 | 自我评价（20%） | 小组评价（30%） | 教师评价（50%） |
| 专业知识（60%） | 班级良好精神环境创设内容 | 能说出班级精神环境创设包括哪四部分 | 10 | | | |
| | 建立良好师幼关系的方法 | 能说出建立良好师幼关系的方法（不少于 5 点） | 10 | | | |
| | 帮助幼儿建立良好同伴关系的方法 | 能说出帮助幼儿建立良好同伴关系的方法（不少于 4 个） | 10 | | | |
| | 建立和谐同事关系的方法 | 能说出建立和谐同事关系的方法（不少于 4 点） | 10 | | | |
| | 教师与家长沟通的方法 | 能说出教师与家长沟通的方法（不少于 4 点） | 10 | | | |
| | 建立良好的师幼关系的策略 | 能分析情境案例，制订与明明小朋友建立良好的师幼关系的策略 | 10 | | | |

续表

| 班级 | | 姓名 | | 学号 | | |
|---|---|---|---|---|---|---|
| 个人素养（40%） | 专业精神与学习能力 | 在学习过程中获得满足感，对课堂生活的认同感；积极投入专业学习；不断总结与反思 | 10 | | | |
| | 参与态度、沟通合作与表达能力 | 积极主动与教师、同学交流，相互尊重、理解、平等；与教师、同学之间能够保持多向、丰富、适宜的信息交流 | 10 | | | |
| | 问题解决能力 | 分析问题逻辑清晰；善于质疑，勇于创新 | 10 | | | |
| | 信息检索与处理能力 | 能有效利用网络、图书资源查找有用的相关信息等；能将查到的信息有效地传递到学习中 | 10 | | | |
| | | 总分 | 100 | | | |

# 项目三　班级家长工作管理

## 任务一　家长会策划方案制订

**【任务描述】**

(1) 信息检索，自主拓展查阅资料，学习家长会策划相关专业知识。

(2) 通过知识梳理和一线观摩，了解家长会的类型和组织形式、组织流程，能设计并撰写家长会活动方案。

(3) 通过制订幼儿园班级家长会的方案进行模拟训练。

**【任务目标】**

(1) 了解幼儿园班级家长会的类型、特点及目的。

(2) 理解幼儿园班级家长会的组织形式，并能熟悉组织流程及实施要点。

(3) 通过情景模拟组建共学小组，树立团队合作意识，提升实践能力与沟通能力。

**【任务重点】**

理解幼儿园班级家长会的组织流程及组织要点。

**【任务难点】**

通过制订幼儿园班级家长会的方案进行模拟训练。

**【任务准备】**

(1) 知识准备：幼儿园班级家长工作管理的重要意义，幼儿园班级家长会的组织流程及组织要点。

(2) 活动准备：多媒体播放设备、模拟幼儿园实训室、不同颜色的笔、小组名字牌、幼儿园班级家长会活动视频。

**【任务实施】**

说明：

(1) 对于每一环节，各成员先自行完成，然后开展小组讨论。

(2) 每一环节的讨论结束后，各成员应结合小组其他成员提出的建议，进行相应内容的修改。

★ 步骤一　知识梳理

一、家长会的认知

（一）什么是家长会

家长会是由幼儿园或班级教师发起，面向全体幼儿家长的交流、互动、介绍性的会议或活动，是一种集体指导形式。家长会一般分为全园家长会、年级家长会及班级家长会三个层次。

### （二）家长会的特点

**1. 受众人数多**

家长会涉及班级里每个幼儿的切身利益，需要全班幼儿家长出席，是受众人数最多的一种家庭教育指导形式。

**2. 沟通效率高**

相对个别约谈和辨析讨论会来说，家长会是教师与全体家长进行沟通和交流的一种形式，因此，其沟通效率高，适合解决共性的问题。

**3. 比较正式**

家长会是比较正式的会议，是教师向全体家长展示幼儿园保教工作的窗口，需要经过精心的策划与筹备。

家长会能增加班级凝聚力，为家园合作共育打下良好的基础。所以，幼儿教师要认真组织好每一次家长会，发挥家长会的凝聚作用。特别要组织好小班刚入园新生的第一个全园家长会和班级家长会，这是建立良好家园关系的开端。

### （三）幼儿园召开家长会的目的

家长会是幼儿园开展家长工作、密切家园联系的一种重要形式和途径。召开家长会是想让家长了解幼儿园的教育教学动态，了解自己的孩子在幼儿园的发展和表现情况，了解现代教育理念和教育改革动向，以便取得家长对幼儿园工作的支持和配合，这有助于幼儿形成积极的学习态度和良好的行为习惯，促进幼儿身心各方面的发展，为建立良好的家园合作关系打下基础。

一般来说，幼儿园家长会的目的主要有以下几点：

（1）让幼儿教师尽快熟悉其所带班级幼儿的生活学习特点及特殊状况。

（2）让幼儿家长了解班级的教育活动，了解幼儿在班级中各方面的发展。

（3）让幼儿家长更多了解幼儿园的教育理念及教育动向，了解需要配合的事项。

（4）促进幼儿家长之间的相互了解和学习。

（5）加强家长与教师之间的联系与沟通。

## 二、家长会的类型及组织形式

《幼儿园工作规程》中指出："幼儿园应当主动与幼儿家庭沟通合作，为家长提供科学育儿宣传指导，帮助家长创设良好的家庭教育环境，共同担负起教育幼儿的任务。"家长是幼儿的第一任教师，承担着幼儿早期教育的重要职责。因此，了解家长会的类型及组织形式，可以为有目的、有计划、高效地开展家长工作奠定坚实的基础。

### （一）幼儿园家长会的类型

家长会的形式一般要求多样化、人性化，可以让家长在轻松、和谐、友好的气氛中了解教师的教育行为和教育方法，并适时提出配合要求。家长会主要有以下几种形式。

### 1. 从范围上来分

（1）年级家长会。

年级家长会即小、中、大班各年级幼儿的家长按年级聚在一起，针对本年龄段幼儿家长关心及适宜的话题，由幼儿园组织召开的园级家长会。通过园级家长会，家长能更加清晰地了解幼儿园的教育理念、园区。

（2）班级家长会。

班级家长会即幼儿园各年龄班根据班级幼儿所处的年龄特点及活动的需要召开的、以班级为单位的家长会。

### 2. 从时间上来分

（1）开学初的家长会。

开学初的家长会是指开学初期双方为了解班级基本情况召开的家长会。

（2）学期中的家长会。

学期中的家长会是指根据班级幼儿发展情况在学期的中间召开的家长会。

（3）学期末的家长会。

学期末的家长会是指学期结束前为了向家长做总结、与家长交流召开的家长会。

### 3. 从功能上来分

（1）常规式家长会。

常规式家长会是每学期初根据各年龄段的计划时间召开的家长会。常规式的家长会是幼儿园里最常用的家长会形式之一，如图5-3-1-1所示。通过召开家长会，家长们可以知道该年龄段幼儿的年龄特点、班级现阶段幼儿的发展情况、本学期的主题活动安排，以及近期需要家长配合的事项。

图5-3-1-1　幼儿园常规式家长会

（2）宣传式家长会。

宣传式家长会是针对一项或多项主题，以教师讲述和传达为主、家长提问为辅的家长会，多为学校或班级有重大事项要宣布时进行。通过家长会，展示出幼儿园的教育理念、组织架构，幼儿网管理的系统化、规范化，师资团队的专业化及敬业精神，让家长切身体会幼儿园品牌文化，如图5-3-1-2所示。

图 5-3-1-2　幼儿园宣传式家长会

(3) 会演慰问式家长会。

会演慰问式家长会通常指由教师组织、幼儿表演或演示作品、家长参观或鉴赏为主要形式的家长会。这种形式多为增加教师、幼儿、家长的三方互动而安排，可以是对一段时间内幼儿学习成果的展示，多安排在学期末或重要节日前举行，如图 5-3-1-3 所示。

图 5-3-1-3　幼儿园会演慰问式家长会

(4) 咨询式家长会。

这种类型的家长会是请一名或几名有经验的家长或专家，围绕大家感兴趣的一个或多个话题来召开的一种小型的会议，其目的在于让家长向介绍者询问、了解、探讨有关育儿的经验（图 5-3-1-4），这样的形式也颇受家长们欢迎。通过此类讲座、会议，扩展了家长的教育视野，家长可以更新教育理念。

(5) 焦点问题式家长会。

教师针对不同的幼儿或不同的问题分类来召开的家长会，如召集攻击性行为较强幼儿的家长召开一个小型家长会，对于这种有相似问题的家长之间也可以互相交流；同时，教师准备的谈话内容也可以更集中，更有针对性，如图 5-3-1-5 所示。

模块五　班级学期统筹管理

图 5-3-1-4　幼儿园咨询式家长会

图 5-3-1-5　家长沙龙、小型研讨会或座谈会

## （二）幼儿园家长会的组织形式

### 1. 全班家长参与的班级家长会

召开全体家长参与的班级家长会，是教师进行班级管理工作时最常用的一种工作方法。它具有参与人数多、信息传播量大、效果明显等特点，对象一般是班级教师和班级全体幼儿家长，时间一般在开学初、学期末或班级重大活动开展之前，内容一般是由班级教师事先准备、策划好的，如图 5-3-1-6 所示。

### 2. 非全班家长参与的班级家长会

（1）家长沙龙、小型研讨会或座谈会。

这种类型的家长会针对部分家长、幼儿存在的困惑、问题及需要召开。教师和家长共同商定家园共育策略，有助于提高家园共育的实效。

（2）妈妈或爸爸家长会、祖父辈家长会等。

这种类型的家长会针对特定的人群（妈妈、爸爸或者爷爷、奶奶等），由于家庭角色一致，妈妈、爸爸或者爷爷、奶奶等人在家庭教育中碰到的问题或者困难也会相对集中，召开这样的交流会，容易引起共鸣。另外，还有以特定主题节日为契机开展的主题家长会，

·271·

如母亲节、父亲节、重阳节等。

图 5-3-1-6　全班家长参与的班级家长会

## 三、家长会的组织流程

家长会的组织流程如图 5-3-1-7 所示。

图 5-3-1-7　家长会的组织流程

### （一）策划与筹备

家长会是幼儿园比较重视的正式会议，需要幼儿教师精心地策划和筹备，以便发挥家长会的凝聚作用，让家长感受到幼儿教师的真诚和敬业精神，建立家长对幼儿园和幼儿教师的信任。

**1. 选择家长会的主题内容**

由于家长会参加的人数较多、影响面广，幼儿园不能将家长会组织得过于频繁，一般每学期召开 1~2 次全园或班级家长会，并且事先要尽量安排周全，避免遗漏。所以，在策划召开家长会时，要广泛征求全园或班级所有保教教师的意见，把适合在家长会上沟通和安排的内容全部收集起来，然后根据需要删繁就简。一般来说，家长会包括以下两部分内容。

各类家长
通知模板

（1）通报情况、提出要求、安排事情。

通报情况指的是教师向家长传达本学期的教育目标、教育内容、活动情况；同时，描述幼儿在园的现状及进步情况，使家长对幼儿在园的表现有充分的了解。

提出要求是指需要家长配合幼儿园做好哪些工作，比如按时缴费，送园时不要抱着孩子，锻炼幼儿的自理能力，让幼儿自己吃饭、自己学习穿脱衣服和鞋子等，这既是对家长

进行科学的家庭教育指导,也是为了家园合作共育。

安排事情,指的是一些具体的事务安排。家长会的内容安排要主题明确,详略得当,事务性的事可以写成便条分发给所有来开会的家长,便于家长带回去,向其他家长传达。因为来开会的人可能是老人或其他带养人,他们记忆和传达教师的要求时可能存在困难,还有的家庭是多个人共同带养孩子,写便条可以使信息沟通更加方便。

(2) 做好家庭教育指导。

教师要抓住机会向家长讲解不同阶段幼儿的年龄特点和教养要点,并给予专业的教育引导方法,这将为以后的家长工作奠定良好的基础。

比如托、小班幼儿思维的一个特点就是常常把想象当作真实,因此会出现各种所谓"撒谎"的现象,很容易迷惑家长和教师的判断力,有时甚至会"成功"地导致教师和家长之间产生一些"误解"。

各阶段家长会主题

这都需要教师用案例分析的方式帮助家长正确理解和解读。防患于未然的前提就是让家长明白幼儿年龄特点产生的典型问题,提高家长对儿童心理特点的了解与处理能力。

家长会还可以集中分析当前家庭教育中普遍存在的问题。比如,电子产品对孩子生活和成长的影响,怎样对待孩子的争强好胜心理,孩子不爱表现怎么办,等等。这些问题会让很多家长感到困惑,教师在充分准备之后,可以对家长进行引导和分析,帮助家长澄清观念,学会采取正确的家庭教养行为。

总之,家长会应在介绍常规工作之余,尽量在帮助家长了解幼儿身心发展的特点、普及家庭教育知识和方法、提高家长的教育能力和帮助家长解决家庭教育问题上做文章,才能让家长有收获,发挥家长会的家庭教育指导作用。当然,不同年龄段幼儿的家长会内容侧重点不一样。所以,教师要根据各年龄段幼儿保教目标的需要,组织不同内容的家长会。

**2. 选择家长会的形式**

传统的家长会一般以教师讲、家长听为主,可能会让家长感到内容空洞、形式僵化、缺乏新意,满足不了家长的期望。随着现代多媒体设备的普及和应用,家长会的形式也变得更加丰富。如教师可以整理部分孩子的照片或录像资料,使用PPT会声会影、光影魔术手等软件处理音、视频素材或制作讲义内容,不仅能给家长留下深刻的印象,还会提高家长会内容的可信度。

例如,一位幼儿园教师在小班第一学期期末开家长会,在家长会上展示班级每一个孩子刚入园时哭闹的照片,随后又展示了现在每个孩子在幼儿园开心地玩耍、参加游戏活动的照片。通过前后对比,家长们看到了孩子巨大的变化,非常感动,并由衷感谢幼儿园教师的辛苦付出,家长会取得了非常好的效果。

亲子互动游戏

近几年,越来越多的幼儿园开始尝试体验式家长会,家长由被动变主动,通过参与互动小游戏、情境表演、话题讨论、完成项目任务等多种形式,感受和领悟教育内容。互动游戏的选择是一个难点,既要有趣,又要符合主题的教育意义,还要让家长深受启发。

**3. 拟定家长会提纲**

内容和形式确定好之后,需要按顺序列出家长会的各项内容,完整流程的提纲有助于

教师整体把握家长会的内容，避免遗漏。

下面是一位教师梳理的简略提纲，供大家参考。

（1）在会议开始之前，组织家长观看幼儿活动剪影。

（2）分析上学期幼儿总体发展状况，总结上学期家长工作的开展情况。

（3）概括班级幼儿近况。

（4）介绍本学期保教计划。

（5）简要说明本学期将要举办的大型活动。

（6）告知家园配合的主要事项。

（7）推荐适合 3 岁幼儿阅读的绘本 10 本。

其中，对于重点内容和自己不太熟悉的内容，要做较多的内容提示，并尽量做到熟读成诵；也可以把重点内容做成精美图文 PPT 课件，这样既可以给自己提示，也有助于家长更加直观地听讲和做笔记。

### 4. 撰写活动方案

活动方案是家长会策划阶段的集中体现，一方面，方便教师理顺家长会的具体流程，使各个环节的衔接更加流畅；另一方面，也方便园长和班级教师提供修改意见，使家长会召开得更加顺利。

活动方案一般包括以下内容：

（1）活动目标与主题。

（2）活动时间。

（3）活动地点。

（4）活动准备。

（5）活动内容及流程。

家长会，尤其是班级家长会，是教师面向全体家长的正规沟通形式，集中体现教师思维的逻辑性、观念的科学性、口才的流畅性以及大方、自然的仪表形象，跟教师平时带班，与幼儿相处时所体现的思维的发散性，以及开朗、活泼、富有童趣和童心的行为表现完全不同，两者结合更能展现教师的基本素质。

### 5. 准备家长会发言稿

家长会是教师和广大家长面对面、自然亲切的口语交流过程，但在一些大型、隆重、具有仪式感的家长会上，教师可以在某些环节诵读发言稿，如小班新生第一次家长会、大班毕业典礼或者某些大型活动时的开场白和结束语。例如，教师可以精心准备一篇书面、正式的发言稿，用庄重的态度、抒情的语言和排比句式，表达自己的思想感情，这样既能引导会议的议题和进程，也有助于"以情动人"。

需要注意的是，开场白和结束语不宜过长，语言要简洁、明确、有逻辑性，必要时援引一两句经典名言，能起到画龙点睛的作用，并让家长深受启发。

请看下面框中家长会的结束语，体会一下教师是怎样运用真挚的话语来打动家长的。

模块五　班级学期统筹管理

> 今天的家长会，对很多家长来说，可能是人生中的第一次家长会。有人说：父母就是一场自我修行，这句话相信在座的各位家长都受益匪浅。在此，也想借此机会向各位家长提出一个请求：在家庭教育上，也希望大家能多加重视，多给孩子一点关爱和鼓励，多为他们的成长做些准备，只有家园合作，才能形成合力！童年只有一次，成长不能重来，请让××幼儿园所有的老师与您携手陪伴，并见证宝贝的童年时光！让我们褪去美丽的蝴蝶翅膀，陪伴孩子们慢慢前行！教育不是注入一桶水，而是点燃一团火！相信我们一定可以见证孩子们不一样的童年旅程的！大家有信心吗？

#### 6. 下发家长会通知

确定开会时间和地点之后，需要下发会议通知。通知的拟定要清晰、温馨、体贴，不要用生硬的、命令式的口吻，要让家长一看就明白家长会的起止时间、具体地点、主要内容、重要性以及教师的真诚关怀或者家长需要做的准备。

家长会通知

拟定好通知后，幼儿园和教师可以多渠道发放通知。最好提前一周通知家长，以便家长预留时间做出安排。可采用的方式包括：

（1）在班级微信群、幼儿园家园软件平台中发放通知。

（2）在幼儿园或班级门口张贴通知。

（3）发放邀请函，人手一份。

（4）通过幼儿告知家长。

（5）家长接送孩子的时候，进一步逐个确认家长能否参加。

目前，最常用的方式为在微信群中发放通知，并以接龙的方式填写参加人，确保每位家长收到并确定参加人名单，这样，教师可以提前明确参会名单，若有变化，也方便及时告知。特殊紧急家长会，教师可通过网络平台组织开展线上家长会。

### （二）组织与实施

#### 1. 精心布置会场

会场座椅摆放要根据家长会的类型采用不同的方式。如果在班级教室举行，教师可以根据会议内容的需要安排座位方式。如果是讲座型家长会，可以安排面向教师的横排座位；如果是研讨型家长会，可以安排相向而坐的圆桌式座位；如果是参与式家长会，则需要在四周安排座位；如果举办的是沙龙式家长会，则可以简单地准备一些茶水、点心和水果等，让与会家长感到温馨；如果有幼儿参加家长会，则需要给幼儿留出活动场地。家长会的布置现场如图 5-3-1-8 所示。

#### 2. 迎接和签到

家长会是幼儿园的一项重大活动，是建立良好家园关系的重要时机。召开家长会时，教师可以在会议开始前 20 min，在幼儿园门口安排教师做接待员，热情迎接家长的到来，让他们完成签到，并指示路线，给家长温馨美好的情感体验，如图 5-3-1-9 所示。

在家长会正式开始之前的等待时间，教师可以播放轻音乐，让家长在优美的音乐背景中步入会场，而家长们在等待期间也可以小声交谈、阅读资料或者欣赏班级环境，以便增进家长对幼儿园生活的了解。另外，教师也可以播放幼儿平时的活动片段，增强家长的融入感。

图 5-3-1-8　家长会的布置现场

（a）示意一；（b）示意二

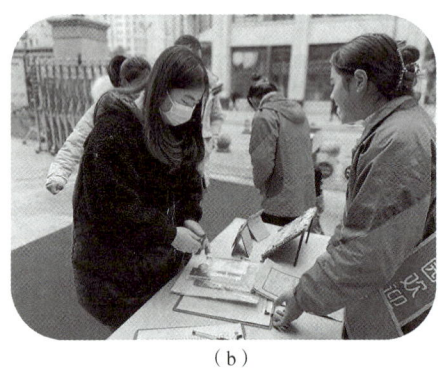

图 5-3-1-9　迎接和签到

（a）示意一；（b）示意二

**3. 依照流程召开会议**

到了完成预定的开会时间，会议要准时开始。如仍有家长未到，可稍等 5 min，但不宜等待太久。没有特殊情况，会议要按活动方案中的既定流程进行。虽已经做好充足的活动方案，但真正开好一次家长会，还需要教师了解一些面对公众讲话的技巧，将既定的活动方案实施出来。

家长会评议表

**（三）反思与反馈**

家长会结束后，教师要收集、整理家长的意见或者建议，在此基础之上明确今后工作的思路，并及时向家长反馈，一般常用的方式主要有以下几种。

（1）收集家长会调查问卷表。

（2）组织微信、QQ 开展家长会后分享活动。

（3）园级领导评价、班级成员评价。

（4）个人自评、反思。

## ★ 步骤二　文献检索

网络平台和图书馆都是同学们拓展知识面的有效途径。请大家自选方式进行构建幼儿园班级家长工作管理体系相关知识信息检索，完成信息检索目录清单（任务单 5-3-1-1）。

任务单 5-3-1-1　信息检索目录清单

| 检索平台 | 检索内容 | 推荐指数（最多 5 颗★） |
| --- | --- | --- |
|  |  |  |
|  |  |  |
|  |  |  |
|  |  |  |

## ★ 步骤三　学以致用

学生分组见表 5-3-1-1。

表 5-3-1-1　学生分组

| 班级 |  | 组号 |  | 授课教师 |  |
| --- | --- | --- | --- | --- | --- |
| 组长 |  | 学号 |  |  |  |
| 组员 | 姓名 | 学号 | 姓名 | 学号 |  |
|  |  |  |  |  |  |
|  |  |  |  |  |  |
|  |  |  |  |  |  |
| 任务分工 |  |  |  |  |  |

请同学们通过知识梳理和文献检索，对家长会的类型及家长会的组织形式、家长会的组织流程进行梳理总结，填写幼儿园班级家长工作管理的内容和任务表（任务单 5-3-1-2）。

任务单 5-3-1-2　幼儿园班级家长工作管理的内容和任务

| 要素 | 我的归纳总结 | 其他同学给我的启示 |
| --- | --- | --- |
| 家长会的类型 |  |  |
| 家长会的组织形式 |  |  |
| 家长会的组织流程 |  |  |

## ★ 步骤四 方案设计

请同学们对下述对点案例进行分析，并针对该案例制订适宜的班级家长会方案，完成任务单 5-3-1-3（可打印、粘贴在任务单上）。

任务单 5-3-1-3 幼儿园班级家长会策划方案制订

| 对点案例 | 梅梅老师是某幼儿园小（1）班的配班教师，本学期的新生家长会由梅梅老师负责组织安排，于是梅梅老师认真制作了一份详细的家长会策划方案，准备迎接新生家长会的到来。在会议之前，梅梅老师因为没有提前安排好迎接签到人员，导致部分家长走错场地。在会议召开时，梅梅老师因为比较紧张全程低头念稿，家长们纷纷拿出手机无心听讲，有的家长直接在会上睡觉，有的家长甚至走出会场找到园长想要换班……如果你是小班新生的家长，参加完这次家长会之后，会有什么样的心情 |
|---|---|
| 详细方案策划 | 班级家长会策划方案 |
| | 活动班级　　　　　负责教师　　　　　活动时间 |
| | 活动主题　　　　　　　　　　活动地点 |
| | 活动目标 |
| | 活动准备 |
| | 活动筹备 |
| | 组织与实施 |
| | 反思与反馈 |
| 其他同学给我的启示 | |

## 【任务评价】

说明：
（1）任务评价包括自我评价、小组评价和教师评价，评价时要结合相应要点。
（2）小组评价由组长负责组织，并结合小组成员的意见。
（3）总得分计算至小数点后第二位。
按照说明完成任务评价表（任务单 5-3-1-4）。

**任务单 5-3-1-4　任务评价表**

| 班级 | | 姓名 | | | 学号 | | |
|---|---|---|---|---|---|---|---|
| 组名 | | 验收组长 | | | 年　月　日 | | |
| 文档验收清单 | | 被评价人完成的任务单 5-3-1-2、任务单 5-3-1-3、任务单 5-3-1-4 | | | | | |
| | | 被评价人完成的任务单 5-3-1-1 、包含 5 份检索文献的目录清单 | | | | | |
| 评价内容 | | 评价要点 | 分值 | 自我评价（20%） | 小组评价（30%） | 教师评价（50%） | |
| 专业知识（60%） | 家长会的类型 | 能梳理总结填写任务单幼儿园班级家长会的类型（不少于 3 个） | 15 | | | | |
| | 家长会的组织形式 | 能梳理总结填写任务单幼儿园班级家长会的组织形式（不少于 3 个） | 15 | | | | |
| | 家长会的组织流程 | 掌握家长会的组织流程和注意事项，并用思维导图列举 | 10 | | | | |
| | 家长会方案制订 | 能对指定案例进行分析，选择针对该案例适宜的家长会方案，完善任务单 | 20 | | | | |
| 个人素养（40%） | 专业精神与学习能力 | 在学习过程中获得满足感，课堂生活的认同感；积极投入专业学习；不断总结与反思 | 10 | | | | |
| | 参与态度、沟通合作与表达能力 | 积极主动与教师、同学交流，相互尊重、理解、平等；与教师、同学之间能够保持多向、丰富、适宜的信息交流 | 10 | | | | |
| | 问题解决能力 | 分析问题逻辑清晰；善于质疑，勇于创新 | 10 | | | | |
| | 信息检索与处理能力 | 能有效利用网络、图书资源查找有用的相关信息等；能将查到的信息有效地传递到学习中 | 10 | | | | |
| 总分 | | | 100 | | | | |

# 任务二　亲子活动策划方案制订

## 【任务描述】

（1）信息检索，自主拓展查阅资料，学习幼儿园亲子活动相关知识。

（2）通过知识梳理和一线观摩，了解亲子活动的内涵及对幼儿发展的重要作用；掌握亲子活动的分类、组织流程及实施要点。

（3）观摩记录亲子活动，分享自己对亲子活动的认知，尝试设计撰写亲子活动策划方案。

## 【任务目标】

（1）了解亲子活动的内涵及对幼儿发展的重要作用。

（2）理解亲子活动的分类，并能熟悉掌握亲子活动的组织流程及实施要点。

（3）通过情景模拟共学小组，树立团队合作意识，提升实践能力与沟通能力。

## 【任务重点】

理解亲子活动的分类，并能熟悉掌握亲子活动的组织流程及实施要点。

## 【任务难点】

能撰写亲子活动策划方案并模拟方案实训。

## 【任务准备】

（1）知识准备：亲子活动对儿童发展的重要意义，亲子活动的组织流程及实施要点。

（2）活动准备：多媒体播放设备、模拟幼儿园教学实训室、不同颜色的笔、小组名字牌、幼儿园班级亲子活动视频。

## 【任务实施】

说明：

（1）对于每一环节，各成员先自行完成，然后开展小组讨论。

（2）每一环节的讨论结束后，各成员应结合小组其他成员提出的建议，进行相应内容的修改。

## ★步骤一　知识梳理

### 一、亲子活动的认知

#### （一）亲子活动的内涵

《幼儿园教育指导纲要（试行）》中提出："幼儿园应与家庭、社区密切合作，与小学相互衔接，综合利用各种教育资源，共同为幼儿的发展创造良好的条件。"同时，其还指出，"家长是幼儿教师的重要合作伙伴。应本

幼儿园亲子游戏

着尊重、平等的原则，争取家长的理解、支持和主动参与，并积极支持、帮助家长提高教育能力。"2011年，国务院颁布的《关于当前发展学前教育的若干意见》再次强调了家园共育的重要性，提出"要把幼儿园教育和家庭教育紧密结合，共同为幼儿的健康成长创造良好环境"。可见，幼儿园与家庭合作共育已成为当前教育的主流趋势，幼儿园的亲子活动成为家园合作、幼儿教育非常重要的组成部分。

亲子活动是指家长（特别是父母）与幼儿一起参与的，能够促进幼儿发展，增进亲子情感的活动。亲子活动作为课程实施的重要途径，是开展家园沟通活动、促进家长参与课程实施的重要方式。

### （二）亲子活动对幼儿发展的作用

#### 1. 有助于亲子间安全依恋的形成

通过亲子间的互动游戏，帮助幼儿与其他家庭成员建立起积极的关系，从而确立安全型的亲子依恋关系，使幼儿在和谐温暖的家庭环境中成长。

#### 2. 有助于幼儿认知的发展

在认知方面，幼儿在亲子游戏中所获得的知识、经验和技能比在独自游戏和伙伴游戏中获得的更丰富，更有益于认知发展，而且在亲子游戏过程中渗入了大量的言语交往，有助于幼儿的语言发展。

#### 3. 有助于幼儿情感的发展

在情感方面，家长的到来能增强幼儿对幼儿园的归属感，从而产生更强的安全感和大胆探索的勇气，有较强的成就动机，乐于与同伴互动，进行合作学习。幼儿园倡导亲子活动，开展各种各样的亲子游戏，不仅为家长和幼儿提供加强亲子交流的好机会，增加亲子的感情，增进亲子关系，而且对促进幼儿的心理健康具有特殊而长远的意义。

#### 4. 有助于幼儿社会性的发展

在社会性发展方面，在亲子活动中，通过成人的引导与帮助，幼儿能够很好地承担游戏中合作者的角色，因此，社会性交往水平高于伙伴游戏中的交往水平。另外，亲子之间的互动，还能够满足幼儿个体生理、情感、社会性发展的需求，以促进幼儿健康、全面发展。

### （三）亲子活动的类型

亲子趣味活动的形式丰富多样，内容涵盖五大领域，活动场景既可以选在幼儿园，也可以选在更广阔的大自然或城市公共环境中。常见的活动形式有以下六种。

#### 1. 体育活动

体育活动包括亲子运动会、亲子体育游戏等，如图5-3-2-1所示。

#### 2. 节日活动

每年的重要节日，幼儿园都可以邀请家长来园参加相关内容的亲子趣味活动，共同了解节日知识，感受节日的气氛和仪式感（图5-3-2-2），如国际妇女节、母亲节、父亲节、元宵节、元旦等。

#### 3. 亲子小剧场

亲子小剧场是指家长和幼儿一起演出，为家长和幼儿提供了一个增进亲子关系、提升艺术想象力和表演能力的舞台，如图5-3-2-3所示。

图 5-3-2-1 亲子体育活动

图 5-3-2-2 亲子节日活动

图 5-3-2-3 亲子小剧场

4. 跳蚤市场

幼儿们挑选自己不喜欢的旧玩具,在家长的陪伴下,拿到幼儿园的跳蚤市场上,自主选择,以物换物,每个人都可以得到自己想要的"新"玩具,如图 5-3-2-4 所示。

模块五　班级学期统筹管理

图 5-3-2-4　跳蚤市场亲子活动

### 5. 郊外游玩

春游、秋游等都是郊外游玩的形式，如图 5-3-2-5 所示。

图 5-3-2-5　郊外游玩时的亲子活动

### 6. 亲子采摘

根据当地的环境条件，适时组织蔬菜、水果的采摘活动，让幼儿们认识自然景物并感受丰收的乐趣，例如摘草莓、亲子农耕活动等，如图 5-3-2-6 所示。

图 5-3-2-6　亲子采摘活动

· 283 ·

## 二、亲子活动的组织实施

### （一）亲子活动的组织流程

亲子趣味活动的组织流程如图 5-3-2-7 所示。

图 5-3-2-7　亲子趣味活动的组织流程

**1. 策划与筹备**

亲子趣味活动大多在开放场地进行，形式和环节多样。为了保证活动安全、顺利地开展，前期策划尤为重要。教师需要综合考虑季节温度、天气状况、场地容纳量和集体教育和个别指导等因素，策划方案应包括以下内容：

（1）确定活动目标。

① 满足幼儿教育的需要，教师要根据幼儿园的保教工作计划，制订亲子趣味活动的目标。

② 增进亲子感情，活动需方便家长参加，能帮助家长理解科学的幼儿教育理念，通过有趣的亲子互动过程增进亲子感情，以延长亲子陪伴时间，提高家庭教育的质量和水平。

③ 促进家园共育，亲子活动的策划要考虑让家长参与，教师要学会利用家长资源，从而实现家园合作共育。

（2）选择适宜内容。

① 活动内容的选择首先要体现五大领域内容的学习和要求。

② 亲子活动策划时要考虑各种类型活动的时间间隔。

③ 可以体现动静交替、园内园外交替、不同领域内容交替，保持适宜的活动节奏。

④ 要考虑季节特点，如亲子运动会、亲子登山和亲子游园活动一般安排在温度适宜的春秋季。室外活动要考虑当地天气变化，提前做好雷雨等恶劣天气的调整方案。

⑤ 可以配合传统节日策划，在活动策划和布置场地时，应突出节日元素，烘托节日氛围。

⑥ 亲子趣味活动还可以发挥幼儿园周边环境特色。

（3）策划活动流程。

设计亲子趣味活动的流程时，各环节应衔接紧凑，不能让家长和幼儿等待时间过长。为了增加活动的趣味性和挑战性，可以增加团队竞赛环节，让幼儿在家长的陪伴中学会适应挑战和压力。如果活动环节需要变换场地，教师可以安排家长参与活动组织工作和秩序维持工作，避免混乱。

（4）做好前期准备。

亲子趣味活动的准备一般是非常烦琐的，主要包括以下内容。

① 分工明确、密切配合，确定每项工作的负责人和执行人。活动总指挥负责活动时间

和流程安排，各班教师要组织好幼儿，与家长协调配合。

② 提前布置活动场地，亲子趣味活动时幼儿家长人数众多，根据策划方案，活动场地最好提前布置，以避免现场混乱。

③ 教师可以提醒家长给幼儿带好必需的物品。如春秋游时，要请家长给幼儿带好食物和水，夏天要遮阳防晒，春秋天要注意防风，早晚温差大时带好厚薄衣物。

④ 亲子趣味活动要注意安全隐患，亲子活动一般场地开放，人员众多，教师要提醒家长必须时刻关注幼儿的活动状态，注意自己和幼儿的人身、财产安全。

### 2. 组织与实施

（1）组织家长签到。

组织家长签到，清点人数，如果人数较多，可以把几个家庭分成一个小组，并用分组号牌辨别，这样也能让小组内家庭相互照应，避免掉队。

（2）有序组织活动。

当活动开始后，老师要按计划有条不紊地组织活动。如果活动流程和注意事项比较多，可以写成便条随身携带，方便随时检视，确保工作时不会出现疏漏。

### 3. 总结与延伸

（1）活动延伸。

活动后，教师可以引导家长把亲子趣味活动内容延伸到家庭，开展丰富多彩的家庭活动。例如，亲子趣味运动会之后，引导家长在家庭生活中每天坚持带幼儿运动；亲子小剧场活动后，建议家长在亲子阅读之后增加角色扮演，让幼儿体验阅读的乐趣，充分发挥想象力。

（2）家长群内讨论。

教师可以在班级家长群里引导家长交流参加活动的感受，激励每位家长增加亲子陪伴时间，学会感受亲子陪伴和生活中的美好，为幼儿营造有趣的家庭生活，享受亲子共同成长的乐趣。

（3）活动反思总结。

活动后，教师还要对整个活动过程进行反思，总结活动设计和组织过程中的经验和问题，并形成文字材料，为后续组织相关活动提供参考。

## （二）亲子活动的实施要点

### 1. 活动内容要精心策划

为了确保亲子活动开展有效，切实达到指导家长和融洽亲子关系、家园关系的目的，教师要精心策划活动内容，可以通过网络收集相关资料，邀请家委会成员充分讨论，策划出有趣的活动主题。

### 2. 引导家长积极参与活动

对平时工作较忙、不经常陪伴幼儿的家长，或者教育责任意识比较差的家长，教师需有意引导他们全身心投入活动中，感受亲子互动的乐趣，提高家庭教育参与度，增加亲子陪伴时间。

### 3. 灵活处理突发状况，安全第一

活动中幼儿和家长人数众多，可能出现意外突发情况，教师必须用心观察，做好应急

预案，发现意外情况及时冷静处理，确保安全。

## ★ 步骤二　文献检索

网络平台和图书馆都是同学们拓展知识面的有效途径。请大家自选方式进行构建幼儿园班级家长工作管理体系相关知识信息检索，完成信息检索目录清单（任务单5-3-2-1）。

任务单5-3-2-1　信息检索目录清单

| 检索平台 | 检索内容 | 推荐指数（最多5颗★） |
|---|---|---|
|  |  |  |
|  |  |  |
|  |  |  |
|  |  |  |
|  |  |  |
|  |  |  |
|  |  |  |
|  |  |  |

## ★ 步骤三　学以致用

学生分组见表5-3-2-1。

表5-3-2-1　学生分组

| 班级 |  | 组号 |  | 授课教师 |  |
|---|---|---|---|---|---|
| 组长 |  |  | 学号 |  |  |
| 组员 | 姓名 | 学号 | 姓名 | 学号 |  |
|  |  |  |  |  |  |
|  |  |  |  |  |  |
|  |  |  |  |  |  |
| 任务分工 |  |  |  |  |  |

请同学们通过知识梳理和文献检索，对亲子活动的类型及组织形式、家长会的组织流程、实施要点进行梳理总结，填写幼儿园班级家长工作管理的内容和任务（任务单5-3-2-2）。

任务单 5-3-2-2　幼儿园班级家长工作管理的内容和任务

| 要素 | 我的归纳总结 | 其他同学给我的启示 |
| --- | --- | --- |
| 亲子活动的类型 | | |
| 亲子活动的组织流程 | | |
| 亲子活动的实施要点 | | |

## ★ 步骤四　方案设计

请同学们对下述对点案例进行分析，并针对该案例制订适宜的活动方案，完成任务单 5-3-2-3（可打印、粘贴在任务单上）。

任务单 5-3-2-3　亲子活动策划方案制订

| 对点案例 | 在春暖花开之际，小（1）班要组织一场亲子春游活动，在这次亲子活动设计中要结合动静交替的原则设置多个有趣的亲子活动环节。既能根据幼儿年龄段促进其发展，又能调动家长参与的积极性，在促进亲子关系的同时，也可提升与班级教师的情感 |
| --- | --- |

续表

| 详细方案策划 | 亲子活动策划方案 |||||
|---|---|---|---|---|---|
| :::  | 活动班级 | | 负责教师 | | 活动时间 | |
| ::: | 活动主题 | | | 活动地点 | |
| ::: | 活动目标 | |||||
| ::: | 活动准备 | |||||
| ::: | 策划与筹备 | |||||
| ::: | 组织与实施 | |||||
| ::: | 总结与延伸 | |||||
| 其他同学给我的启示 | |||||| 

## ★ 步骤五　教学模拟

以小组为单位对任务单 5-3-2-3 进行方案讨论，形成最优方案。小组成员模拟亲子活动情境。完成模拟练习后，总结模拟练习过程中的优点与不足，完成任务单 5-3-2-4。

· 288 ·

任务单 5-3-2-4　亲子活动模拟练习总结

| 优点 | 不足 |
| --- | --- |
|  |  |

## ★ 步骤六　展示赏学

推荐两组同学分别对任务单 5-3-2-3 进行小组最优模拟实训汇报。小组成员按照优化后的亲子活动策划方案进行模拟展示。其他组同学认真观摩并点评，个人结合小组展示情况，反思总结自己的方案设计，完成任务单 5-3-2-5。

任务单 5-3-2-5　亲子活动策划展示赏学反思总结

| 反思 | 总结 |
| --- | --- |
|  |  |

【任务评价】

说明：

(1) 任务评价包括自我评价、小组评价和教师评价，评价时要结合相应要点。

(2) 小组评价由组长负责组织，并结合小组成员的意见。

(3) 总得分计算至小数点后第二位。

按照说明完成任务评价表（任务单 5-3-2-6）。

### 任务单 5-3-2-6　任务评价表

| 班级 | | 姓名 | | 学号 | | |
|---|---|---|---|---|---|---|
| 组名 | | 验收组长 | | 年　月　日 | | |
| 文档验收清单 | | 被评价人完成的任务单 5-3-2-2、任务单 5-3-2-3、任务单 5-3-2-4、任务单 5-3-2-5 | | | | |
| | | 被评价人完成的任务单 5-3-2-1、包含 5 份检索文献的目录清单 | | | | |
| 评价内容 | | 评价要点 | 分值 | 自我评价（20%） | 小组评价（30%） | 教师评价（50%） |
| 专业知识（60%） | 亲子活动的类型 | 能梳理总结填写任务单亲子活动的类型，并写出相应的亲子小游戏（不少于3个） | 10 | | | |
| | 亲子活动的组织流程 | 掌握家长会的组织流程和注意事项，并用思维导图列举 | 10 | | | |
| | 亲子活动方案制订 | 能对指定案例进行分析，选择针对该案例适宜的家长会方案，完善任务单 | 20 | | | |
| | 亲子活动的模拟练习 | 能与小组成员分角色进行模拟练习 | 20 | | | |
| 个人素养（40%） | 专业精神与学习能力 | 在学习过程中获得满足感，对课堂生活的认同感；积极投入专业学习；不断总结与反思 | 10 | | | |
| | 参与态度、沟通合作与表达能力 | 积极主动与教师、同学交流，相互尊重、理解、平等；与教师、同学之间能够保持多向、丰富、适宜的信息交流 | 10 | | | |
| | 问题解决能力 | 分析问题逻辑清晰；善于质疑，勇于创新 | 10 | | | |
| | 信息检索与处理能力 | 能有效利用网络、图书资源查找有用的相关信息等；能将查到的信息有效地传递到学习中 | 10 | | | |
| 总分 | | | 100 | | | |

# 知识拓展　家庭教育指导

## 【任务描述】

了解家庭教育指导师的缘起和工作职责，对照标准找差距，对自己胜任家庭教育指导师工作尚欠缺的能力进行反思，并制订自己能够胜任家庭教育指导师的能力提升计划。

## 【任务目标】

（1）了解家庭教育指导的基本原则和能力要求。

（2）能对照条件找差距，制订自我提升计划，树立职业理想与职业规划。

## 【任务重点】

了解家庭教育指导的基本原则和能力要求。

## 【任务难点】

能对照条件找差距，制订自我提升计划，树立职业理想与职业规划。

## 【任务准备】

（1）知识准备：了解《中华人民共和国家庭教育促进法（草案）》及家庭教育指导师相关理论知识。

（2）活动准备：不同颜色的笔、笔记本、幼儿园家庭教育指导师的讲座视频。

## 【任务实施】

说明：

（1）对于每一环节，各成员先自行完成，然后开展小组讨论。

（2）每一环节的讨论结束后，各成员应结合小组其他成员提出的建议，进行相应内容的修改。

### ★ 步骤一　知识梳理

家庭教育是一个世界性的课题，有80%的家庭存在着不同程度的亲子情感与行为的困惑问题，严重影响着孩子成长、家庭幸福与社会稳定。在美国，每300人中就有1名家庭教育指导专家；而在中国，近7万人才有1名家庭教育指导专家，难以满足巨大且迫切的市场需求。据数据统计，我国需要至少50万家庭教育指导专家，这将是未来30年内人才稀缺的黄金职业。

#### 一、家庭教育法的认知

2021年1月20日，《中华人民共和国家庭教育法（草案）》提请全国人大常委会会议审议，明确家庭教育的内涵、义务和责任，确立家庭教育需制定的法律草案。这对于汇聚起

全面建设社会主义现代化国家、实现中华民族伟大复兴中国梦的磅礴力量，具有十分重要的意义。

2021年10月23日，第十三届全国人大常委会第三十一次会议表决通过了《中华人民共和国家庭教育促进法》，法律明确，未成年人的父母或者其他监护人负责实施家庭教育，国家和社会为家庭教育提供指导、支持和服务。2022年1月1日开始正式实施。这是我国首次就家庭教育进行专门立法。家庭教育从"家事"上升到"国事"层面，父母们开启了"依法带娃"的时代。

### 二、家庭教育指导的基本原则

2010年2月8日，全国妇联与教育部、中央文明办、民政部、卫生部、国家人口计生委、中国关心下一代工作委员会联合印发《全国家庭教育指导大纲》。《全国家庭教育指导大纲》在指导原则、指导内容、指导形式等方面遵循家庭教育的特点和儿童身心成长发展规律，按照年龄段划分家庭教育的指导内容，规范家庭教育指导行为，是全国各级各类家庭教育指导服务机构和家庭教育指导者开展家庭教育指导的重要依据。目前，家庭教育指导的年龄阶段划分主要是：新婚期及孕期家庭教育指导、0~3岁年龄段家庭教育指导、3~6岁年龄段家庭教育指导、6~12岁年龄段家庭教育指导、12~15岁年龄段家庭教育指导、15~18岁年龄段家庭教育指导、其他（如特殊儿童等）家庭教育指导。

针对如何把科学性、针对性和适用性有机地结合起来，《全国家庭教育指导大纲》对家庭教育指导师规定了以下家庭教育指导的基本原则：

#### （一）家庭教育指导要坚持"儿童为本"的原则

家庭教育指导应尊重儿童身心发展规律，尊重儿童合理需要与个性，创设适合儿童成长的必要条件和生活情境，保护儿童的合法权益，特别关注女孩的合法权益，促进儿童自然发展、全面发展、充分发展。

#### （二）家庭教育指导要坚持"父母主体"的原则

家庭教育指导者应确立为家长服务的观念，了解不同类型家庭的家长需求，尊重家长愿望，调动家长参与的积极性，重视发挥父母双方在指导过程中的主体作用和影响，指导家长确立责任意识，不断学习、掌握有关家庭教育的知识，提高自身修养，为子女树立榜样，为其健康成长提供必要条件。

#### （三）家庭教育指导要坚持"多向互动"的原则

家庭教育指导应建立指导者与家长幼儿，家长与家长，家庭之间，家校之间的互动，努力形成相互学习、相互尊重、相互促进的环境与条件。若想坚持"多向互动"，就要促进家庭、学校和社会各方面沟通交流，积极创造有利于幼儿发展的合作共育机制，其中包括与儿童本身的沟通交流。

### 三、家庭教育指导师的能力要求

什么是家庭教育指导师？家庭教育指导师是运用科学的理论和方法，从事家庭教育知

识传授、问题咨询、信息服务、活动组织等专业指导的人员。简要地说，家庭教育指导师是能以科学的方法帮助父母做好家庭教育的专业工作者。

家庭教育指导师这个新职业岗位的确立，为有志于家庭教育的人开辟了成才之路和服务之道。家庭教育指导师最常见的教育难题主要有学习问题、亲子问题、情绪问题、人际交往问题、心理健康问题等。那么，怎样才能具备家庭教育指导师的基本素养，达到能力要求呢？

### （一）理论知识

一个人在家庭教育工作中所拥有的理论型与实践型知识，表现为家庭教育知识、咨询知识、人文知识、科学研究思维及方法等。对于一位优秀的家庭教育指导师而言，除了了解0~18岁孩子成长的科学规律、成长模型、培养方法以外，还需要具备专业的咨询知识。

### （二）准确评估

家庭教育的问题并不能依据主观猜测来实施，有针对性地"对症下药"需要基于对来访者家庭的准确评估。

### （三）情感技巧

在工作中，家庭教育指导师往往会面对各类来访者汹涌的情感，包括消极、痛苦，甚至绝望的感受。此时，容忍求助者的感受、态度和愿望，不会被情感体验扰乱理性判断；能够在具有挑战性的人际沟通中容纳复杂的、消极的情绪感受而不崩溃；面对他人的痛苦或其他消极情绪时能保持心理平衡，专注分析家庭教育问题，对于家庭教育指导师而言是极其重要的品质。

### （四）表达技巧

事实上，家庭教育指导师可能一整天都在与人交谈，在一天中见到一个又一个来访者，接着，作为咨询进展的一部分，可能会和同事、督导老师，或是更有经验的指导师交谈，这就要求家庭教育指导师清晰地表达观点，更要求对于自身情感的传递，对来访者情感状态进行准确回应及描述。除此之外，家庭教育指导师也往往需要进行书面工作，如整理教育措施、案例、答疑，这些都需要拥有专业化且准确的书面表达能力。

## 四、家庭教育指导师的职业前景

### （一）职业生命长

家庭教育的指导贯穿幼儿到老年期，一个家庭会在至少20年的时间里需要教育指导。

### （二）重视程度高

家庭教育是孩子成长的根本，随着社会经济的发展，家庭教育日益受到国家和家长的重视。

### （三）人才缺口大

我国城镇有近两亿个家庭，按照每八十个家庭需要一位家庭教育指导师计算，当前的

专业人才缺口为二百五十万左右。

### （四）高自由度

家庭教育行业以专业知识作后盾，家庭教育职业能力证书作保障，在精神和经济上都是自由的，不容易受企业条条框框的束缚。

## ★ 步骤二　文献检索

网络平台和图书馆都是同学们拓展自己知识面的有效途径。请大家自选方式进行家庭教育指导师相关知识信息检索，完成信息检索目录清单（任务单5-3-3-1）。

任务单5-3-3-1　信息检索目录清单

| 检索平台 | 检索内容 | 推荐指数（最多5颗★） |
|---|---|---|
|  |  |  |
|  |  |  |
|  |  |  |
|  |  |  |
|  |  |  |
|  |  |  |
|  |  |  |

## ★ 步骤三　学以致用

学生分组见表5-3-3-1。

表5-3-3-1　学生分组

| 班级 |  | 组号 |  | 授课教师 |  |
|---|---|---|---|---|---|
| 组长 |  | 学号 |  |  |  |
| 组员 | 姓名 | 学号 | 姓名 | 学号 |
|  |  |  |  |  |
|  |  |  |  |  |
|  |  |  |  |  |
| 任务分工 |  |  |  |  |  |

请同学们先通过知识梳理，了解家庭教育指导师的基本原则和能力要求，再对照标准找差距，对自己胜任家庭教育指导师工作尚欠缺的能力进行反思，然后制订自己能够胜任家庭教育指导师工作的能力提升计划，完成任务单5-3-3-2。

任务单 5-3-3-2　家庭教育指导师角色认知与自我职业规划

| | |
|---|---|
| 家庭教育指导的基本原则 | |
| 家庭教育指导师的能力要求 | |
| 自己胜任家庭教育指导师工作尚欠缺的能力 | |
| 能力提升计划 | |
| 其他同学给我的启示 | |

## 【任务评价】

说明：

（1）任务评价包括自我评价、小组评价和教师评价，评价时要结合相应要点。

（2）小组评价由组长负责组织，并结合小组成员的意见。

（3）总得分计算至小数点后第二位。

按照说明完成任务评价表（任务单5-3-3-3）。

任务单5-3-3-3 任务评价表

| 班级 | | 姓名 | | 学号 | | |
|---|---|---|---|---|---|---|
| 组名 | | 验收组长 | | 年 月 日 | | |
| 文档验收清单 | | 被评价人完成的任务单5-3-3-2 | | | | |
| | | 被评价人完成的任务单5-3-3-1、包含5份检索文献的目录清单 | | | | |
| 评价内容 | | 评价要点 | 分值 | 自我评价（20%） | 小组评价（30%） | 教师评价（50%） |
| 专业知识（60%） | 家庭教育指导师选拔条件 | 能梳理总结填写任务单家庭教育指导的基本原则（至少2点） | 10 | | | |
| | 家庭教育指导师的能力要求 | 能梳理总结填写任务单家庭教育指导师的能力要求（至少3点） | 10 | | | |
| | 找出自己胜任家庭教育指导师工作的能力差距 | 能找出自己胜任家庭教育指导师的能力要求工作的能力差距（至少3点） | 20 | | | |
| | 制订胜任家庭教育指导师工作的能力提升计划 | 能针对自己能力不足之处，制订自己胜任家庭教育指导师的能力要求的能力提升计划（至少3点） | 20 | | | |
| 个人素养（40%） | 专业精神与学习能力 | 在学习过程中获得满足感，对课堂生活的认同感；积极投入专业学习；不断总结与反思 | 10 | | | |
| | 参与态度、沟通合作与表达能力 | 积极主动与教师、同学交流，相互尊重、理解、平等；与教师、同学之间能够保持多向、丰富、适宜的信息交流 | 10 | | | |
| | 问题解决能力 | 分析问题逻辑清晰；善于质疑，勇于创新 | 10 | | | |
| | 信息检索与处理能力 | 能有效利用网络、图书资源查找有用的相关信息等；能将查到的信息有效地传递到学习中 | 10 | | | |
| 总分 | | | 100 | | | |